권위와 순복

權柄與順服
(Authority and Submission)

by Watchman Nee

Originally Published by
Taiwan Gospel Book Room in Taipei.

권위와 순복

워치만 니

한국복음서원

* 이 책에 인용된 성경 본문은 〈회복역 성경〉을 사용하였습니다.

* 이 책에 인용된 찬송가는 특별한 언급이 없는 경우 한국복음서원 찬송가입니다. 중국어 찬송가는 대만복음서원에서 출간한 것입니다. 영어 찬송가는 리빙 스트림 미니스트리(Living Stream Ministry)에서 출간한 것입니다.

서문

1949년 푸저우(福州) 구링(鼓嶺)에서 열린 동역자 훈련에서, 하나님의 종 워치만 니 형제님은 권위와 순복에 관하여 일련의 메시지들을 전했다. 무릇 집회에 참석한 사람들 중에서 하나님의 빛에 엎드러지지 않은 이가 한 사람도 없었다. 그 불법자의 일이 참으로 온 땅에 가득하지만, 구원받은 우리의 느낌은 얼마나 무딘지 모른다! 이 시대의 마지막에 하나님의 자녀들이 순복에 관해 주님을 위해 증언할 수 없다면, 어떻게 하나님의 왕국을 가져올 수 있겠는가?

지난 십여 년 동안 이 귀한 메시지들을 어떤 지방에서는 추구 자료를 위해 개요로 만들었고, 또 어떤 지방에서는 연구하기 위해 개인의 노트 필기를 복사하여 배포했지만, 너무 간략하여 미흡한 점이 많았다. 이 때문에 대만복음서원에서는 작년 초에 해외에서 수집한 노트들까지 모아 편집하여《말씀의 사역(話語職事)》에 연말까지 총 열한 개의 메시지를 연재하였다. 노트 필기의 자료들이 온전하지 않기 때문에, 각 메시지의 내용이 미흡하고 문장의 어조도 말씀을 전한 분과 여전히 차이가 많다고 느낀다. 그러나 현재로서는 비교적 상세한 필기본이라고 할 수 있다. 각지에 있는 하나님의 자녀들의 필요를 채우기 위해 먼저 열한 메시지를 책으로 출판하지만, 훗날 주님께서 예비해 주셔서 더 온전한 기록으로 출판할 수 있기를 바란다.

1967년 1월 20일
대만복음서원 편집부

---

* 한국어판 〈권위와 순복〉은 중문판에 기반하였으나, 분명한 의미 전달을 위해 영문판을 참고하여 번역하였다.

차례

권위와 순복
(상)
권위와 순복

권위와 순복
(하)
어떻게 하나님의 권위를 대표하는 사람이 되는가

권위와 순복

(상)

권위와 순복

제1장

권위의 중요성

성경:

롬 13:1-7 각 사람은 자기 위에 있는 권위들에게 복종하십시오. 왜냐하면 하나님에게서 오지 않은 권위가 없으며, 이미 있는 권위들은 다 하나님께서 세우셨기 때문입니다. 그러므로 사람이 권위를 거스르는 것은 하나님께서 정하신 것을 거역하는 것입니다. 거역하는 사람들은 심판을 받을 것입니다. 통치자들은 선한 일을 하는 사람에게는 두렵게 여겨지지 않지만, 악한 일을 하는 사람에게는 두렵게 여겨집니다. 그대가 권위 있는 이를 두려워하지 않기를 바랍니까? 선한 일을 행하십시오. 그러면 그에게 칭찬을 받을 것입니다. 왜냐하면 그는 하나님의 종으로서 그대의 유익을 위하여 일하기 때문입니다. 그러나 그대가 악한 일을 행하거든 두려워하십시오. 그가 공연히 칼을 차고 있는 것이 아닙니다. 왜냐하면 그는 하나님의 종으로서 악을 행하는 사람에게 하나님의 진노를 집행하는 사람이기 때문입니다. 그러므로 여러분은 진노 때문만이 아니라 양심 때문에라도 복종해야 합니다. 여러분이 세금을 내는 것도 이 때문입니다. 그들은 하나님의 일꾼으로서 바로 이 일에 항상 힘쓰고 있습니다. 여러분은 모든 사람에게 그들이 마땅히 받아야 할 것을 돌려주십시오. 세금을 바쳐야 할 이에게는 세금을 바치고, 관세를 바쳐야 할 이에게는 관세를 바치며, 두려워해야 할 사람은 두려워하고, 존경해야 할 사람은 존경하십시오.

히 1:3 그분은 하나님의 영광의 광채이시고, 하나님의 실질의 표현이십니다. 그분은 능력의 말씀으로 만물을 붙들어 주시고 보존해 주시며, 죄들을 정결하게 하시고 높은 곳에 계신 위엄 있으신 분의 오른편에 앉으셨습니다.

사 14:12-14 새벽의 아들, 계명성아! / 어찌하여 하늘에서 떨어졌느냐? / 민족들을 굴복시키던 네가 / 어찌하여 잘려 나가 땅에 쓰러졌느냐? / 너는 네 마음속으로 말하였다. / '내가 하늘로 올라가리라. / 내가 하나님의 별들 위로 / 내 보좌를 높이리라. / 그런 다음 내가 북쪽 끝에 있는 / 회중의 산 위에 앉으리라. / 내가 구름 꼭대기로 올라가리라. / 내가 나 자신을 가장 높으신 분과 같아지게 만들리라.'

마 6:13 우리를 유혹에 빠지지 않게 하시고 악한 자에게서 구출하여 주십시오. 왕국과 능력과 영광이 영원토록 아버지의 것입니다. 아멘.

마 26:62-64 대제사장이 일어서서, 예수님께 "그대는 아무 대답도 하지 않으시오? 이들이 그대에 대하여 불리하게 증언하고 있잖소?"라고 하였으나, 예수님께서 침묵하셨다. 그러자 대제사장이 "내가 그대에게 명령하오. 그대가 하나님의 아들 그리스도인지를, 살아 계신 하나님을 두고 맹세하여 우리에게 말하시오."라고 하니, 예수님께서 그에게 말씀하셨다. "대제사장께서 말씀하신 대로입니다. 그러나 내가 여러분에게 말합니다. 장차 여러분은 사람의 아들이 큰 능력이 있으신 분의 오른편에 앉은 것과 하늘 구름을 타고 오는 것을 볼 것입니다."

하나님의 보좌는
권위 위에 세워짐

하나님의 일들은 하나님의 보좌에서 비롯되고, 하나님의 보좌는 권위 위에 세워진다. 만물이 하나님의 권위에 의해 창조되었고, 땅 위의 모든 법칙이 권위에 의해 유지된다. 그러므로 성경은 하나님께서 그분의 능력으로 만물을 붙드신다고 말하지 않고, 그분의 권위에서 나오는 능력의 말씀으로 만물을 붙드신다고 말한다(히 1:3하). 하나님의 권위는 하나님 자신을 대표하지만, 하나님의 능력은 다만 하나님의 일들을 대표할 뿐이다. 하나님의 능력에 대해 죄를 지을 때에는 비교적 쉽게 용서를 받지만, 하나님의 권위에 대해 죄를 지을 때에는 하나님 자신께 죄를 짓는 것이기 때문에 용서받기가 쉽지 않다. 우주 가운데 오직 하나님만이 권위이시다. 다른 모든 권위는 하나님에 의해 임명된 것이다. 권위는 우주 가운데 가장 위대한 것으로서 권위를 능가할 수 있는 것은 없다. 그러므로 우리가 하나님을 섬기기 원한다면 반드시 하나님의 권위를 알아야 한다.

사탄의 유래

사탄은 하나님의 권위를 범했기 때문에 사탄이 된 것이다. 그는 하나님과 겨루고 하나님을 대적했다. 이러한 반역이 바로 사탄이 타락한 원인이다.

이사야서 14장 12절부터 15절까지와 에스겔서 28장 13절부터 17절까지의 두 단락의 말씀은 모두 사탄의 범죄와 타락에 대해 말한다. 이사야서 14장은 사탄이 하나님의 권위를 범한 것을 말하는 반면에, 에스겔서

28장은 사탄이 하나님의 거룩함을 범한 것을 말한다. 하나님의 권위를 범하는 것은 반역의 문제이므로, 하나님의 거룩함을 범하는 것보다 더욱 심각하다. 죄는 행위의 문제로서 쉽게 용서를 받지만, 반역은 원칙의 문제로서 용서받기가 쉽지 않다. 사탄은 하나님의 보좌 위에 자신의 보좌를 세우려고 함으로써 하나님의 권위를 범했다. 그러므로 사탄의 원칙은 자신을 높이는 것이다. 죄가 생겨난 것이 사탄의 타락의 원인이 아니다. 오히려 하나님의 권위에 반역하여 하나님께 유죄판결을 받았기 때문에 죄가 생겨난 것이다.

그러므로 우리가 하나님을 섬기고자 한다면, 우리는 결코 권위를 범해서는 안 된다. 그렇게 하는 것은 사탄의 원칙을 따르는 것이다. 우리는 결코 사탄의 원칙으로 그리스도의 말씀을 전할 수 없다. 우리의 일에서 우리는 원칙적으로는 사탄 편에 서고, 교리적으로는 그리스도 편에 설 가능성이 있다. 그러면서도 우리는 주님의 일을 한다고 생각할 수 있다. 이것은 매우 악한 것이다. 사탄은 우리가 그리스도의 말씀을 전하는 것을 두려워하지 않고 그리스도의 권위에 복종*하는 것을 두려워한다. 하나님을 섬기는 사람들은 결코 사탄의 원칙에 따라 섬길 수 없다. 그리스도의 원칙이 올 때, 사탄의 원칙이 나가게 된다. 현재 공중에서 사탄은 여전히 분수에 지나치게 행동하고 있다. 그는 요한계시록 끝에 가서야 완전히 내쫓길 것이다. 우리가 사탄의 원칙을 아주 깨끗하게 씻어 낼 때에만 비로소 하나님을 섬길 수 있다.

마태복음 6장 9절부터 13절까지의 주님의 기도에는 "우리를 유혹에 빠지지 않게 하시고"라는 말씀이 있다. 유혹은 사탄의 일을 가리킨다. 또

* 중국어 단어 '순복(順服)'은 '순종'과 '복종'의 개념을 모두 포함한 단어임. 복종은 태도의 문제이고, 순종은 행동의 문제임(참조 11장). '순복'이라는 단어는 한국어에서는 사용하지 않는 단어이므로, 본문에서는 문맥에 따라 '순종'과 '복종', 두 단어로 번역하였음—역자 주

"악한 자에게서 구출하여 주십시오."라는 말씀이 있는데, 악한 자는 사탄 자신을 가리킨다. 이어서 주님은 "왕국과 능력과 영광이 영원토록 아버지의 것입니다. 아멘."이라고 말씀하셨다. 이것은 가장 중요한 선포이다. 왕국과 능력과 영광은 다 하나님의 것이다. 모든 것이 하나님의 것이다. 우리가 사탄에게서 완전히 벗어날 수 있는 것은 왕국이 하나님의 것이라는 귀한 사실을 보는 데 달려 있다. 온 우주가 다 하나님의 다스림 아래 있기 때문에, 우리는 반드시 하나님의 권위에 복종하기를 배워야 한다. 어느 누구도 하나님의 영광을 훔칠 수 없다.

사탄은 세상의 모든 나라를 주님께 보여 주었다. 그러나 주님은 천국이 하나님의 것이라고 말씀하셨다. 우리는 권위가 궁극적으로 누구의 것인지를 보아야 한다. 우리가 복음을 전하는 것은 바로 사람들을 하나님의 권위 아래로 이끄는 것이다. 우리 자신이 권위를 만나지 않고서 어떻게 이 땅 위에 하나님의 권위를 세울 수 있겠는가? 우리 자신이 권위를 만지지 않고서 어떻게 사탄을 처리할 수 있겠는가?

우주 가운데 있는 모든 다툼은 권위의 문제임

우주 가운데 있는 다툼의 중심은 누가 권위를 가지고 있는가와 관계있다. 우리는 권위가 하나님께 있다고 주장함으로 사탄과 싸워야 한다. 우리는 하나님의 권위에 복종하려는 마음을 갖고 하나님의 권위를 옹호해야 한다. 우리는 반드시 하나님의 권위를 만져야 하고, 하나님의 권위에 대한 기본적인 인식을 가져야 한다.

바울은 권위를 깨닫기 전에는 교회를 이 땅에서 완전히 없애 버릴 생각을 했다. 그러나 다마스쿠스로 가는 길에서 주님을 만난 후, 그는 발(사람의 힘)로 가시 돋친 막대기(하나님의 권위)에 뒷발질을 하는 것이 고통이라는 것을 깨달았다. 그는 즉시 땅에 엎어져 예수님을 주님으로 시인하고 다마스쿠스에 있는 아나니아의 지시에 복종하였다(참조 행 9:3-19). 바울은 하나님의 권위를 만났다. 바울은 회심했을 때, 하나님의 구원을 알았을 뿐 아니라 하나님의 권위도 알았다.

바울이 총명하고 유능한 사람인 데 비해, 아나니아는 알려지지 않은 작은 한 형제였다. 성경은 그의 이름을 한 번밖에 언급하지 않았다. 만일 바울이 하나님의 권위를 만나지 않았다면, 어떻게 그가 아나니아의 말을 들을 수 있었겠는가? 바울이 다마스쿠스로 가는 길에서 권위를 만나지 않았다면, 다마스쿠스에 있는 알려지지 않은 작은 형제에게 복종할 수 없었을 것이다. 이것은 권위를 만난 사람은 권위와만 관계를 가질 뿐 권위와 연관된 사람과는 관계를 갖지 않는다는 것을 우리에게 보여 준다. 우리는 오직 권위에 대해서 생각할 뿐 사람에 대해서는 생각할 필요가 없는데, 그것은 우리의 복종이 그 사람과 관계된 것이 아니라 그 사람 안에 있는 하나님의 권위와 관계되기 때문이다. 이것이 우리의 태도가 아니라면, 우리는 권위가 무엇인지 전혀 알지 못하는 것이다. 먼저 사람을 만나고 난 후에 권위에 복종하는 것은 완전히 잘못된 길 위에 있는 것이다. 먼저 권위를 만나고 난 후에 그 사람이 누구든 상관없이 그에게 복종한다면, 우리는 올바른 길 위에 있는 것이다.

하나님은 교회 안에서 유일한 목표를 갖고 계시는데, 그것은 바로 교회를 통하여 우주 가운데 그분의 권위를 나타내시는 것이다. 우리는 교회 안에 있는 동역에서 하나님의 권위를 볼 수 있다.

하나님은 가장 강한 권능을 행사하시어 그분의 권위를 유지하고 계신다. 그분의 권위는 그 어떤 것보다 강력하다. 자기 확신으로 가득하지만 실제로 눈먼 우리는 언젠가 적어도 한 번은 하나님의 권위를 만나야 한다. 우리는 파쇄될 때에만 비로소 복종하게 된다. 복종할 때 우리는 하나님의 권위가 무엇인지를 알기 시작한다. 사람이 하나님의 권위를 만날 때에만, 비로소 그는 하나님께서 세우신 대표 권위자, 곧 권위를 대표하는 사람에게 복종하게 될 것이다.

성경 전체에서 가장 큰 요구는 하나님의 뜻에 복종하라는 것임

사람에 대한 하나님의 가장 큰 요구는 십자가를 지는 것이나 제물을 드리는 것이나 헌신이나 자기희생이 아니다. 사람에 대한 하나님의 가장 큰 요구는 바로 복종이다. 사무엘기상 15장에서 하나님은 사울에게 아말렉 사람을 치고 그들이 가진 모든 것을 완전히 멸망시키라고 명령하셨다(1-3절). 그러나 사울은 아말렉 사람들에게 승리를 거둔 후, 아말렉 왕 아각을 남겨 두었다. 또한 그는 가장 좋은 소들과 양들 그리고 좋은 모든 것을 아까워하여 멸망시키는 대신 그것들을 희생 제물로 하나님께 드리려고 했다(7-9, 14-15절). 그러나 사무엘은 그에게 "순종하는 것이 희생 제물보다 낫고 / 귀를 기울이는 것이 숫양의 기름보다 낫습니다."(22절)라고 말했다. 여기에 언급된 희생 제물은 번제물로서 죄와 관련이 없는 향기로운 제물이며(죄와 관련이 있는 속죄제물은 향기로운 제물이라 불리지 않음), 하나님께서 기쁘게 받으시고 하나님을 만족하시게 하기 위한 것이다. 그러나 사무엘은 순종하는 것이 희생 제물보다 낫다고 말했다. 왜 그런가? 그것은 이러한 희생 제물 속에도 자아의 뜻이 섞여 있을 가능성이 있기 때문이다. 오직 귀를 기울이고 순종하는 것만이 절대적으로 하나님을 존중하고 하나님의 뜻을 높이는 것이다.

권위의 다른 편 끝은 순종이다. 순종하려면 먼저 자신을 중요하게 생각하지 않아야 한다. 우리는 자신을 의지하여 순종하려고 해서는 안 된다. 오직 영 안에 살아야만 순종할 가능성이 있다. 순종은 하나님의 뜻에 반응하는 최고의 표현이다.

겟세마네 동산에서의 주님의 기도

어떤 사람은 주 예수님께서 겟세마네 동산에서 큰 핏방울 같은 땀을 흘리시면서 기도하신 것을 그분의 육체의 약함과 그 잔에 대한 그분의 두려움 때문이었다고 생각한다(눅 22:44). 그러나 사실은 그렇지 않다. 겟세마네 동산에서의 기도는 사무엘기상 15장 22절과 원칙에 있어서 동일하다. 겟세마네 동산에서의 주님의 기도는 하나님의 권위에 복종하는 최고의 표현이다. 하나님의 권위에 대한 우리 주님의 복종은 십자가에서의 그분의 희생 제물보다 훨씬 뛰어난 것이다. 그분은 하나님의 뜻을 알기 위해 간절히 기도하셨다. 그분은 "내가 십자가에 못 박히겠습니다." 또는 "내가 그 잔을 마시겠습니다."라고 말씀하지 않으셨다. 그분은 다만 귀를 기울이시고 순종하셨다. 그분은 "나의 아버지, 하실 수만 있으시다면, 이 잔을 나에게서 지나가게 해 주십시오."라고 말씀하셨다. 여기에는 그분 자신의 주장이 없다. 왜냐하면 이어서 "그러나 나의 뜻대로 하지 마시고 아버지 뜻대로 하십시오."(마 26:39)라고 말씀하셨기 때문이다. 하나님의 뜻은 절대적인 것이지만, 잔(십자가에 못 박히는 것)은 절대적인 것이 아니다. 주님께서 십자가에 못 박혀 죽으시는 것이 하나님의 뜻이 아니었다면, 주 예수님은 십자가에 못 박히실 필요가 전혀 없으셨을 것이다. 주님께서 하나님의 뜻을 깨닫기 전에는 잔과 하나님의 뜻은 별개의 것이었다. 그러나 주님께서 하나님의 뜻에 대해 분명해지셨을 때, 이 잔은 아버지께서 그분에게 주신 잔으로 변했고, 잔과 하나님의 뜻은 하나가 되었다. 뜻은 권위를 대표한다. 이와 같이 하나님의 뜻을 아는 것에서부터 나온 복종이 곧 권위에 대한 복종이다. 기도도 하지 않고 하나님의 뜻을 알고자 하는 마음도 없다면, 어떻게 권위에 대한 복종이 있을 수 있겠는가?

주님은 다시 "아버지께서 주신 이 잔을 내가 마셔야 하지 않겠습니까?"(요 18:11)라고 말씀하셨다. 여기서 주님은 자신의 십자가에 관심하신 것이 아니라 하나님의 권위에 관심하신 것이다. 동시에 그분은 잔을 마시는 것(구속을 위해 십자가에 못 박히는 것)이 하나님의 뜻이라는 것을 깨달으셨을 때, 즉시 "일어나서 갑시다."(마 26:46)라고 말씀하셨다. 그분은 즉시 순종하셨다. 십자가는 하나님의 뜻이 성취되는 것이므로, 주님의 죽음은 권위에 복종하는 최고의 표현이다. 십자가가 온 우주의 중심이라 할지라도 하나님의 뜻보다는 높지 않다. 주님은 그분의 십자가(희생 제물)보다 하나님의 권위(하나님의 뜻)에 더욱 관심하셨다.

하나님을 섬기는 것은 우리가 자원하여 희생하고 자아를 부인하는 문제가 아니라 하나님의 뜻을 이루는 문제이다. 그것은 우리가 십자가를 선택하는 문제가 아니라 하나님의 뜻에 복종하는 문제이다. 이것이 기본적인 원칙이다. 만일 원칙이 거역이라면, 심지어 희생 제물을 바치는 것도 사탄에게 즐거움과 영광이 될 것이다. 사울이 소들과 양들을 희생 제물로 바쳤지만, 그가 사탄의 원칙 안에 있었기 때문에 하나님은 그것을 희생 제물로 인정하지 않으셨다. 하나님의 권위를 뒤집어엎는 것은 곧 하나님을 뒤집어엎는 것이다. 그러므로 성경은 거역하는 것은 점을 치는 죄와 같고, 고집을 피우는 것은 우상숭배와 같다고 말한다(삼상 15:23).

주님의 일을 하는 하나님의 종들인 우리가 첫 번째로 만지는 것은 바로 권위의 문제이다. 사람이 권위를 만지는 것은 마치 구원을 만지는 것처럼 실재이다. 이것은 더 깊은 공과이다. 우리는 언젠가 적어도 한 번은 권위를 만져야 하고, 권위에 의해 거꾸러뜨림을 당해야 한다. 그럴 때 비로소 하나님의 일을 할 수 있다. 하나님과 우리의 관계에서 권위를 만지는 것보다 더 중요한 것은 없다. 우리가 일단 권위를 만진다면, 어디를 가든 권위를 보게 될 것이다. 그럴 때 우리는 비로소 하나님의 제한을 받게 되고, 하나님께 쓰임받기 시작할 수 있을 것이다.

주님께서 받으신 심판과 바울이 받은 심판

마태복음 26장과 27장에서 주 예수님은 붙잡히셔서 두 종류의 심판을 받으셨다. 그분은 대제사장 앞에서 종교의 심판을 받으셨고(26:57–66), 빌라도 앞에서 정치의 심판을 받으셨다(27:11–14). 빌라도에게 심문받으실 때, 주님은 이 세상의 다스림 아래 있지 않으시기 때문에 답변하지 않으셨다. 그러나 대제사장이 살아 계신 하나님의 이름으로 물었을 때, 주님은 답변하셔야 했다. 왜냐하면 이것은 권위에 복종하는 문제이기 때문이다. 또한 바울이 사도행전 23장에서 재판을 받을 때, 아나니아가 하나님의 대제사장인 것을 알고 난 후에는 즉시 그에게 복종했다(1–5절). 그러므로 주님의 일을 하는 우리는 반드시 이 권위의 문제에 직면해야 한다. 그러지 않으면 우리의 일은 하나님의 뜻의 원칙, 곧 권위에 복종하는 원칙 안에 있지 않을 것이다. 그 대신 우리는 사탄의 반역의 원칙, 곧 하나님의 뜻과 상관없이 일하는 원칙 안에 있게 될 것이다. 이 문제는 참으로 큰 계시를 필요로 한다.

마태복음 7장 21절부터 23절까지에서 주님은 그분의 이름으로 예언을 하고 귀신을 쫓아내며 많은 능력의 일을 행한 사람들을 책망하셨다. 주님의 이름으로 이 일들을 행했는데, 거기에 무슨 잘못이 있었는가? 그것은 사람이 자신을 출발점으로 하여 주님의 이름으로 일했기 때문이다. 그것은 육체의 활동이었기 때문에, 주님은 그 일들을 인정하지 않으시고 불법을 행하였다고 말씀하신 것이다. 이어서 주님은 하늘에 계신 아버지의 뜻을 행하는 사람들이라야 천국에 들어갈 수 있다고 말씀하셨다. 이것은 모든 일이 하나님의 뜻에 복종하는 것에서 시작되어야 함을 보여 준다. 하나님께서 근원이 되셔야 한다. 모든 일은 하나님께서 보내셔서 하는 것이지 사람이 찾아내서 하는 것이 아니다. 오직 사람이 자기를 보내신 하나님의 뜻을 알 때, 비로소 천국의 권위의 실재를 체험할 수 있다.

권위를 보는 것은 큰 계시임

우주 가운데에는 두 가지 큰일이 있다. 그것은 구원에 이르도록 믿는 것과 권위에 복종하는 것이다. 다시 말해서 믿음과 복종이다. 성경은 우리에게 죄의 정의가 불법이라고 말해 준다(요일 3:4). 로마서 2장 12절의 '율법 없이'라는 말은 '불법적인'이라는 말과 같은 것이다. 불법은 곧 하나님의 권위를 무시하는 것이며, 하나님의 권위를 무시하는 것이 곧 죄이다. 범법은 행위의 문제이고, 불법은 마음과 태도의 문제이다. 현시대는 불법의 시대이다. 세상은 불법적인 죄들로 가득하다. 심지어 불법의 사람이 곧 나타날 것이다. 동시에 권위는 이 세상에서 점점 더 지위를 잃어 갈 것이고, 마지막 시대에는 모든 권위가 전복될 것이며, 오직 불법만이 남아 다스리게 될 것이다.

그러므로 우주 가운데에는 두 가지 원칙, 곧 하나님의 권위의 원칙과 사탄의 반역의 원칙이 있다. 우리는 반역의 영을 가지고 반역의 길을 가면서 동시에 하나님을 섬길 수 없다. 반역적인 사람이 말씀을 전할 수 있을지라도, 사탄의 원칙이 그 안에 있기 때문에 사탄은 그를 비웃을 것이다. 봉사는 언제나 권위를 수반한다. 우리는 하나님의 권위에 복종하기 원하는가, 원하지 않는가? 하나님을 섬기는 우리는 반드시 언젠가는 권위에 대한 기본적인 인식을 가져야 한다. 예를 들어, 전기에 한 번 감전된 경험이 있는 사람은 결코 전기를 부주의하게 다루지 않는다. 마찬가지로 사람이 한 번 하나님의 권위를 만나 하나님에 의해 엎드러지면, 눈이 점점 밝아져 자신뿐 아니라 남들도 분별할 수 있게 된다. 그는 누가 불법적인지 아닌지를 알게 된다.

하나님께서 우리에게 긍휼을 베푸셔서 우리를 반역의 길에서 구원해 주시기 바란다. 우리가 하나님의 권위를 알고 복종의 공과를 배울 때에만, 우리는 비로소 하나님의 자녀들을 올바른 길로 인도할 수 있다.

제2장

구약의 거역의 예들 (1)

아담과 하와의 타락

성경:

창 2:16-17 여호와 하나님께서 그 사람에게 명령하셨다. "동산에 있는 모든 나무의 열매는 마음대로 먹어도 된다. 그러나 선과 악의 지식나무의 열매는 먹어서는 안 된다. 그것을 먹는 날에는 반드시 죽을 것이다."

창 3:1-6 뱀은 여호와 하나님께서 만드신, 들에 사는 다른 어떤 짐승보다 더 간교하였다. 뱀이 여자에게 물었다. "하나님께서 정말로 '너희는 동산에 있는 어떤 나무의 열매도 먹어서는 안 된다.'라고 하셨어요?" 그러자 여자가 뱀에게 대답하였다. "동산에 있는 나무들의 열매는 우리가 먹어도 되지만 동산 한가운데 있는 나무의 열매에 대해서는 하나님께서 '너희가 죽지 않으려면 먹어서도 안 되고 만져서도 안 된다.'라고 말씀하셨어." 그러자 뱀이 여자에게 말하였다. "그대들은 결코 죽지 않아요. 하나님은 그대들이 그것을 먹는 날에는 눈이 열려서 하나님처럼 되어, 선과 악을 알게 될 줄 아시고서 그렇게 말씀하신 것이에요." 여자가 그 나무의 열매를 보니, 먹기에 좋고 보기에 즐거우며 사람을 지혜롭게 해 줄 것처럼 탐스러웠다. 그래서 여자가 그 열매를 따 먹고, 자기와 함께 있는 남편에게도 주자 그도 먹었다.

롬 5:19상 한 사람의 불순종을 통하여 많은 사람이 죄인들로 조성된 것같이

사람의 타락은
권위에 복종하지 않은 데서 기인함

이제 창세기 2장과 3장에 있는 아담과 하와의 이야기를 보기로 하자. 하나님은 아담을 창조하신 후에 아담에게 몇 가지 지시를 내리셨고, 그에게 선과 악의 지식나무의 열매를 먹지 말라고 명령하셨다. 우리는 이것이 단지 열매를 먹는 것을 금지한 문제만이 아니라, 하나님께서 아담이 권위에 복종하도록 그를 권위 아래 두신 문제였음을 보아야 한다. 하나님은 땅의 모든 창조물을 아담의 권위 아래 두시어, 그가 그것들을 관리하고 모든 창조물 위에 권위가 되게 하셨다. 동시에 하나님은 아담을 그분의 권위 아래 두심으로 아담이 권위에 복종하게 하셨다. 오직 권위에 복종하는 사람들만이 권위가 될 수 있다.

창조의 순서에서, 하나님은 먼저 아담을 지으시고 그다음에 하와를 지으셨다. 또한 하나님은 아담이 권위가 되고 하와는 아담의 권위 아래 있도록 정하셨다. 하나님은 이 두 사람 중에서 한 사람은 권위로 세우시고, 다른 한 사람은 복종하도록 하셨다. 옛 창조물과 새 창조물(구원) 안에서도 선후의 순서가 권위의 근거이다. 먼저 창조된 사람이 권위이고,

먼저 구원받은 사람이 권위인 것이다. 그러므로 어디를 가든지 우리는 가장 먼저 하나님께서 우리가 복종하기 원하시는 사람이 누구인지를 찾아야 한다. 우리는 어디에 있든지 권위를 보아야 하고, 또한 권위에 복종해야 한다.

사람의 타락은 권위에 복종하지 않은 데서 왔다. 하와는 아담에게 물어보지도 않고 스스로 결정했다. 그녀는 그 열매가 먹기에 좋고 보기에 즐거운 것을 보고 혼자만의 생각으로 결정을 내렸다. 하와가 손을 내밀어 열매를 따기 전에, 그녀는 먼저 머리를 사용하여 생각하고 유혹을 받아들였다. 그러고 나서 그녀는 손을 내밀어 따 먹음으로써 머리의 권위를 취하였다. 그러므로 하와가 그 열매를 먹은 것은 복종에서 나온 것이 아니라 스스로 결정한 것이다. 그녀는 하나님의 명령을 어겼을 뿐 아니라 아담의 권위를 무시하였다. 하나님의 권위를 대표하는 사람에 대한 거역은 바로 하나님 자신에 대한 거역이다. 아담도 하와의 말을 듣고 그 열매를 먹었다. 이것은 더 나쁜 것으로서 하나님의 직접적인 명령에 불순종한 것이었다. 결국 아담 또한 하나님의 권위를 무시하고 거역했다.

모든 일은 반드시
복종으로부터 해야 함

이 땅에 사는 동안, 우리의 첫 번째 질문은 어떤 일을 해야 하는가 말아야 하는가에 대한 것이어서는 안 된다. 그보다는 우리가 누구에게 복종하여 일을 해야 하는지를 물어야 한다. 이것은 우리가 무엇을 하느냐 하지 않느냐의 문제가 아니라 누구에게 복종하느냐의 문제이다. 복종이 없이는 일도 봉사도 없다. 아담이 열매를 먹을 때, 그는 그렇게 하는 것이 하나님께 복종하는 것인지를 먼저 물었어야 했다. 그리스도인의 모든 일은 반드시 복종에서 나온 것이어야 한다. 즉 모든 일을 우리가 주도적으로 하는 것이 아니라 반응하는 것이어야 한다. 이 일에 관해서는 모든 일이 능동적이지 않고 수동적이어야 한다. 바꾸어 말해서, 모든 일을 하나님께서 시작하셔야 하며, 우리 자신은 어떤 것도 시작해서는 안 된다.

하와는 하나님의 권위 아래 있었을 뿐 아니라 하나님께서 세우신 권위인 아담 아래 있었다. 그러므로 하와는 이중의 명령과 이중의 권위에 복종해야 했다. 오늘날 우리도 동일하다. 그러나 하와는 그 열매가 먹기에 좋다는 것만 생각했을 뿐, 먹을 때에 누구에게 복종해야 하는지를 알지 못했다. 처음부터 하나님은 사람이 자신의 생각을 내세우기보다는 복종하기를 원하셨다. 그러나 하와의 행위는 복종에서 나온 것이 아니라 자신의 생각에서 나온 것이었다. 그녀는 하나님의 안배와 권위에 복종하는 대신, 자신의 생각을 내세우고 하나님을 거슬러 타락하게 되었다. 타락은 복종 없이 행하는 것이다. 복종이 없는 행위가 바로 거역이다.

사람에게 복종이 많을수록 그의 행위는 적어진다. 사람이 처음 주님을 따를 때, 행위는 많으나 복종은 거의 없다. 앞으로 전진할수록 행위는 점점 줄어들고, 마지막에 가서는 오직 복종만 남게 된다. 많은 사람이 일을 접하면 곧바로 일하기를 좋아한다. 그들은 가만히 있기를 원하지 않는다. 그들은 복종이 있는지 없는지에는 관심이 없다. 그 결과 많은 일을 명령을 듣고 복종하여 하는 것이 아니라 스스로 하게 된다.

옳고 그름은 하나님께 있음

사람은 옳고 그름의 지식에 따라 어떤 것을 하지 않고 모든 것을 복종함으로 해야 한다. 선과 악을 분별하는 원칙은 옳고 그름에 따라 사는 원칙이다. 아담과 하와가 그 열매를 먹기 전에는 그들의 옳고 그름은 하나님께 있었다. 그들이 하나님 앞에 살지 않으면 아무것도 알 수 없었다. 그들의 옳고 그름은 하나님 자신이었다. 그러나 선과 악의 지식나무를 받아들인 후에, 사람은 하나님 외에 옳고 그름을 분별하는 다른 근원을 찾았다. 그 결과 사람이 선과 악의 지식나무의 열매를 먹고 타락한 후에는 하나님을 찾을 필요가 없었다. 그는 스스로 살 수 있었고, 하나님을 떠나서 자신을 의지하여 옳고 그름을 분별할 수 있었다. 이것이 바로 타락이다. 구속의 일은 우리를 우리의 옳고 그름이신 하나님께로 되돌린다.

그리스도인은 반드시 권위에 복종해야 함

모든 것이 하나님에 의해 안배되었으므로, 모든 권위는 하나님에게서 비롯된 것이다. 위에 있는 모든 권위를 거슬러 올라가면, 우리는 결국 하나님을 만나게 될 것이다. 하나님은 모든 권위 위에 계시고, 모든 권위는 다 그분 아래 있다. 우리가 하나님의 권위를 만지면 하나님 자신을 만지게 된다. 하나님의 일은 기본적으로 능력에 의해서가 아니라 권위에 의해서 수행된다. 그분은 권위의 말씀으로 만물을 붙들고 계신다. 그분은 권위의 명령으로 모든 것을 창조하셨다. 그분의 명령이 곧 그분의 권위이다. 우리는 하나님의 권위가 어떻게 효력을 발휘하는지 알지 못한다. 그러나 하나님께서 이루시는 일은 모두 그분의 권위에 달려 있다.

병을 앓고 있던 종을 둔 백부장은 한편으로는 자기 위에 그가 복종해야 할 권위가 있고 다른 한편으로는 자기 아래에 그에게 복종해야 하는 사람들이 있음을 알았다. 그는 모든 권위가 주님의 손에 있다는 것을 알았고 또 주님의 권위를 믿었기 때문에, 주님께서 한 말씀만 하시면 그대로 이루어질 것임을 믿었다. 그러므로 주님은 이렇게 큰 믿음을 보지 못하였다고 말씀하셨다(참조 마 8:5-10). 하나님의 권위를 만나는 것은 곧 하나님을 만나는 것이다. 오늘날 하나님께서 세우신 권위가 우주 가운데 가득하다. 우주 가운데의 모든 궤도가 그분께서 정하신 것이고 세상의 모든 법칙도 그분께서 세우신 것이기 때문에, 모든 것이 다 그분의 권위 아래 있다. 하나님의 권위에 죄를 짓는 것은 곧 하나님 자신께 죄를 짓는 것이다. 그리스도인은 반드시 권위에 복종해야 한다.

일꾼이 첫 번째로 배워야 할 것은 권위에 복종하는 것임

한 면으로 우리는 다른 사람들의 권위 아래 있지만, 다른 한 면으로 사람들은 우리의 권위 아래 있다. 하나님 자신을 제외하고, 주 예수님을 포함하여 모든 사람이 이 세상의 모든 권위에 복종해야 한다. 우리는 모든 곳에서 권위를 볼 수 있다. 가정에서도 학교에서도 권위가 있다. 여러분이 길거리에서 경찰관을 만났을 때, 여러분은 그가 유능하지도 않고 학식이 여러분보다 못할지라도, 반드시 그를 하나님께서 세우신 권위로 여겨야 한다. 몇몇 형제들이 함께 있을 때, 그들은 즉시 누가 어디에 서야 할지를 알아야 한다. 일꾼은 반드시 누가 그의 권위인지를 알아야 한다. 어떤 사람들은 누가 그의 권위인지를 전혀 모르고 어느 누구에게도 복종한 적이 없다. 우리에게는 결코 옳고 그름이나 선과 악이 없어야 한다. 우리는 어디를 가든지 먼저 누가 권위인지를 알아야 한다. 만일 여러분이 누구에게 복종해야 할지를 안다면, 여러분은 자연히 몸 안에서 마땅히 서야 할 위치를 알게 되고, 올바른 위치에 서 있게 될 것이다. 그러나 오늘날 많은 그리스도인에게는 복종의 관념조차도 없다. 그들에게는 모든 것이 혼란스럽기 때문에, 자신의 위치를 지키는 것과 같은 것이 없다. 복종은 일하는 사람이 첫 번째로 배워야 할 공과이다. 그것은 실지로 일의 가장 큰 부분을 차지한다.

복종을 회복해야 함

아담이 타락했을 때, 우주 안의 질서가 파괴되었다. 우리는 결코 선과 악을 분별하려고 해서는 안 되며, 그보다는 권위에 복종해야 한다. 사람은 선과 악을 스스로 판단하려는 경향이 있어서, 이렇게 행하는 것은 옳고 저렇게 행하는 것은 옳지 않다고 느낀다. 마치 사람의 판단이 하나님의 판단보다 더 분명한 것처럼 보인다. 그러나 이것은 사람의 어리석고 타락한 상태이다. 이것은 다름 아닌 거역이므로 우리 가운데서 반드시 제거되어야 한다.

우리는 복종을 충분히 보지 못했다. 어떤 사람은 침례를 받고 교파를 벗어난 것으로 충분하다고 생각하지만, 이것으로는 충분하지 않다. 어떤 젊은 학생들은 하나님께서 선생님에게 복종하라고 하셨다는 이유로 하나님을 엄한 분으로 생각한다. 어떤 아내들은 하나님께서 복종할 수 없는 남편에게 복종하라고 하셨다는 이유로 그분께서 자기들을 심하게 대하신다고 생각한다. 오늘날 많은 그리스도인이 여전히 거역 가운데 살고 있고, 아직 기본적인 복종조차도 배우지 못했다.

성경에서 복종은 하나님께서 세우신 권위에 복종하는 것이다. 과거에 우리가 전한 복종은 얼마나 얕았는지! 복종은 기본적인 원칙이다. 권위의 문제가 해결되지 않으면 어떤 것도 올바르게 할 수 없다. 믿음은 우리가 생명을 얻는 원칙인 반면에, 복종은 우리가 생활하는 원칙이다. 오늘날 교회가 여러 갈래로 흩어지고 분파로 나누어진 것은 다 거역에서 비롯된 것이다. 권위를 회복하려면 먼저 복종을 회복해야 한다. 많은 사람이 머리가 되어 행동하는 데 익숙해져 있어서 복종을 전혀 알지 못한다. 우리는 반드시 복종하기를 배워야 하고, 복종이 우리의 반응이 되어야 한다.

하나님은 권위에 관하여 우리에게 하나도 감추지 않으시고 모든 것을 보여 주셨다. 하나님은 우리에게 교회 안에서 어떻게 직간접적으로 권위에 복종하는지를 보여 주셨다. 많은 사람이 하나님께 복종하는 것만 알고 권위에 복종하는 것은 알지 못한다. 모든 권위는 하나님에게서 나온 것이기 때문에, 모든 사람이 다 권위에 복종해야 한다. 사람의 모든 문제는 하나님의 권위의 영역 밖에서 사는 데서 비롯된다.

머리의 권위가 없으면
몸의 하나도 없음

오늘날 하나님은 그리스도의 몸의 하나를 회복하는 길을 가고 계신다. 몸의 하나가 있으려면, 첫째로 머리의 생명이 있어야 하고, 둘째로 머리의 권위가 있어야 한다. 머리의 생명이 없으면 몸이 없고, 머리의 권위가 없으면 몸의 하나가 없다. 우리는 몸의 하나를 위해 머리의 생명의 다스림을 받아야 한다. 하나님은 우리가 그분께 복종할 뿐 아니라 그분의 권위를 대표하는 모든 사람에게도 복종하기를 요구하신다. 모든 지체는 서로 복종하기를 배워야 한다. 몸이 하나이고, 머리와 몸 또한 하나이다. 하나님의 뜻은 머리의 권위가 통행될 때에만 이루어질 수 있다. 하나님은 교회가 하나님의 왕국이 되기를 원하신다.

권위에 복종하는 일에서
배워야 할 몇 가지 요점

하나님을 섬기는 사람은 언젠가는 온 우주 안에서, 그리고 사회와 가정과 교회 안에서 권위를 만나게 될 것이다. 어떤 사람이 하나님의 권위를 만난 적이 없다면, 어떻게 하나님께 복종할 수 있겠는가? 이것은 교리나 가르침의 문제가 아니다. 만일 교리나 가르침의 문제라면, 권위는 여전히 우리에게 추상적인 것이 될 것이다. 어떤 사람은 권위에 복종하는 것을 매우 어려운 일로 생각한다. 그러나 하나님을 만나면 그것은 어렵지 않게 된다. 하나님의 긍휼을 입지 않고서는 어느 누구도 하나님의 권위에 복종할 수 없다. 이러한 이유로 우리가 배워야 할 몇 가지 요점이 있다.

(1) 복종의 영이 있어야 한다.

(2) 복종의 훈련이 있어야 한다. 어떤 사람은 야만인과 같아서 결코 복종하지 못한다. 그러므로 우리는 이번에 여러분 모두가 복종을 배우기를 바라면서, 각 방*에 방장을 안배했다. 모두가 올바른 위치에 서서 훈련받기를 바란다. 공과를 배운 사람이나 훈련을 받은 사람은 어디에 있든지 제한을 받는다고 느끼지 않을 것이고, 어려움 없이 자연스럽게 복종을 살아 나타낼 것이다.

(3) 권위를 대표하는 사람이 되기를 배워야 한다. 하나님을 위해 일하는 사람은 반드시 권위에 복종하기를 배워야 할 뿐 아니라, 교회 안에서와 가정 안에서 하나님의 권위를 대표하는 사람이 되기를 배워야 한다. 하나님께서 여러분에게 많은 일을 맡기셨을 때, 만일 여러분이 하나님의 권위 아래 복종하기를 배운 사람이라면, 여러분은 자신이 아무것도 아니라

* 이 메시지가 주어진 구링산 훈련 숙소를 가리킴—역자 주

고 느낄 것이다. 그러나 다른 사람들에게 복종하는 것만 배운 사람은 하나님께서 그를 어떤 지방에 보내어 일하게 하실 때, 어떻게 권위가 되는지를 알지 못한다. 이런 이유로 우리는 권위에 복종하기를 배워야 할 뿐 아니라 어떻게 권위가 되는지를 배워야 하고, 올바른 위치에 서는 것도 배워야 한다. 교회는 많은 이들이 복종하지 않기 때문에 해를 입고, 또한 많은 이들이 올바른 위치에 서서 권위가 되는 것을 모르기 때문에 손실을 입는다.

제3장
구약의 거역의 예들
(2)

함의 거역

성경:

창 9:20-27 노아는 농사일을 시작하여 포도원을 가꾸었다. 그는 포도주를 마시고 취하여, 벌거벗은 채 자기 천막 안에 누워 있었다. 가나안의 아버지인 함이 자기 아버지가 벌거벗은 것을 보고, 밖으로 나가서 두 형제에게 알렸다. 그러자 셈과 야벳은 겉옷을 가져다가 자기들의 어깨에 걸친 다음, 뒷걸음질하여 들어가서 아버지의 벌거벗은 몸을 덮어 주었다. 그들은 얼굴을 돌려서 아버지의 벌거벗은 몸을 보지 않았다. 노아가 술에서 깨어나 작은아들이 자기에게 한 일을 알고서, 이렇게 말하였다. "가나안은 저주를 받으리니 / 그는 자기 형제들에게 / 종들의 종이 되리라." 그는 또 말하였다. "셈의 하나님이신 / 여호와를 찬양하여라. / 가나안은 그의 종이 되어라. / 하나님께서 야벳을 창대하게 하시고 / 셈의 천막에 거주하게 하시며 / 가나안은 그의 종이 되게 하시기 바란다."

권위를 대표하는 사람의 실패는 권위에 복종하는 사람에게 시험임

첫 번째 동산에서 아담은 타락했고, 두 번째 동산에서 노아 또한 타락했다. 하나님은 본래 노아의 의로움 때문에 노아의 가족을 구원하셨다. 하나님의 계획 안에서 노아는 그의 가족의 머리였다. 하나님은 그의 가족을 노아의 권위 아래 두셨을 뿐 아니라, 노아를 그 당시 땅 위에서 머리가 되게 하셨다.

그러나 어느 날 노아는 포도원에서 산출된 포도주를 마시고 취하여 벌거벗은 채 천막 안에 누워 있었다. 그의 둘째 아들인 함은 아버지가 벌거벗은 것을 보고, 밖으로 나가 두 형제에게 알렸다(창 9:21-22). 행위에 따라 말하자면 이것은 노아가 잘못한 것이었다. 그는 술에 취해서는 안 되었다. 그러나 함은 권위의 심각성을 보지 못했다. 아버지는 하나님께서 가정에 세우신 권위였다. 그러나 육체는 권위가 실패하는 것을 좋아한다. 왜냐하면 그렇게 될 때 육체는 자유롭고 제약을 받지 않기 때문이다. 함은 아버지의 실패를 보았을 때, 수치스럽거나 애통하는 느낌이 조금도 없었고 또한 그 일을 덮을 생각도 하지 않았다. 이것은 그에게 거역의 영이 있었음을 증명한다. 그는 밖으로 나가 형제들에게 알렸고, 아버지의 수치를 폭로했다. 이것은 또한 그가 비방하는 말을 했음을 보여 준다. 그러나 셈과 야벳이 이 일을 어떻게 처리했는지를 보라. 그들 두 사람은 뒷걸음질하여 들어가서, 그들의 얼굴을 돌려 아버지의 실패를 보지 않았고, 그 대신 자기들의 어깨에 겉옷을 걸치고 들어가서 아버지의 몸을 덮어 주었다(23절). 노아의 실패는 셈과 함과 야벳 중 누가 복종하는 사람이고 누가 거역하는 사람인지를 나타내는 하나의 시험이 되었다. 노아의 실패는 함의 거역을 폭로했다.

노아는 술에서 깨어난 후, 함의 자손이 저주를 받아 그의 형제들에게 종들의 종이 되리라고 예언했다. 성경에서 첫 번째로 종이 된 사람은 바로 함이다. '가나안은 종이 되리라'라는 문구가 세 번이나 언급된다. 이것은 권위에 복종하지 않는 사람은 계속 권위에 복종해야 하는 종이 되어야 한다는 것이다. 셈은 축복을 받았다. 주 예수님은 셈의 자손에게서 나셨다. 야벳의 자손은 그리스도를 전파하는 사람들이 되었다. 오늘날 세상에서 복음을 전하는 민족은 다 야벳의 자손이다. 홍수 이후 인류 가운데 저주받은 첫 번째 사람은 바로 함이다. 그의 자손은 대대로 다른 사람의 권위 아래 있는 종이 되어야 했다. 하나님을 섬기는 법을 배우는 모든 사람은 반드시 권위를 만나야 한다. 사람은 결코 불법의 영 안에서 하나님을 섬길 수 없다.

다른 불을 바친 나답과 아비후

성경:

레 10:1-2 아론의 아들들인 나답과 아비후가 각자 자기 향로를 가져다가, 거기에 불을 담고 그 위에 향을 놓았다. 그들은 여호와께서 명령하시지 않은 다른 불을 여호와 앞에 바쳤다. 그러자 여호와 앞에서 불이 나와 그들을 태워 버렸고, 그들은 여호와 앞에서 죽었다.

나답과 아비후가 불에 태워진 이유

나답과 아비후의 이야기는 얼마나 엄중한지! 그들이 제사장이 될 수 있었던 것은 아론의 가문에 속했기 때문이다. 즉 그들 개인이 합당해서가 아니라 하나님 앞에서 그들의 집안이 합당했기 때문이다. 하나님은 아론을 제사장으로 세우시고, 관유를 아론의 머리 위에 부으셨다(레 8:12). 그러므로 희생 제물을 바치고 섬기는 모든 일에서 아론이 주된 인물이고, 그의 아들들은 아론의 명령을 듣고 제단 옆에서 돕는 이들이었다. 하나님은 아론의 아들들이 독립적으로 제사장들이 되기를 바라지 않으셨고, 아론의 권위 아래 있도록 정하셨다. 레위기 8장은 아론과 그의 아들들을 열두 차례 언급한다. 그런 다음 9장은 아론이 희생 제물을 바치고 그의 아들들은 그를 따라다니며 곁에서 도왔음을 보여 준다. 아론이 움직이지 않으면 그의 아들들도 움직이지 않아야 했다. 모든 것이 아론의 이름 아래에 있어야 했고, 그의 아들들의 이름 아래에 있어서는 안 되었다. 그의 아들들이 주제넘게 머리의 권위를 취하여 희생 제물을 바쳤을 때, 그것은 다른 불이 되었다. 아론의 아들들인 나답과 아비후는 그들도 희생 제물을 바칠 수 있다고 생각하여 아론이 명령하지 않은 다른 불을 바쳤다. 다른 불을 바쳤다는 것은 명령을 듣지 않고 권위를 무시한 채 하나님을 섬겼다는 뜻이다. 그들은 아버지가 희생 제물을 바치는 일이 간단한 일이고 특별해 보이지 않았기 때문에, 그들도 동일한 일을 할 수 있다고 생각했다. 그래서 그 일을 자신들이 직접 한 것이다. 그들은 그 일을 할 수 있는지의 여부만 생각했을 뿐 하나님의 권위의 문제는 생각하지 못했다.

봉사는 하나님에게서 비롯되는 것임

여기서 우리는 한 가지 매우 엄중한 문제를 본다. 즉 하나님을 섬기는 것과 다른 불을 바치는 것은 유사한 문제 같지만 매우 다르다는 것이다. 하나님을 섬기는 것은 하나님에게서 비롯된다. 즉 사람은 그분의 권위에 복종함으로 하나님을 섬겨야 한다. 그래야 그분께 기쁘게 받아들여진다. 그러나 다른 불은 사람에게서 비롯된다. 여기에는 하나님의 뜻에 순종하거나 하나님의 권위에 복종할 필요가 없다. 여기에 필요한 전부는 사람의 열심인데, 그 결과는 죽음이다. 많은 때 우리가 섬기며 일할수록 더 많은 죽음을 초래한다. 이러한 상황에서 우리는 하나님의 빛 비춤을 구해야 한다. 우리는 하나님을 섬기는 원칙 안에 있는가, 아니면 다른 불을 바치는 원칙 안에 있는가?

하나님의 일은
권위 안에서 동역하는 것임

나답과 아비후가 아론을 벗어나 일한 것은 곧 하나님을 벗어나 일한 것이다. 왜냐하면 하나님의 일은 권위 안에서 동역하는 것이기 때문이다. 하나님은 그들이 아론의 권위 아래서 섬기도록 정하셨다. 신약에는 바나바와 바울, 바울과 디모데, 베드로와 마가가 있는데, 이들 중에는 책임을 지는 이가 있는 반면 뒤에서 따르며 돕는 이가 있다. 하나님의 일에서 그분은 어떤 사람은 권위로 세우셨고, 어떤 사람은 권위에 복종하는 이로 세우셨다. 하나님은 우리가 멜기세덱의 계통에 따른 제사장들이 되기를 원하시기 때문에, 우리는 권위 안에서 동역함으로 하나님을 섬겨야 한다.

인도를 하지 말아야 할 사람이 인도를 하면, 거기에는 거역과 죽음이 있게 된다. 그러므로 권위를 만지지 않고 하나님을 섬기는 사람은 다른 불을 바치는 것이다. 어떤 사람이 "누구누구가 할 수 있으니 나도 할 수 있다."라고 말한다면, 그것은 거역이다. 하나님은 불이 있는지 없는지를 주의하지 않으시고 그 불의 성질을 주의하신다. 거역은 불의 성질을 바꿀 수 있다. 무릇 여호와께서 명령하지 않으시고 아론이 지시하지 않은 것은 모두 다른 불이다. 하나님께서 주의하시는 것은 희생 제물을 바치는 문제가 아니라 권위를 지키는 문제이다. 그러므로 사람은 반드시 따르는 이가 되어야 한다. 즉 사람은 항상 조연의 위치에 서야 한다. 권위를 대표하는 사람은 하나님을 따르고, 권위에 복종하는 사람은 권위를 대표하는 사람을 따른다. 영적인 일은 개인이 단독적으로 섬기는 것이 아니라 모든 사람이 동역하여 섬겨야 한다. 봉사의 단위는 개인이 아니라 동역이다. 나답과 아비후가 아론에게 문제가 된 것은 하나님께 문제가 된 것이다. 그들은 아론과 떨어져서 단독적으로 일할 수 없다. 권위를 범한 사람은 누구든지 하나님의 불에 의해 태워지게 될 것이다. 아론조차도 이 일이 그처럼 엄중하다는 것을 몰랐다. 그러나 모세는 하나님의 권위에 거역하는 것의 심각성을 알았다(레 10:3). 많은 사람이 자신이 하나님을 섬기고 있다고 생각한다. 그러나 그들은 어떤 권위 아래에도 있지 않고 단독적으로 일한다. 많은 사람이 하나님의 권위에 거역하고 있음을 깨닫지 못한 채 죄를 짓고 있다. 그러므로 과거에 중국에서 만연했던 자유 계약 설교자들의 활동은 교회에 크나큰 손실을 가져왔다.

아론과 미리암의 비방

성경:

민 12:1-15 모세가 구스 여자와 결혼하였다. 모세와 결혼한 그 구스 여자 때문에 미리암과 아론이 모세를 거슬러 말하였다. 그들이 말하였다. "여호와께서 참으로 모세를 통해서만 말씀하셨느냐? 우리를 통해서도 말씀하지 않으셨느냐?" 여호와께서 이 말을 들으셨다. 모세라는 사람은 매우 온유하였다. 그는 지면의 어떤 사람보다도 온유하였다. 여호와께서 갑자기 모세와 아론과 미리암에게 말씀하셨다. "너희 셋은 회막으로 나오너라." 그래서 그들

셋이 나아갔다. 그때 여호와께서 구름 기둥 가운데로 내려오셔서 회막 입구에 서시어 아론과 미리암을 부르셨다. 그들이 앞으로 나아가자, 그분께서 말씀하셨다. "너희는 내 말을 들어라. / 너희 가운데 신언자가 있으면, / 나 여호와가 이상 중에 나 자신을 그에게 알리고 / 내가 꿈속에서 그와 말할 것이다. / 나의 종 모세에게는 그리하지 않나니 / 그는 나의 온 집에서 신실한 사람이다. / 그와는 내가 얼굴을 마주 대하여 말하고, 분명히 말하며, 이해하기 어려운 말로 말하지 않거니와 / 그는 나 여호와의 모습을 보는 사람이다. / 그런데 너희는 어찌하여 나의 종 모세를 거슬러 말하는 것을 두려워하지 않느냐?" 여호와께서 그들에게 진노하시고 떠나셨다. 구름이 천막 위에서 떠나자, 미리암이 나병에 걸려 눈처럼 하얗게 되어 있었다. 아론이 미리암을 돌아보니, 미리암이 나병에 걸려 있었다. 아론이 모세에게 말하였다. "오, 나의 주인님! 우리가 너무 어리석어서 지은 이 죄를 부디 우리에게 지우지 마십시오. 부디 미리암이, 살이 반이나 썩은 채로 모태에서 죽어 나온 아이처럼 되지 않게 해 주십시오." 모세가 여호와께 부르짖었다. "오, 하나님! 부디 미리암을 낫게 해 주십시오." 여호와께서 모세에게 말씀하셨다. "미리암의 아버지가 미리암의 얼굴에 침을 뱉었어도 미리암이 칠 일 동안은 부끄러워해야 하지 않겠느냐? 그러니 미리암을 칠 일 동안 진영 밖에 가두고 그 후에 다시 들어오게 하여라." 그리하여 미리암은 칠 일 동안 진영 밖에 갇혔고, 백성은 미리암이 다시 들어올 때까지 진군하지 않았다.

권위를 대표하는 사람을 비방하는 것은 하나님을 진노하시게 함

아론과 미리암은 모세의 형과 누나이므로, 집안에서는 모세가 아론과 미리암의 권위 아래 있었다. 그러나 하나님의 부름과 일에 있어서 아론과 미리암은 반드시 모세의 권위 아래 있어야 했다. 아론과 미리암은 모세가 구스 여자를 아내로 취한 것에 불만을 가져, 모세를 거슬러 다음과 같이 말했다. "여호와께서 참으로 모세를 통해서만 말씀하셨느냐? 우리를 통해서도 말씀하지 않으셨느냐?"(민 12:2) 구스 사람은 아프리카 사람으로서 함의 자손이다. 모세가 구스 여자를 아내로 취한 것은 옳지 않은 일이었다. 미리암이 모세보다 나이가 더 많았기 때문에, 그녀는 가족 관계에 근거해서 동생을 나무랄 수 있었다. 그러나 미리암이 입을 열어 모세를 비방할 때, 그녀는 하나님의 일을 만졌고 모세의 위치를 밟고 넘어섰다. 하나님은 그분의 일에서 대표 권위를 모세의 손에 두셨다. 아론과 미리암이 집안 문제로 모세를 비방한 것은 큰 잘못이었다.

하나님은 이스라엘 백성을 이집트에서 인도해 내도록 모세를 세우셨다. 그러나 미리암은 모세를 경시했다. 그 때문에 하나님은 그녀에 대해 기뻐하지 않으셨다. 여러분이 자신의 육신의 형제를 다룰 수는 있지만, 하나님의 권위를 비방할 수는 없다. 아론과 미리암은 하나님의 권위를 모르고 타고난 위치에 서서 거스르는 마음을 품었다. 모세는 대답하지 않았다. 그는 자신이 하나님께서 세우신 권위라면 사람의 보호를 받을 필요가 없다는 것을 알았다. 그를 비방하는 사람은 누구나 죽음을 만지게 될 것이므로, 그가 입을 열 필요가 없었다. 하나님께서 그에게 권위를 주신 한 그는 대답할 필요가 없었다. 동물의 왕 사자는 자신을 보호할 필요가 없다. 왜냐하면 사자 자신이 권위이기 때문이다. 모세는 먼저 하나님의 권위에 복종했다. 그런 다음 그는 하나님을 대표하여 권위가 될 수 있었다. 그는 지면의 어떤 사람보다도 온유하였다(민 12:3). 모세가 대표한 권위는 하나님의 권위였다. 모든 권위는 다 하나님께서 위임하신 것이기 때문에, 어느 누구도 그것을 빼앗을 수 없다.

그들의 거역의 말은 위로 올라갔고, 하나님은 그 말을 들으셨다(민 12:2하). 아론과 미리암이 모세에게 죄를 지은 것은 모세의 하나님께 죄를 지은 것이었기 때문에, 하나님은 진노하셨다. 사람이 권위를 대표하는 사람을 만지는 것은 그 사람 안에 계신 하나님을 만지는 것이다. 권위를 대표하는 사람에게 죄를 짓는 것은 곧 하나님께 죄를 짓는 것이다.

권위는 하나님의 선택에 달린 것이지 사람이 쟁취하는 것이 아님

하나님은 그들 세 사람을 회막 입구로 부르셨다(민 12:4). 아론과 미리암은 아주 대담하게 나아갔고 자기들이 정당하다고 여기고 있었다. 그들은 마침내 하나님께서 자신들을 부르셨다고 생각했다. 그들은 '모세는 구스 여자를 아내로 취하여 집안을 불안하게 했다. 우리는 하나님께 할 말이 많다.'라고 생각했다. 그러나 하나님은 "모세는 나의 종이요 나의 온 집에서 신실한 사람인데, 너희는 어찌하여 나의 종을 거슬러 말하는 것을 두려워하지 않느냐?"(7-8절)라고 말씀하셨다. 영적인 권위는 사람이 쟁취하는 것이 아니라 하나님의 선택에 달린 것이다. 영적인 일은 세상적인 원칙과 완전히 다르다.

권위는 하나님 자신이므로 우리는 결코 죄를 지어서는 안 된다. 모세를 비방한 사람들은 하나님의 선택을 비방한 것이다. 우리는 결코 하나님의 선택을 경시해서는 안 된다.

거역의 표현은 나병임

하나님께서 진노하시어 구름이 천막 위에서 떠나자, 하나님의 임재는 사라졌고 미리암은 즉시 나병에 걸렸다(민 12:10). 이것은 전염된 것이 아니라 하나님께서 징계하신 것이다. 나병에 걸린 것은 구스 여자를 취한 것보다 더 좋지 않다. 속에 있는 거역이 드러날 때, 그것은 곧 나병이 된다. 나병에 걸린 사람은 갇혀 있어야 하고, 사람들은 그에게 접근할 수 없다. 그래서 모든 교통에서 끊어지게 된다.

아론은 미리암이 나병에 걸린 것을 보고, 모세에게 중재자가 되어 하나님께 고쳐 주시도록 간청해 달라고 했다. 그때 하나님은 "미리암의 아버지가 미리암의 얼굴에 침을 뱉었어도 미리암이 칠 일 동안은 부끄러워해야 하지 않겠느냐? 그러니 미리암을 칠 일 동안 진영 밖에 가두고 그 후에 다시 들어오게 하여라."(민 12:14)라고 말씀하셨다. 회막은 칠 일 후에야 움직였다(15절). 우리 가운데 거역과 비방이 있을 때마다 하나님의 임재는 사라지고, 회막은 움직이지 않을 것이며, 비방하는 말이 심판받을 때까지 구름 기둥은 오지 않을 것이다. 권위의 문제가 해결되지 않으면, 다른 모든 문제도 해결되지 않을 것이다.

하나님의 직접적인 권위뿐 아니라 그분의 권위를 대표하는 사람에게도 복종해야 함

많은 사람이 하나님께 복종해야 한다고 생각한다. 그러나 그들은 하나님의 권위를 대표하는 사람에게도 복종해야 한다는 것을 알지 못한다. 진정으로 복종하는 사람은 모든 환경, 즉 그들의 가정에서나 각종 조직에서도 하나님의 권위를 본다. 하나님은 "너희는 어찌하여 나의 종 모세를 거슬러 말하는 것을 두려워하지 않느냐?"(민 12:8하)라고 말씀하셨다. 우리는 비방의 말을 할 때마다 주의해야 한다. 함부로 말해서는 안 된다. 함부로 말한 것은 그냥 끝나지 않는다. 비방은 속에 거역의 영이 있다는 증거이고, 거역이 싹튼 것이다. 우리는 하나님을 두려워해야 하며, 함부로 말해서는 안 된다. 오늘날 많은 이가 자기보다 앞선 이들을 비방하고 교회 안의 책임 형제들을 비방하면서도 그것이 얼마나 엄중한 일인지를 모른다. 어느 날 교회가 하나님의 은혜를 입는다면, 교회는 하나님의 종을 비방하는 이와 왕래하지 않고 대화하지도 않을 것이다. 왜냐하면 그가 나병에 걸렸기 때문이다. 하나님께서 우리에게 긍휼을 베푸셔서, 이것이 형제 사이의 문제가 아니라 하나님께서 세우신 권위의 문제임을 보여 주시기 바란다. 만일 우리가 권위를 만난다면, 우리가 너무나 많은 방면에서 하나님께 죄를 지었다는 것을 깨닫게 될 것이다. 그럴 때 죄에 대한 우리의 관념이 바뀔 것이다. 또한 우리는 하나님의 관점에서 죄를 보게 될 것이다. 하나님께서 유죄판결 하시는 죄는 사람의 거역*이다.

고라의 무리와 다단과 아비람의 반역

성경: 민수기 16장

단체적인 반역

민수기 16장에 나오는 고라는 레위인으로서 영적인 지파를 대표하고, 다단과 아비람은 르우벤 자손으로서 지도자들을 대표하며, 또한 유명한 사람들인 이백오십 명은 모두 회중의 인도자들이다. 이 모든 사람이 반역*을 하기 위해 함께 모였다. 그들은 모세와 아론에게 "그대들은 너무 분수에 지나치오. 온 회중이 각자 다 거룩하고 여호와께서 그들 가운데 계시

* 중국어 단어 배반(背反)을 인도하는 이의 다스리는 권위를 빼앗으려고 하는 경우는 반역으로, 인도하는 이의 뜻이나 지시에 복종하지 않는 경우는 거역으로 번역했음—역자 주

오. 그런데 어찌하여 그대들은 여호와의 회중보다 스스로를 높이는 것이오?"(3절)라고 말했다. 그들은 모세와 아론을 존중하지 않았다. 그들은 아마 솔직하게 이 말을 했겠지만 여호와의 권위를 보지 못했다. 그들은 이것이 개인적인 문제라고 생각했다. 그들은 하나님의 백성 가운데 권위가 없다고 생각했다. 그들이 모세를 책망할 때, 그들은 이 문제와 관련하여 모세와 하나님의 관계나 하나님의 명령에 대해 아무 말도 하지 않았다. 그들은 그런 것들을 언급하지 않았다. 모세는 매우 엄중한 그러한 비방을 듣고도 화를 내거나 분노하지 않았으며, 즉시 여호와 앞에 엎드렸다(4절). 그는 임의로 무언가를 하지 않았다. 또한 모세는 권위가 하나님에게서 나오는 것임을 알았기에 권위를 행사하지도 않았다. 그는 고라의 무리에게 아침까지 기다리면 여호와께서 누가 그분께 속한 사람이고 누가 거룩한 사람인지를 알려 주실 것이라고 말했다(5절). 그는 부당한 영을 가진 이들에게 올바른 영으로 대답했다.

고라의 무리가 한 말은 완전히 이치에 근거한 것이었고 다 추측에 따른 것이었다. 그러나 모세는 주님께서 모든 것을 분명히 알려 주실 것이라고 말했다. 그것은 모두 여호와의 선택과 명령의 문제였다. 그것은 모세의 일이 아니라 여호와의 일이었다. 그들은 자신들이 모세와 아론을 반대하는 것이지 결코 하나님을 반대하는 것이 아니라고 생각했을 것이다. 그들은 하나님을 거슬러 반역할 뜻이 없었고 여전히 하나님을 섬기고자 했다. 그들은 다만 모세와 아론을 멸시했을 뿐이다. 그러나 하나님과 그분의 권위를 대표하는 사람은 나누어질 수 없다. 사람은 하나님께 어떤 태도를 취하고 모세에게 다른 태도를 취할 수 없다. 사람은 결코 한 손으로는 하나님을 대표하는 권위를 거절하면서 다른 한 손으로는 하나님을 받아들일 수 없다. 그들이 모세와 아론의 권위 아래 복종하는 것이 곧 하나님께 복종하는 것이다. 그러나 모세는 하나님께서 그에게 주신 권위로 인해 스스로를 높이지 않았고, 여전히 하나님의 권위 아래 겸손히 엎드리며 온유한 태도를 보였다. 모세는 그들에게 "그대 고라와 그대의 모든 무리는 향로를 가져다가, 내일 여호와 앞에서 그 안에 불을 담고 그 위에 향을 놓으십시오. 그때에 여호와께서 선택하시는 사람이 거룩한 사람입니다."(민 16:6-7상)라고 말했다. 나이 든 모세는 이 일의 결과를 알고서 탄식하며 "레위 자손이여, 여러분이야말로 너무 분수에 지나칩니다. … 이스라엘의 하나님께서 여러분을 이스라엘 회중 가운데에서 분별하셔서 그분 자신에게 가까이 오게 하시어 … 회중 앞에 서서 그들을 섬기게 하셨는데, 이것이 여러분에게 작은 일입니까? … 그렇다면 그대와 그대의 무리는 여호와를 거슬러 모인 것입니다."(7하-11상절)라고 말했다.

그때 다단과 아비람은 그 자리에 있지 않았다. 나중에 모세가 사람을 보내어 그들을 오게 했으나, 그들은 오지 않고 오히려 불평하면서 "우리를 젖과 꿀이 흐르는 땅에서 이끌어 내어 이 광야에서 죽이려는 것으로도 부족하여 이제 우리 위에서 다스리기까지 하려 하시오? … 그대는 이 사람들의 눈을 뺄 셈이오? 우리는 올라가지 않겠소!"(민 16:13-14)라고 말했다. 그들의 태도는 반역적이었다. 기본적으로 그들은 하나님의 약속을 믿지 않았다. 그들의 관심은 땅의 축복에 있었다. 그들은 가나안에 들어가기를 거절했던 자신들의 잘못은 잊어버리고(참조 14장), 심한 말로 모세를 거슬러 반역했다.

하나님은 그분의 백성 가운데 있는 반역을 제거하셔야 함

그러자 모세는 몹시 화가 났다. 그는 그들에게 말하는 대신 하나님께 기도했다(민 16:15). 많은 경우 사람의 반역은 하나님께서 심판하시는 일을 하도록 강요한다. 하나님은 이스라엘 백성이 열 번이나 그분을 시험하고 다섯 번이나 그분을 불신한 것을 용서하셨다. 그런데 이번에 반역이 발생했을 때, 하나님은 나오셔서 심판하셨다. 하나님은 모든 회중을 없애 버리겠다고 말씀하셨다(20-21절). 하나님은 그분의 백성 가운데 있는 반역을 반드시 제거하셔야 했다. 모세와 아론은 하나님 앞에 엎드려서, 죄는 한 사람이 지었는데 온 회중에게 진노하시겠느냐고 말씀드렸다(22절). 하나님은 모세와 아론의 기도를 들으시고 고라와 그의 무리만 심판하셨다. 이스라엘 백성이 하나님께서 세우신 대표 권위자들의 말을 들어야 했을 뿐 아니라, 하나님 자신도 이스라엘 백성 앞에서 그들의 말을 들었다고 증언하셨다.

반역이나 거역은 음부의 원칙이다. 그들이 반역하자 음부의 문이 열렸다. 땅이 갈라져 입을 열어 고라와 다단과 아비람 및 그 가족들과 모든 소유물을 삼켰고, 그들은 산 채로 음부에 내려갔다(민 16:31-33). 음부의 문들은 교회를 이길 수 없지만, 반역이나 거역의 영은 음부의 문들을 열 수 있다. 교회가 승리하지 못하는 것은 반역하거나 거역하는 사람이 있기 때문이다. 반역이나 거역의 영이 없다면, 땅은 입을 열지 못한다. 모든 죄가 죽음을 초래하지만, 반역이나 거역은 더 심한 죽음을 초래한다. 오직 권위에 복종하는 것만이 음부의 문들을 닫고 생명을 해방한다.

복종하는 사람은
교리가 아닌 믿음으로 행동함

반역자들이 모세가 그들을 젖과 꿀이 흐르는 땅으로 이끌고 들어가지 못했고, 밭과 포도원을 그들에게 유업으로 주지도 못했다고 한 말은 어느 정도 일리가 있다. 당시 그들은 광야에 있었기 때문에 확실히 젖과 꿀이 흐르는 땅에 이르지 못했다. 사람들이 교리에 따라 또는 육신의 눈으로 보는 것에 따라 행하거나 판단할 때마다 이치에 따라 행하는 길을 취하고 있다는 점을 유의하기 바란다. 그러나 권위에 복종하는 사람은 믿음으로 가나안 땅에 들어가게 된다. 영적인 길은 결코 이유나 이치를 따지는 이들이 갈 수 있는 길이 아니다. 믿음으로 구름 기둥과 불 기둥의 인도를 받고 권위를 대표하는 사람인 모세의 인도를 받는 사람들은 분명히 영적인 충만함을 누릴 것이다. 땅이 입을 열었다는 것은 권위에 복종하지 않는 사람들을 신속히 음부로 떨어지게 하는 길, 곧 죽음의 길을 열었다는 것이다. 권위에 복종하지 않는 사람들의 눈은 상당히 밝지만, 안타깝게도 광야의 황량한 것만을 볼 뿐이다. 겉으로는 눈먼 이들 같지만 믿음으로 전진할 길을 찾으며 눈앞의 황량함을 보지 않는 이들만 가나안에 들어갈 수 있다. 왜냐하면 영적인 길은 믿음의 눈으로 장래의 아름다운 약속을 바라보며 가는 길이기 때문이다. 그러므로 사람은 반드시 권위를 만나야 하고, 하나님의 제한을 받아야 하며, 또한 권위를 대표하는 사람의 인도를 받아야 한다. 만일 어떤 사람이 아버지나 형이나 누나만 본다면, 그는 아직 권위가 무엇인지를 알지 못하고 아직 하나님을 만나지 못한 것이다. 한마디로 말하면, 권위의 문제는 외적인 가르침이 아니라 내적인 계시의 문제이다.

반역의 전염성

민수기 16장에는 두 가지 반역 또는 거역이 나오는데, 그것은 1절부터 40절까지에 있는 지도자들의 반역과 41절부터 50절까지에 있는 온 회중의 거역이다. 반역이나 거역의 영은 전염성이 있다. 이백오십 명에 대한 심판도 온 회중에게 충분한 경고가 되지 못했다. 그들은 하나님에게서 불이 나와 향을 드린 이백오십 명을 태워 죽인 것을 눈으로 직접 보고도 여전히 거역했고, 심지어 모세가 그들을 죽였다고 말하기까지 했다. 모세와 아론은 결코 땅이 입을 열도록 할 수 없으며, 그 일은 하나님께서 하신 일이다. 모세는 불을 내려 사람을 태우도록 할 수 없으며, 여호와 하나님에게서 나온 불이 심판을 집행한 것이다. 사람의 눈은 사람만을 보고 권위가 하나님에게서 나온 것임을 보지 못한다. 이런 사람은 권위에 대한 지식이 없기 때문에, 심판을 보고도 두려워하지 않으며 매우 대담하다. 이러한 사람은 매우 위험하다. 온 회중이 모세와 아론을 공격할 때 하나님의 영광이 나타난 것은 권위가 하나님에게서 난 것임을 증명한다. 하나님께서 나오셔서 심판을 집행하시자, 재앙이 시작되어 회중 가운데 만 사천칠백 명이 죽었다. 모세는 영적인 느낌이 매우 예민했기 때문에, 즉시 아론에게 향로를 가져다가 제단의 불을 담고 그 위에 향을 놓아 회중에게 달려가서 그들을 위하여 속죄하라고 말했다. 아론이 죽은 사람들과 산 사람들 사이에 섰을 때 재앙이 그쳤다.

하나님은 광야에서 그분의 백성이 열 번이나 불평한 것을 참으실 수 있었다. 그러나 그들이 그분의 권위를 거스르는 것은 참으실 수 없었다. 하나님은 많은 죄는 참으실 수 있고 용서하실 수 있지만, 반역이나 거역은 단 한 번도 용납하실 수 없다. 왜냐하면 반역이나 거역은 죽음의 원칙이고 사탄의 원칙이기 때문이다. 그러므로 반역이나 거역의 죄는 어떤 죄보다도 더 심각하다. 사람이 권위를 대적할 때마다 하나님은 즉시 심판하러 오신다. 이것은 얼마나 엄중한 일인가!

제4장

권위에 대한 다윗의 인식

성경:

삼상 24:4-6 다윗의 부하들이 다윗에게 말하였다. "오늘이야말로 여호와께서 '내가 장차 너의 원수를 네 손에 넘겨주겠다. 그러니 네가 보기에 좋은 대로 그를 처리하여라.'라고 말씀하셨던 바로 그 날입니다." 그러자 다윗이 일어나 사울의 겉옷 자락을 몰래 잘랐다. 그러나 다윗은 사울의 겉옷 자락을 자른 것 때문에 곧바로 마음에 가책을 느꼈다. 그래서 다윗이 자기 부하들에게 말하였다. "여호와의 기름부음 받은 나의 주께 손을 대는 그러한 일은 여호와께서 금지하시는 일이오. 그분은 여호와의 기름부음 받은 분이시오."

삼상 26:9, 11 그러나 다윗이 아비새에게 말하였다. "왕을 죽이지 마시오. 여호와의 기름부음 받은 분에게 손을 대고도 죄가 없는 사람이 누가 있겠소? … 그러나 내가 여호와의 기름부음 받은 분에게 손을 대는 것은 여호와께서 금지하셨소. 그러니 이제 왕의 머리맡에 있는 창과 물병만 가지고 떠납시다."

삼하 1:14 다윗이 그에게 말하였다. "어찌하여 그대가 겁도 없이 손을 뻗어 여호와의 기름부음 받은 분을 죽였단 말이오?"

다윗은 반역의 대가로 왕위를 취하지 않았음

이스라엘 왕국이 세워지는 동안, 하나님은 이 땅에 그분의 권위를 공식적으로 확립하셨다. 이스라엘 자손이 가나안에 들어간 후 하나님께 왕을 세워 달라고 요구했을 때, 하나님은 사무엘을 보내셔서 사울에게 기름을 붓게 하여 그들의 첫 번째 왕으로 세우셨다(삼상 10:1). 사울은 하나님의 선택을 받고 하나님에 의해 권위, 곧 하나님의 권위를 대표하는 사람으로 세워졌다. 그러나 사울이 왕이 되었을 때, 그는 하나님의 권위에 복종하지 않고 오히려 하나님의 권위를 거슬렀다. 그는 아말렉 왕과 가장 좋은 소들과 양들을 죽이지 않음으로 하나님을 거슬러 그분의 말씀에 불순종하였다. 그래서 하나님은 사울을 폐하시고 따로 다윗에게 기름을 부으셨다(삼상 15-16장). 그러나 다윗은 사울의 권위 아래 있었다. 그는 사울의 신하들 중 한 사람이었고, 사울 진영의 군인이기도 했으며, 나중에 그의 사위가 되었다. 그들 두 사람 모두에게 하나님의 기름부음이 있었지만, 사울은 여러 번 다윗을 죽이려고 했다. 이제 이스라엘 가운데 두 명의 왕이 있게 되었는데, 한 사람은 폐해졌으나 여전히 보좌에 앉아 있고, 다른 한 사람은 선택되었으나 아직 보좌에 오르지 못했다. 이 시기에 다윗은 가장 어려운 상황에 처해 있었다.

사무엘기상 24장에서 사울은 다윗을 죽이려고 엔게디 광야까지 쫓아갔다. 사울이 용변을 보려고 동굴에 들어갔을 때, 마침 다윗과 그의 부하들이 그 동굴 안쪽 깊숙한 곳에 있었다. 다윗의 부하들이 다윗에게 사울을 죽이자고 건의했으나, 다윗은 그 유혹을 거절하고 자신의 손으로 감히 권위를 거스르지 않았다(1-7절). 당시 다윗은 하나님께 기름부음을 받았고, 왕위에 관해서 하나님의 계획과 뜻에 따른 위치에 서 있었다. 그러므로 누가 그가 왕이 되는 것을 막을 수 있었겠는가? 다윗이 왕이 되려고 도모하는 데 무슨 잘못이 있겠는가? 사울을 죽이는 일은 하나님의 뜻을 이루는 데 도움이 되는 좋은 방법이 아니겠는가? 그러나 다윗은 그렇게 할 수 없다고 깊이 느꼈다. 하나님의 기름부음이 여전히 사울에게 있었기 때문에, 그가 사울을 죽이는 것은 하나님의 권위에 반역하는 원칙인 것이다. 비록 사울은 버림받았지만 여전히 하나님의 기름부음을 받은 사람이었고 하나님께서 세우신 사람이었다. 물론 이때 사울을 죽였다면 다윗은 즉시 왕이 될 수 있었고, 하나님의 뜻이 오랫동안 지연되지 않았을 것이다. 그러나 다윗은 자신을 부인하는 사람이었기 때문에, 조금 더 늦게 왕이 되고 하나님의 뜻이 지연될지언정 반역하는 사람이 되기를 원하지 않았다. 그러므로 그는 결국 하나님의 권위가 될 수 있었다.

과거에 하나님은 사울을 왕으로 세우셨고, 다윗을 사울의 권위 아래 두셨다. 그러므로 다윗이 사울을 죽인다면 그것은 반역의 대가로 왕위를 얻은 것이므로, 그도 반역의 위치에 떨어지게 된다. 다윗은 감히 그렇게 하지 않았다. 이것은 천사장 미가엘이 감히 사탄을 거슬러 모욕하는 심판을 내리지 않은 것과 같다(유 9). 그러므로 권위는 엄중한 문제이다.

복종은 우리의 일보다 더 높은 것임

오늘날 하나님을 섬기고자 하는 사람은 반드시 권위에 복종해야 한다. 복종은 일보다 더 높은 것이다. 다윗이 이스라엘 왕국을 잘 다스렸을지라도 하나님의 권위 아래 있지 않았다면, 그는 여전히 사울과 같이 쓸

모없게 되었을 것이다. 구약에서 사울은 가장 좋은 소들과 양들을 아까워하여 없애 버리지 않고 희생 제물로 쓰려고 남겨 두었다. 이것은 신약에서 유다가 은 삼십을 탐내어 주 예수님을 배반한 것과 같은 거역의 원칙이다(마 26:14-16). 희생 제물로는 결코 거역을 가릴 수 없다. 만일 다윗이 하나님의 뜻과 계획을 이루려고 했다면, 그는 자기 손으로 사울을 죽일 수 있었을 것이다. 그러면 그는 즉시 하나님을 섬길 수 있었을 것이다. 그러나 다윗은 감히 그렇게 하지 않았고, 하나님께서 하실 때까지 기다렸다. 그는 기꺼이 복종했다. 다윗은 사울의 겉옷 자락을 잘랐을 뿐이었지만, 자른 다음에 마음에 가책을 느꼈다. 그의 느낌은 참으로 신약의 믿는 이들처럼 예민했다. 우리가 유죄판결 하는 것은 살인만이 아니다. 작은 칼로 사람의 겉옷 자락을 자르는 것조차도 그릇된 일이며 거역이다. 뒤에서 비판하는 것이나 좋지 않은 태도나 마음속으로 반대하는 것이 살인은 아닐 수 있지만, 겉옷 자락을 자르는 것과 비슷하며 모두 거역의 영에서 나온 것이다.

다윗은 마음속에서부터 하나님의 권위를 아는 사람이었다. 그는 사울에게 여러 번 쫓겼지만, 여전히 하나님의 권위 아래 복종하고 사울을 주, 곧 여호와께 기름부음 받은 이로 여겼다. 이것은 한 가지 중요한 문제를 말해 준다. 곧 권위에 복종하는 것은 사람에게 복종하는 것이 아니라, 그에게 있는 기름부음 곧 하나님께서 그를 권위로 세우실 때 그가 받은 기름부음에 복종하는 것이라는 것이다. 다윗은 사울에게 기름부음이 있다는 것을 알았고, 그가 하나님께 기름부음을 받은 이임을 인정했기 때문에, 감히 자신의 손으로 그를 해치지 않았고 다만 도망 다녔다. 사울이 하나님의 명령에 불순종함으로 버림받은 것은 그와 하나님 사이의 문제이다. 다윗이 하나님께 기름부음을 받은 이에게 복종하는 것은 다윗이 하나님께 책임져야 할 문제이다.

다윗은 하나님의 권위를 절대적으로 지켰음

하나님은 그분의 권위가 절대적으로 지켜지기를 원하신다. 하나님은 이 문제를 회복하기 원하신다. 다시 사무엘기상 26장을 보기로 하자. 십 광야에서도 동일한 상황이 벌어졌다. 두 번째 유혹이 또다시 왔다. 사울이 잠을 자고 있을 때, 다윗은 사울이 자고 있는 곳에 들어갔다. 아비새가 사울을 죽이려고 하자, 다윗은 허락하지 않고 이렇게 말했다. "여호와의 기름부음 받은 분에게 손을 대고도 죄가 없는 사람이 누가 있겠소?"(9절) 다윗이 사울을 죽이지 않은 것은 이번이 두 번째였다. 다윗은 사울의 창과 물병만 가져갔다(12절). 이것은 이전보다 더 진보한 것이었다. 다윗은 사울의 몸에 전혀 손을 대지 않고, 단지 그의 몸 밖의 것을 취했다. 그는 자신의 생명을 잃을지라도 하나님의 권위에 복종하고 하나님의 권위를 지키고자 했다.

사무엘기상 31장과 사무엘기하 1장에 따르면, 사울은 자살을 했다. 그런데 아말렉의 한 젊은이가 다윗에게 와서 자신이 사울을 죽였다고 말하며 자신의 공로를 인정받으려고 했다. 다윗은 여전히 자신을 완전히 부인하고 하나님의 권위에 복종하는 태도를 지니고 있었다. 다윗은 그 젊은이에게 "어찌하여 그대가 겁도 없이 손을 뻗어 여호와의 기름부음 받은 분을 죽였단 말이오?"(삼하 1:14)라고 말했다. 그러고 나서 그는 부하에게 그 젊은이를 죽이라고 명령했다.

다윗이 하나님의 권위를 지켰기 때문에, 하나님은 다윗을 그분의 마음에 맞는 사람이라고 말씀하셨다(삼상 13:14). 다윗의 왕국은 지금까지도 보존되었고, 주 예수님도 다윗의 자손이셨다. 오직 권위에 복종하는 사람만이 권위가 될 수 있다. 이것은 매우 엄중한 문제이다. 그러므로 우리는 반드시 거역의 뿌리를 뽑아야 한다. 권위가 되려면 반드시 먼저 권위에 복종하지 않으면 안 된다. 이것은 긴요한 문제이다. 그러지 않으면 길이 없다. 교회는 복종의 기관이다. 우리는 교회 안에 약한 사람이 있을까 두려워하는 것이 아니라 거역하는 사람이 있을까 두려워해야 한다. 우리는 마음속에서부터 하나님의 권위에 복종해야 한다. 그럴 때 교회가 축복을 받을 수 있다. 앞길이 우리에게 달려 있다. 우리는 여기서 우리에게 주어진 날들을 냉철하게 보내야 한다.

제5장
아들의 복종

성경:

빌 2:5-11 여러분 안에 이 생각이 있도록 하십시오. 곧 그리스도 예수님 안에 있었던 생각입니다. 그분은 본래 하나님의 모습으로 존재하셨으나, 하나님과 동등하신 것을, 붙잡고 놓지 않아야 할 보배로 여기지 않으시고, 오히려 자신을 비우셔서, 노예의 모습을 가지시어, 사람들과 같은 모양이 되셨으며, 사람의 형태로 나타나셔서 자신을 낮추시고, 순종하시어 죽기까지 하셨으며, 심지어 십자가에서 죽으셨습니다. 그러므로 하나님께서 그분을 지극히 높이시고 모든 이름 위에 뛰어난 이름을 주시어, 하늘에 있는 이들과 땅에 있는 이들과 땅 아래 있는 이들이 모든 무릎을 예수님의 이름에 꿇도록 하시고, 모든 입으로 예수 그리스도께서 주님이시라는 것을 공개적으로 시인하여 하나님 아버지께 영광을 돌리도록 하셨습니다.

히 5:7-9 그리스도께서 육체로 계실 때, 자기를 죽음에서 구원하실 수 있으신 분께 크게 부르짖으시며 눈물로 간구와 간청을 드리셨습니다. 하나님은 그리스도의 경건함 때문에 들어주셨습니다. 그분은 아들이셨지만, 고난을 받으심으로써 순종을 배우셨습니다. 그분께서 온전하게 되셨으므로, 자기에게 순종하는 모든 사람에게 영원한 구원의 근원이 되셨으며

주님께서 복종을 창시하심

하나님의 말씀은 우리에게 주 예수님과 아버지께서 하나이시라고 말한다. 태초에 하나님께서 계신 것처럼 태초에 말씀께서 계셨다. 이 말씀은 하나님이셨으며, 이 말씀께서 하늘들과 땅을 창조하셨다. 태초에 하나님께는 영광이 있었다. 그것은 가까이할 수 없는 영광, 아들의 영광이었다. 아버지와 아들은 동등하시고, 동일한 능력을 지니셨으며, 상호 내재하시고, 동시에 존재하신다. 그러나 위격에 있어서 아버지와 아들은 차이가 있다. 이것은 본질적인 본성에 있어서의 차이가 아니라 신격 안에서의 안배의 차이이다. 그러므로 성경은 주님께서 하나님과 동등하신 것을, 붙잡고 놓지 않아야 할 보배로 여기지 않으셨다고 말한다(빌 2:6). 붙잡는다는 것은 억지로 취한다는 뜻이다. 주님은 본래 하나님의 형상을 지니고 계셨기 때문에, 주님께서 하나님과 동등하신 것은 억지로 취하신 것이 아니고 끼워 넣은 것도 아니며 분수에 지나친 것도 아니었다.

빌립보서 2장 5절부터 7절까지가 한 단락이고, 8절부터 11절까지가 또 한 단락이다. 앞 단락은 자신을 비우셨다고 말하고, 뒤 단락은 자신을 낮추셨다고 말한다. 여기에 주님의 두 번의 낮추심, 곧 신격 안에서 자신을 비우심과 인성 안에서 자신을 낮추심이 있다. 주님께서 이 땅에 오셨을 때, 그분은 신격 안에 있는 영광과 능력과 지위와 형상을 다 비우셨다. 그래서 당시 계시가 없는 사람들은 그분을 알아보지 못했고, 그분을

하나님으로 인정하지 않았으며, 그분을 단지 평범한 사람으로 여겼다. 주님은 자원하여 신격 안에서 아들이 되기를 선택하셨고 아버지의 권위에 복종하셨다. 그러므로 그분은 "왜냐하면 아버지께서 나보다 크시기 때문입니다."(요 14:28하)라고 말씀하셨다. 아들의 위치는 주님께서 자원하여 선택하신 것이다. 신격 안에서는 완전한 조화가 있는 동등한 하나님이시지만, 아버지는 머리가 되시고 아들은 복종하는 위치에 기꺼이 안배되셨다. 아버지는 권위의 대표가 되셨고, 아들은 복종의 대표가 되셨다.

우리는 사람이다. 우리에게 복종은 간단하다. 우리는 자신을 낮추기만 하면 복종할 수 있다. 그러나 주님의 복종은 간단한 문제가 아니다. 주님의 복종은 하늘들과 땅을 창조하시는 것보다 훨씬 더 어렵다. 복종하시기 위해 그분은 신격 안에 있는 모든 영광과 능력과 지위와 형상을 비우셔야 했고, 또한 노예의 모습을 입으셔야 했다. 그런 다음에야 비로소 주님은 복종의 자격을 얻으실 수 있었다. 그러므로 복종은 하나님의 아들께서 창시하신 것이다.

본래 아들은 아버지와 동일한 영광을 가지고 계셨다. 그러나 이 땅에 오셨을 때, 그분은 한 면으로 권위를 내려놓으셨고, 다른 한 면으로 복종을 취하셨다. 그분은 기꺼이 노예가 되시어 시간과 공간의 제한을 받는 사람이 되셨다. 이뿐만 아니라 주님은 또한 자기를 낮추시어 기꺼이 순종하셨다. 신격 안에서의 순종은 온 우주 가운데 가장 놀라운 일이다. 그분은 죽기까지 순종하여 십자가에서 죽으셨는데, 이 죽음은 고통스러운 죽음이자 수치스러운 죽음이었다. 그 결과 하나님께서 그분을 지극히 높이셨다. 자신을 낮추는 이는 높아질 것이다. 이것이 바로 하나님의 원칙이다.

그리스도로 충만한 사람은 분명히 복종으로도 충만함

본래 신격 안에서는 복종이 필요하지 않았다. 그러나 주님께서 복종을 창시하셨으므로, 아버지는 신격 안에서 그리스도의 머리가 되셨다. 권위와 복종은 하나님께서 세우신 것으로서 태초부터 있었다. 그러므로 주님을 아는 사람은 자연스럽게 복종하기 마련이다. 하나님과 그리스도를 모르는 사람은 권위와 복종이 무엇인지 모른다. 그리스도께 복종의 원칙이 있으므로, 복종을 받아들이는 사람은 그리스도의 원칙을 받아들이는 것이다. 그러므로 그리스도로 충만한 사람은 분명히 복종으로도 충만하다.

오늘날 사람들은 "제가 왜 복종해야 합니까?" 혹은 "저도 형제이고 형제님도 형제인데, 제가 왜 형제님에게 복종해야 합니까?"라고 묻는다. 사실 누구도 이런 말을 할 자격이 없다. 오직 주님만이 이런 식으로 말할 자격이 있으시다. 그러나 그분은 그렇게 말씀하신 적이 없었고, 그분 안에는 그런 생각조차도 없었다. 하나님의 권위가 완전한 권위이듯이 그리스도의 복종 또한 완전한 복종을 대표한다. 오늘날 어떤 사람들은 자신이 권위를 안다고 생각한다. 그러나 그들은 복종을 알지 못한다. 우리는 다만 하나님의 긍휼을 구할 뿐이다.

주님께서 신성한 모습에서 나오시는 길과 되돌아가시는 길

주님은 그분의 신격의 존재의 면에서 하나님과 동등하시다. 그러나 그분께서 주님이 되신 것은 하나님께서 그분에게 주신 것이다. 그분께서 주님이 되신 것은 신격의 존재 안에서 그분 자신을 비우신 이후의 일이다. 주 예수님의 신격의 존재는 그분의 존재에 근거한다. 그분께서 하나님이신 것은 본래 그분의 위치이다. 그러나 그분께서 주님이 되시는 위치를 얻으신 것은 그분께서 행하신 것에 근거한다. 주님께서 신성한 모습을 제쳐 두시고 복종의 원칙을 온전히 지키신 결과, 그분은 하늘로 높아지셨다. 그러자 하나님은 그분에게 주님의 위치를 주셨다. 주 예수님은 그분 자신에 근거해서는 하나님이시고, 그분께서 얻으신 것에 근거해서는 주님이시다. 주님이 되시는 것은 본래 신격 안에 없던 것이다.

빌립보서 2장의 이 단락은 가장 해석하기가 어렵고 가장 변론이 많이 일어나는 부분이지만, 또한 가장 신성한 부분이다. 오늘날 우리는 신을 벗고 거룩한 땅에 서서 이 단락의 절들을 보아야 한다. 당시 하나님은 신격의 회의에서 우주를 창조하실 계획을 세우셨다. 이 계획 안에서 신격의 셋은 아버지가 권위의 대표가 되시는 것에 서로 동의하시고 합의하셨다. 그러나 권위만 있고 복종이 없다면 권위가 세워질 수 없다. 왜냐하면 권위는 홀로 존재하는 것이 아니기 때문이다. 따라서 하나님은 우주 가운데서 복종을 찾으셔야 했다. 그래서 하나님은 우주 가운데서 두 종류의 창조물을 창조하셨는데, 첫째 종류는 천사들 곧 영들이고, 둘째 종류는 사람들 곧 혼들이다. 하나님은 그분의 예지에 따라 천사들의 반역과 사람의 실패로 하나님의 권위가 천사들과 아담의 자손들에게서 세워질 수 없음을 미리 아셨다. 그러므로 먼저 신격 가운데서 권위가 세워져야 한다는 조화로운 결정이 신격의 셋 사이에 있었다. 그때부터 아버지 하나님과 아들 하나님 사이에 구별이 있게 되었다. 그 후 어느 날 아들 하나님께서 기꺼이 자신을 비우시어 창조된 사람이 되심으로써 권위에 복종하는 대표가 되셨다. 거역한 것은 창조물이었다. 그러므로 오직 창조물이 복종해야 하나님의 권위가 세워질 수 있었다. 죄를 짓고 거역한 것은 사람이었다. 그러므로 오직 사람의 복종을 통해서만 하나님의 권위가 세워질 수 있었다. 이러한 이유로 주님은 이 땅에 오셔서 사람이 되셔야 했고, 모든 면에서 창조된 사람과 똑같이 되셔야 했다.

주님의 출생은 하나님의 나오심이다. 그분은 하나님으로 남아 계심으로써 그분의 권위를 간직하지 않으시고, 오히려 사람이 되심으로써 사람의 제한, 심지어 노예의 제한을 받아들이셨다. 주님께서 이렇게 하신 것은 큰 위험을 무릅쓰신 것이었다. 일단 주님께서 하나님의 모습에서 나오시면, 사람으로서 하나님의 모습으로 되돌아가지 못하실 가능성이 있었기 때문이다. 만일 그분께서 복종하지 않으셨다면, 그분은 아들의 위치에서 그분의 권위로 신격의 신성한 모습을 되찾으실 수 있었겠지만, 복종의 원칙은 영원히 깨지고 말았을 것이다. 주님께서 신성한 모습에서 나오셨을 때, 그분께서 되돌아가실 수 있는 길은 오직 두 가지뿐이다. 하나는 그분께서 사람이 되셔서 모든 일과 모든 상황에서 절대적이고 보류함 없이 복종하여 하나님의 권위를 세우고 거역하는 것이 조금도 없이 한 걸음씩 하나님께 복종함으로써, 하나님에 의해 되돌아가시고 주님으로 세워지시는 것이었다. 다른 하나는 그분께서 사람이 되시고 노예가 되시는 것이 너무 어렵고 육신의 약함과 제한이 그분께 너무나 크기 때문에 복종하실 수 없다면, 그분께서 되돌아가실 수 있는 길은 신격의 존재의 권위와 영광과 능력을 사용하여 되돌아가시는 것이었다. 그러나 우리 주님은 이 두 번째 길을 거절하시고, 기꺼이 복종하며 죽기까지 순종하시는 첫 번째 길을 가셨다. 그분은 자신을 스스로 비우셨기 때문에, 스스로 자신을 다시 채우실 수 없었다. 그분은 앞뒤가 서로 모순되는 일을 하지 않으신다. 그분은 이미 자신에게 있는 하나님의 영광과 권위를 비우시고 노예로서 오셨기 때문에, 복종의 길 외의 다른 길로는 되돌아가실 수 없었다. 그분은 사람의 위치에서 죽기까지 순종하셔야 되돌아가실 수 있었다. 이제 그분께서 되돌아가실 수 있는 것은 그분이 완전하고 단순하게 복종하셨기 때문이다. 그분은 계속되는 고난에 아무런 저항과 거역 없이 절대적으로 복종하셨다. 그러므로 하나님은 그분을 높여 신격 안으로 되돌아오게 하시고 주님이 되게 하셨다. 이것은 단지 전에 비운 것을 다시 채운 것이 아니라 아버지 하나님께서 이분(사람)을 신격 안으로 인도하신 것이다. 아들 하나님께서 예수님(사람)이 되셨고, 이제 다시 신격 안으로 받아들여지신 것이다. 이제 우리는 예수님의 이름의 귀중함을 안다. 온 우주 가운데 그분과 같은 분이 없으시다. 주님께서 십자가에서 "다 이루었다."라고 말씀하실 때, 이것은 단지 구원이 보장되었다는 것만이 아니라 그분이 하신 모든 말씀이 이루어졌다는 것을 의미한다. 그러므로 하나님은 그분께 모든 이름 위에 뛰어난 이름을 주셨고, 하늘과 땅 아래에 있는 이들의 모든 무릎을 예수님의 이름에 꿇게 하셨으며, 모든 입으로 예수님을 주님으로 시인하게 하셨다. 이때로부터 그분은 하나님이실 뿐 아니라 또한 주님이시다. 그분께서 주님이신 것은 그분과 하나님의 관계와 하나님 앞에서 그분께서 도달하신 것에 관해 말해 주는 것이다. 그분께서 그리스도이신 것은 그분과 교회의 관계를 말해 주는 것이다.

간단히 말해서, 주 예수님이 하나님에게서 나오신 후, 그분은 그분의 신격의 존재에 의해 되돌아가고자 하지 않으시고, 오히려 사람으로서 높이 올려지심으로써 되돌아가고자 하셨다. 이것이 그분께서 복종의 원칙을 지키시는 방식이다. 그러므로 우리에게는 거역의 흔적이 조금이라도 있어서는 안 된다. 우리는 반드시 권위에 완전히 복종해야 한다. 이것은 중대한 일이다. 주 예수님께서 하늘로 되돌아가신 것은 그분께서 사람이 되시고 사람의 모양 안에서 복종하심으로써 하나님에 의해 하늘로 올려지신 것이다. 우리는 반드시 이 일을 볼 필요가 있다. 성경 전체에서 이 부분만큼 비밀스러운 부분을 찾기가 어렵다. 주님은 신성한 모습과 작별하신 후 육체를 입으셨기 때문에, 다시 신성한 모습으로 되돌아가실 수 없었다. 그분 안에 불순종이 조금도 없으셨기 때문에, 그분은 인성 안에서 하나님에 의해 높이 올려지셨다. 나오심은 영광을 내려놓으시는 것이고, 되돌아가심은 다시 영광을 얻으시는 것이다. 이 모든 것을 그분께서 이루셨다. 그러므로 우리는 그리스도 예수님 안에 있는 생각이 우리 안에 있도록 해야 한다. 우리는 모두 우리 주님의 길을 취해야 하고, 그분의 복종의 원칙을 우리의 원칙으로 삼아 서로에게 복종해야 한다. 이 원칙을 아는 사람은 거역보다 더 추한 죄가 없고 복종보다 더 중요한 일이 없다는 것을 보게 될 것이다. 복종의 원칙을 볼 때, 우리는 비로소 하나님을 섬길 수 있다. 하나님의 원칙은 주님처럼 복종할 때에만 유지될 수 있다. 일단 거역이 있다면, 우리는 사탄의 원칙 안에 있는 것이다.

고난을 받으심으로써
순종을 배우심

히브리서 5장 8절은 그분께서 고난을 받으심으로써 순종을 배우셨다고 말한다. 고난은 그분께 순종을 가져다주었다. 고난을 받을 때도 여전히 순종하는 것이 참된 순종이다. 한 사람의 유용성은 그가 고난을 받았는지의 여부에 있지 않고, 그가 고난 가운데 순종을 배웠는지에 있다. 오직 하나님께 순종하는 사람만이 유용하다. 마음이 부드럽지 않은 사람에게는 항상 고난이 뒤따른다. 우리의 길은 많은 고난을 받는 길이다. 편안함과 즐거움을 좇는 사람은 쓸모가 없다. 우리는 반드시 고난 가운데 순종을 배워야 한다. 주님은 이 땅에 오실 때 순종을 함께 가지고 오신 것이 아니다. 그보다 그분은 고난을 받으심으로써 순종을 배우셨다.

구원은 사람에게 기쁨을 가져올 뿐 아니라 복종도 가져온다. 만일 사람이 기쁨만을 위한다면, 그가 얻은 것은 풍성하지 않을 것이다. 오직 복종하는 사람만이 구원의 풍성을 체험할 수 있다. 그렇지 않으면 우리로 인해 구원의 본성이 변질될 것이다. 우리는 주 예수님께서 복종하셨던 것처럼 복종해야 한다. 주님은 순종을 통하여 우리의 구원의 근원이 되셨다. 하나님은 우리가 그분의 뜻에 복종하기를 기대하시면서 우리를 구원하셨다. 죽기까지 복종하신 주님께서 우리에게 복종의 생명을 주셨기 때문에, 우리가 하나님의 권위를 만나기만 한다면 복종하는 것과 하나님의 뜻을 아는 것이 매우 쉬운 일이 될 것이다.

제6장

하나님께서 어떻게 그분의 왕국을 세우시는가

성경:

히 5:8-9 그분은 아들이셨지만, 고난을 받으심으로써 순종을 배우셨습니다. 그분께서 온전하게 되셨으므로, 자기에게 순종하는 모든 사람에게 영원한 구원의 근원이 되셨으며

행 5:32 우리는 이 일의 증인들이며, 하나님께 순종하는 사람들에게 하나님께서 주신 성령도 그 증인이십니다.

롬 10:16 그러나 모든 사람이 복음에 순종한 것은 아닙니다. 이사야는 "주님, 우리에게서 들은 말을 누가 믿었습니까?"라고 말했습니다.

살후 1:8 하나님을 모르는 이들과 우리 주 예수 그리스도의 복음에 순종하지 않는 이들에게 형벌을 내리실 때에 일어날 것입니다.

벧전 1:22 여러분이 진리에 순종하여 자기의 혼을 정결하게 함으로써 거짓 없이 형제를 사랑하게 되었으니, 순수한 마음으로 서로 뜨겁게 사랑하십시오.

주님은 고난을 받으심으로써 순종을 배우셨음

하나님은 주님에게서 복종의 원칙을 세우셨다. 그 결과 하나님은 주님을 통하여 그분 자신의 권위를 확립하셨다. 이번 장에서 우리는 하나님께서 어떻게 복종을 통하여 그분의 왕국을 세우시는지를 보고자 한다. 주님은 이 땅에 오실 때 빈손으로 오셨다. 그분은 순종을 가지고 오신 것이 아니었다. 그분은 고난을 받으심으로써 순종을 배우셨고, 순종하는 모든 사람에게 영원한 구원의 근원이 되셨다. 주님은 이 땅에서의 그분의 순종과 심지어 십자가에서의 그분의 죽음조차도 고난을 통하여 하나씩 배우신 것이다. 그분은 이 모든 고난을 통하여 순종을 배우셨다. 주님은 신격의 자유에서 나와 사람이 되심으로써 많은 고난을 받는 연약한 사람이 되셨다. 주님께서 받으신 모든 고난은 순종의 열매를 맺었다. 주님의 모든 고난은 어떤 원망이나 불평을 불러일으키지 않았다. 그러나 많은 사람은 그리스도인이 된 지 여러 해가 지났는데도 순종을 배우지 못했다. 그들의 고난은 증가했지만 순종은 증가하지 않았다. 고난이 올 때 자주 그들의 입에서 괴로워하는 말이 나온다. 이것은 그들이 순종을 배우지 못했다는 표시이다. 주님은 온갖 종류의 고난을 통과하셨고, 그분의 순종은 모든 일에서 나타났다. 결과적으로 주님의 순종은 우리의 구원의 근원이 되었다. 한 사람의 순종으로 많은 사람이 은혜를 얻었다. 주님의 순종은 하나님의 왕국을 위한 것이다. 구속의 목표는 하나님의 왕국의 확장을 위한 것이다.

하나님은
그분의 왕국을 세우기 원하심

여러분은 천사들과 사람의 타락이 우주에 얼마나 큰 영향을 미쳤고, 또 하나님께 얼마나 큰 문제가 되었는지 깨달은 적이 있는가? 하나님은 창조물이 그분의 권위를 받아들이기 원하셨지만, 이 두 종류의 창조물이 하나님의 권위를 거절했기 때문에 하나님은 그분의 창조물 위에 그분의 권위를 세우실 수 없었다. 그럴지라도 하나님은 그분의 권위를 거두어 가지 않으셨다. 하나님은 그분의 임재를 거두실 수는 있지만, 결코 그분의 권위 체계는 거두지 않으신다. 하나님은 그분의 권위가 있는 곳에서 가장 높은 지위를 가지신다. 하나님은 한 면으로 권위 체계를 유지하시고, 다른 한 면으로 그분의 왕국을 세우신다. 사탄이 하나님의 권위를 범했고 사람들도 날마다 하나님께 거역하여 하나님의 권위를 범하지만, 하나님은 이 거역이 계속되도록 내버려두지 않으시고 그분의 왕국을 세우실 것이다. 성경은 왜 하나님의 왕국을 천국(the kingdom of the heavens)(마 4:17, 막 1:15)이라고 부르는가? 천국은 하늘들의 왕국이다. 그것은 거역이 세상에만 국한되지 않고, 하늘들에 있는 천사들까지도 거역했기 때문이다.

주님은 어떻게 하나님의 왕국을 세우시는가? 주님은 복종을 통하여 하나님의 왕국을 세우신다. 주님께서 이 땅에서 행하신 모든 일은 복종에 근거한 것이었다. 주님은 한 번도 하나님의 권위에 맞서신 적이 없었다. 주님은 완전히 복종하심으로 하나님의 권위가 수행되게 하셨다. 이 영역 안에서 주님은 하나님의 왕국을 세우시고 그분의 권위를 행사하셨다. 마찬가지로 오늘날 교회도 복종을 통해 하나님의 권위가 수행되게 하여 하나님의 왕국이 나타나도록 해야 한다.

하나님은 교회가 먼저 하나님의 왕국이 되기를 원하심

아담이 타락한 후, 하나님은 노아의 시대에서 그와 그의 가족을 선택하셨다. 홍수 후에 이 가족도 타락했기 때문에, 하나님은 아브라함을 많은 민족의 아버지로 선택하시어 하나님의 왕국을 그 위에 세우셨다. 그런 다음 하나님은 이삭과 야곱을 선택하셨다. 그 후에 야곱의 자손은 이집트에서 고난을 받았고, 고난 중에 그들의 인수가 증가했다. 그러한 가운데 하나님은 모세를 보내셔서 그들을 이집트에서 이끌어 내어 한 왕국을 세우도록 하셨다. 그러나 그들 가운데 권위에 복종하지 않는 사람들이 있었기 때문에, 하나님은 왕국을 세우시기 전에 그들에게 먼저 순종을 가르치시려고 그들을 광야로 인도하셨다(신 8:2). 그러나 그들은 광야에서 계속 하나님을 거슬렀고, 결국 그들 모두가 광야에서 쓰러져 죽었다. 비록 그 다음 세대가 가나안 땅에 들어갔지만, 그들 역시 완전히 순종하지 않았고 가나안 족속을 완전히 쫓아내지 않았다. 첫 번째 왕인 사울 역시 거역 때문에 왕국을 세울 수 없었다. 다윗이 선택되어 하나님의 권위에 복종했을 때, 비로소 하나님의 뜻에 맞는 왕이 있게 되었다. 그러나 그때에도 왕국 안에는 여전히 거역이 있었다. 하나님의 명령에 따라 예루살렘이 하나님께서 그분의 이름을 두실 곳이 되어야 했지만, 사람들은 기브온을 선택하여 거기에 제단을 세웠다(대상 16:40). 복종이 부족했기 때문에, 심지어 왕이 있었을지라도 왕국의 내용이 없었다. 그러므로 다윗 이전에는 왕국은 있었으나 백성이 없었고, 다윗 시대에는 백성과 왕국은 있었으나 내용이 없었다. 그러므로 하나님의 왕국은 여전히 세워지지 않았다.

주님은 이 땅에 하나님의 왕국을 세우기 위해 오셨다. 복음에는 개인적인 방면과 단체적인 방면의 두 방면이 있다. 개인적인 방면에서 복음은 믿는 사람에게 영원한 생명을 준다. 단체적인 방면에서 복음은 사람을 회개하게 하여 하나님의 왕국에 들어가게 한다. 하나님의 눈은 왕국을 향해 있다. 마태복음 6장 9절부터 13절까지에 있는 주님께서 가르치신 기도의 시작과 끝부분에 왕국이 두 차례 언급된다. 주님은 시작 부분에서 "왕국이 오게 하시며, 뜻이 하늘에서 이루어진 것같이 땅에서도 이루어지게 하십시오."(10절)라고 기도하셨다. 하나님의 왕국은 하나님의 뜻이 (아무런 방해를 받지 않고) 수행되는 영역이다. 끝부분에서 주님은 "왕국과 능력과 영광이 영원토록 아버지의 것입니다."(13하절)라고 기도하셨다. 왕국과 능력과 영광, 이 세 가지는 서로 관련이 있다. 요한계시록 12장 10절은 "우리 하나님의 구원과 능력과 왕국과 그분의 그리스도의 권위가 이제 나타났다."라고 말한다. 왕국은 권위의 영역이다. 누가복음 17장 21절에서 주님은 "왜냐하면 하나님의 왕국이 여러분 가운데('여러분 안에'가 아님) 있기 때문입니다."라고 말씀하셨는데, 이것은 주 예수님께서 곧 하나님의 왕국이심을 가리킨다. 주 예수님 안에서 하나님의 권위가 완전히 행사되었기 때문에, 주 예수님께서 그들 가운데 계신 것이 곧 하나님의 왕국이 그들 가운데 있는 것이었다. 하나님의 왕국은 주님께 있고 또한 교회에게 있다. 주님의 생명이 교회에게 해방되었기 때문에, 그분의 왕국 역시 교회를 통해 확장되고 세워져야 한다. 노아 때부터 하나님은 왕국을 얻으셨지만, 그것은 사람의 왕국에 불과할 뿐 하나님의 왕국이 아니었다. 하나님의 왕국이 주 예수님에게서 시작되었지만 그 영역은 얼마나 작은지! 그러나 오늘날에 이르러서 한 알의 밀이 많은 열매를 맺었다. 오늘날 하나님의 왕국의 영역은 주님 한 분께만 국한되지 않고 많은 성도들에게로 확장되었다.

하나님의 목적은 우리가 하나님의 교회가 되는 것만이 아니라, 이 교회가 하나님의 왕국이 되는 것이다. 즉 교회가 하나님의 왕국의 영역이 되어 하나님께서 그분의 권위를 행사하시게 하는 것이다. 그러므로 하나님의 갈망은 몇몇 사람에게서 지위를 얻으시는 것만이 아니라, 거역에서부터 자유로운 교회 전체를 얻으시는 것이다. 그러한 교회가 있을 때, 하나님은 절대적인 복종과 절대적인 지위를 얻으실 수 있고, 그분의 권위가 완전하게 행사될 수 있다. 이런 식으로 권위가 하나님의 창조물 가운데서 세워진다. 하나님은 사람이 그분 자신의 직접적인 권위에 복종하기를 원하실 뿐 아니라, 그분께서 세우신 모든 대표 권위자에게도 복종하기를 원하신다. 하나님은 어느 정도의 복종이 아니라 완전한 복종을 요구하신다.

복음은 사람이 믿도록 하려는 것일 뿐 아니라 복종하도록 하려는 것임

성경은 믿음뿐 아니라 순종에 대해서도 말한다. 우리는 죄인들일 뿐 아니라 불순종의 아들들이다. 로마서 10장 16절은 복음에 순종하는 것에 대해 말한다. 복음을 믿는 것은 원칙상 복음에 순종하는 것이다. 데살로니가후서 1장 8절은 “하나님을 모르는 이들과 우리 주 예수 그리스도의 복음에 순종하지 않는 이들에게 형벌을 내리실 때에 일어날 것입니다.”라고 말한다. 순종하지 않는 이들은 거역하는 이들이다. 로마서 2장 8절은 진리에 불순종하는 것에 대하여 말한다. 이것 또한 거역이다. 하나님은 진리를 거스르는 사람들에게 진노와 격분으로 갚아 주실 것이다. 베드로전서 1장 22절 상반절은 “여러분이 진리에 순종하여 자기의 혼을 정결하게 함으로써 거짓 없이 형제를 사랑하게 되었으니”라고 말한다. 여기서 우리는 구원이 순종을 통하여 온다는 것을 알 수 있다. 믿는 것은 순종하는 것이다. 믿는 이는 분명히 순종하는 이이다. 그러므로 믿음이 있어야 할 뿐 아니라 주님의 권위에 대한 복종이 있어야 한다. 바울이 빛 비춤을 받았을 때, 그는 "주님, 어떻게 해야 합니까?"(행 22:10상)라고 물었다. 그는 주님을 믿었을 뿐 아니라 주님께 순종했다. 바울의 회심은 그에게 은혜를 깨닫게 했을 뿐 아니라 권위에 복종하게 했다. 그는 성령의 감동을 받아 복음의 권위를 보게 되었을 때, 예수님을 주님으로 인정했다.

하나님은 우리를 부르셔서 믿음을 통하여 생명을 얻게 하실 뿐 아니라 순종을 통하여 그분의 권위를 유지하게 하신다. 교회 안에서 우리를 위한 하나님의 계획은 우리가 그분의 권위와 그분께서 세우신 모든 권위에 복종하는 것이다. 여기에는 우리의 가정과 정부와 학교와 교회 안에 있는 권위도 포함된다. 하나님은 우리가 복종해야 하는 사람이 누구인지 구체적으로 지정하기를 원하지 않으신다. 우리가 주님 안에서 하나님의 권위를 만난다면, 우리는 반드시 복종을 배우게 될 것이다.

많은 사람이 어떤 사람에게는 복종하고 순종할 수 있지만, 어떤 사람에게는 복종할 수 없다. 이것은 그가 아직 권위를 보지 못했기 때문이다. 사람에게 복종하는 것은 무익한 것이다. 우리에게 필요한 것은 권위를 보는 것이다. 모든 제도는 우리가 복종을 배우도록 한다. 사람이 권위를 만진 후에는 조금만 불순종해도 거역에 대한 내적 감각이 있게 된다. 권위를 모르는 사람은 자신이 얼마나 거역적인지를 모른다. 바울이 빛 비춤을 받기 전에는 자신이 가시 돋친 막대기에 뒷발질하고 있다는 것을 몰랐다(행 26:14). 빛 비춤을 받을 때 사람은 먼저 눈이 밝아져서 권위를 보게 된다. 그런 후에 더 많은 권위를 보게 된다. 바울이 작은 형제인 아나니아를 만났을 때, 그는 사람을 보지 않았다. 그는 아나니아가 누구인지, 교육을 받았는지 묻지 않았다. 바울은 아나니아를 보냄을 받은 권위, 곧 대표 권위자로 인식했다. 그러므로 바울은 그에게 복종했다(행 9:17-18). 권위를 만났을 때, 복종하기가 얼마나 쉬운 일인지!

하나님은 교회를 통하여 민족들을 하나님의 왕국으로 만들기를 원하심

만일 교회가 하나님의 권위를 받아들이지 않는다면, 하나님은 결코 그분의 왕국을 세울 방법이 없으시다. 하나님은 먼저 주 예수님 안에서 왕국을 얻으셨다. 그런 다음 그분은 교회 안에서 그분의 왕국을 세우셨다. 결국 주님의 왕국은 온 땅 위에 세워질 것이다. 어느 날 "세상의 왕국이 우리 주님과 그분의 그리스도의 왕국이 되었으니"(계 11:15)라고 선포할 날이 오게 될 것이다. 왕국이 개인적으로 주 예수님 안에 있었을 때와 세상의 왕국이 우리 주님과 그분의 그리스도의 왕국이 되는 그 사이에 교회가 있다. 왕국이 주 예수님 안에 세워질 때에만 교회 안에 왕국이 세워질 수 있었다. 또한 왕국이 교회 안에 세워질 때에만 세상의 왕국이 하나님의 왕국이 될 수 있다. 주 예수님이 없으면 교회가 없고, 교회가 없으면 하나님의 왕국이 확장될 수 없다.

주님은 이 땅에 계실 때 아주 작은 일에도 순종하셨다. 예를 들어, 성전세를 내는 문제도 소홀히 하지 않으셨다. 심지어 돈이 없었을 때에도 그분은 물고기 입에서 은전 한 닢을 얻어 성전세를 내셨다(마 17:24-27). 그분은 또한 "그러면 가이사의 것은 가이사에게, 하나님의 것은 하나님께 돌려드리십시오."(마 22:21)라고 말씀하셨다. 비록 가이사가 거역적이었다 할지라도 하나님에 의해 세워졌기 때문에, 사람은 반드시 그에게 순종해야 한다. 우리의 순종이 온전히 이루어질 때, 주님은 모든 불순종하는 사람을 처벌하실 것이다. 우리가 복종할 때, 왕국은 온 땅에 이르기까지 확장될 것이다. 많은 사람이 죄를 짓는 것에 대해서는 느낌이 있지만 거역하는 것에 대해서는 전혀 느낌이 없다. 사람은 반드시 죄에 대해서 느낌이 있어야 할 뿐 아니라 더욱 권위에 대해서도 느낌이 있어야 한다. 죄에 대한 느낌이 부족한 사람은 그리스도의 제자가 될 수 없고, 권위에 대한 느낌이 부족한 사람은 복종하는 제자가 될 수 없다.

교회는 반드시 하나님의 권위에 복종해야 함

우리는 교회 안에서 어떻게 복종하는지를 알아야 한다. 교회 안에는 우리가 복종하지 않아도 될 권위가 하나도 없다. 하나님은 교회로부터 왕국이 산출되고, 모든 권위가 교회 안에서 행사되기를 원하신다. 교회가 이렇게 복종할 때, 온 땅은 하나님의 권위에 복종하게 될 것이다. 교회가 하나님의 왕국에 자유로운 길을 주지 않는다면, 하나님의 왕국은 결코 민족들 가운데서 길을 얻지 못할 것이다. 이런 이유로 교회는 왕국으로 가는 고속 도로이다. 그렇지 않다면, 교회는 왕국에 방해물이 될 것이다.

오늘날 교회가 작은 어려움 때문에 하나님께 복종할 수 없다면, 어떻게 하나님의 왕국이 나타날 수 있겠는가? 사람들이 서로 이유를 말하고 의견을 말한다면, 어떻게 하나님의 왕국이 나타날 수 있겠는가? 우리는 지금까지 하나님의 시간을 지연해 왔다. 이제 우리는 하나님께서 자유로운 길을 얻으실 수 있도록, 우리에게 있는 모든 거역을 제거해야 한다. 교회가 복종할 때 비로소 민족들이 복종하게 될 것이다. 이러한 이유로 교회는 크고 무거운 책임을 지고 있다. 하나님의 생명과 하나님의 뜻과 하나님의 명령이 교회 안에서 수행될 때, 왕국이 올 것이다.

제7장

하나님은 사람이 권위를 대표하는 사람에게 복종하기를 요구하심

하나님께서 세우신 권위 제도

세상에서

성경:

롬 13:1 각 사람은 자기 위에 있는 권위들에게 복종하십시오. 왜냐하면 하나님에게서 오지 않은 권위가 없으며, 이미 있는 권위들은 다 하나님께서 세우셨기 때문입니다.

벧전 2:13-14 주님을 위하여, 여러분은 사람이 세운 모든 제도에 복종하십시오. 주권자인 왕에게나, 악을 행하는 이들을 처벌하고 선을 행하는 이들을 칭찬하라고 왕이 보낸 총독들에게 복종하십시오.

우주 가운데서 하나님은 모든 권위의 근원이시다. 땅의 모든 권위는 하나님께서 세우셨기 때문에, 그들은 하나님의 권위를 대표하며 심지어 하나님의 권위를 소유하고 있다. 하나님은 그분 자신을 표현하는 여러 권위 제도를 직접 세우셨다. 그 결과 사람은 권위를 만날 때 하나님 자신을 만나게 된다. 하나님의 임재가 있을 때, 사람은 그분의 임재를 통해 하나님을 알 수 있다. 하나님의 임재가 없을 때, 사람은 하나님의 권위를 만남으로써 하나님을 알 수 있다. 에덴동산에서 하나님의 임재가 있을 때, 사람은 하나님을 알 수 있었다. 하나님의 임재가 없을 때, 사람은 하나님의 명령(선과 악의 지식나무의 열매는 먹어서는 안 됨)을 기억함으로써 하나님을 알 수 있었다. 이것은 사람이 하나님을 알 수 있는 또 다른 방법이었다. 사람이 세상에서 하나님을 직접 만나는 일은 흔하지 않다(물론 여기에는 교회 안에서 사람이 영 안에 살 때 항상 하나님을 접촉할 수 있다는 사실은 포함되지 않는다). 하나님 자신은 그분의 명령에서 가장 많이 표현되신다. 오직 어리석은 농부에게만 포도원의 주인이 친히 와야 했다. 실지로는 앞서 보낸 종들과 주인의 아들이 포도원의 주인을 대표하기에 충분했다(막 12:1-9).

어떤 사람들은 하나님을 대신하여 명령을 내리고 하나님을 대신하여 권위가 되도록 하나님에 의해 세워졌다. 권위를 지닌 모든 이들은 하나님께서 세우신 이들이기 때문에, 사람들은 반드시 하나님께서 세우신 권위를 존중해야 한다. 오늘날 하나님은 권위를 사람에게 맡기셨다. 하나님께서 자신의 권위를 사람에게 맡기신 이후로, 이 땅에는 하나님께서 그분의 권위를 대표하도록 세우신 사람들이 많아졌다. 만일 우리가 하나님께 복종하기를 배우려고 한다면, 하나님의 권위가 누구에게 있는지를 알아야 한다. 만일 우리가 하나님 자신께 있는 권위밖에 모른다면, 하나님의 권위를 절반 이상 범할 가능성이 있다. 오늘날 우리는 얼마나 많은 사람에게서 하나님의 권위를 볼 수 있는가? 우리는 결코 하나님의 직접적인 권위와 그분의 권위를 대표하는 사람 사이에서 어느 한쪽을 선택할 수 없다. 우리는 하나님의 직접적인 권위에 복종해야 할 뿐 아니라 하나님의 권위를 대표하는 사람에게도 복종해야 한다. 왜냐하면 하나님에게서 나오지 않은 권위가 하나도 없기 때문이다.

땅에 속한 권위에 대하여 바울은 복종하라는 긍정적인 방면의 말을 했을 뿐 아니라, 권위를 거스르는 것은 하나님 자신의 명령을 거스르는 것과 같다는 부정적인 방면의 경고의 말을 하였다(롬 13:1-2). 사람이 하나님의 권위를 대표하는 사람을 거절하는 것은 하나님 자신의 권위를 거절하는 것이다. 성경에서 권위는 오직 한 가지 특성만 갖는다. 그것은 모든 권위가 하나님에게서 나왔다는 것이다. 그러므로 권위를 거스르는 것은 하나님을 거스르는 것이다. 하나님은 권위를 거스르는 것을 간과하지 않으신다. 거스르는 사람은 심판을 자초하게 된다. 우리가 거역하고서 처벌을 받지 않기란 불가능하다. 따라서 사람이 권위를 거스르는 것은 죽음을 초래한다. 권위의 문제에 있어서 복종 외에 선택의 여지가 없다.

아담 시대에 하나님은 사람에게 통치권을 맡기시면서, 그 사람에게 온 땅을 통치하라고 말씀하셨다(창 1:28). 그때 사람은 동물만을 통치했다. 홍수 이후에 하나님은 사람을 통치하는 통치권을 노아에게 주셨다. 하나님은 "누구든지 사람의 피를 흘리게 하면, / 자기도 사람에게 피 흘림을 당하게 된다."(창 9:6)라고 말씀하셨다. 이때부터 하나님은 사람을 다스리는 권위를 사람에게 맡기셨다. 노아 때로부터 하나님은 정부를 세우시고 사람들을 정부 아래 두셨다.

출애굽기 20장에서 하나님의 백성이 이집트에서 나와 광야에 도착한 후에 십계명이 주어졌다. 십계명에 이어 백성의 행위에 대한 규례들이 주어졌다. 행위에 대한 규례들 가운데 "너는 … 너의 백성의 지도자를 저주해서도 안 된다."(출 22:28)라는 것이 있다. 이것은 하나님께서 그들을 정부의 지도자들 아래 두셨음을 증명한다. 그러므로 우리는 모세 때부터 이스라엘 백성이 권위를 거스르는 것은 하나님을 거스르는 것임을 볼 수 있다.

땅의 모든 나라에는 통치자들이 있다. 물론 그들은 하나님을 믿지 않고 그들의 모든 나라가 사탄 아래 있지만, 권위의 원칙은 여전히 하나님께서 정하신 것으로서 거기에 있다. 이스라엘 왕국은 하나님의 왕국이고, 다윗왕은 하나님에 의해 세워졌다. 그러나 페르시아 왕도 하나님에 의해 세워졌다(사 45:1). 주님도 이 땅에 계실 때, 정부와 대제사장의 권위에 복종하셨다. 이것이 주님께서 성전세를 내시고, 가이사의 것은 가이사에게 돌려주라고 말씀하신 이유였다. 주님께서 심판을 받으실 때, 대제사장이 하나님을 두고 맹세했기 때문에 그분은 복종하지 않으실 수 없었다. 주님은 그들을 땅에 속한 권위로 인정하셨다. 주님은 땅에서 혁명을 일으키려고 하지 않으셨다.

로마서 13장에서 바울은 모든 통치자가 하나님의 종임을 우리에게 보여 준다(4절). 그 당시는 로마가 통치하던 때였는데, 인간적으로 말하면 외국의 침략자에게 복종할 필요가 없었다. 그러나 바울은 우리에게 외국의 정권에 대항하라고 말하지 않았다. 우리는 우리의 국가와 정권에 복종해야 할 뿐 아니라, 우리가 있는 나라의 정권에도 복종해야 한다. 우리는 다른 국적이라는 이유로 현재 우리가 있는 나라의 정부를 거스를 수 없다. 본래 법은 선을 행하는 이들을 두렵게 하지 않고 악을 행하는 이들을 두렵게 하는 것이다. 세계 각국의 법이 아무리 다르더라도 모두 하나님의 법에서 나왔다. 기본적인 원칙은 선을 보상하고 악을 벌하는 것이다. 모든 정부에는 법이 있으며, 정부의 기능은 법을 유지하고 집행하여 선한 사람에게 상을 주고 악한 사람에게 벌을 주는 것이다. 그들은 무의미하게 칼을 차고 있는 것이 아니다. 물론 악한 사람을 옹호하고 선한 사람을 압제하는 정권도 있다. 그러나 악한 사람에게 좋은 이름이, 선한 사람에게 나쁜 이름이 주어질지라도 법은 항상 모든 것을 사실대로 바로잡는다. 법은 악한 사람을 옹호하거나 선한 사람을 벌할 수 없다. 오늘날까지도 모든 정부는 선한 사람에게는 상을 주고 악한 사람에게는 벌을 주는 원칙을 고수하고 있다. 이 원칙은 바꿀 수 없다. 이런 이유로 우리는 모든 정부가 여전히 하나님의 원칙을 지키고 있다고 말하는 것이다. 어느 날 '불법의 사람(적그리스도)'이 나와서 모든 권위를 뒤엎을 것이다. 그때가 세상의 끝일 것이다. 그때가 되면 선은 악으로 간주되고 악은 선으로 간주될 것이다. 선한 사람은 죽음을 당하고 악한 사람이 통치하게 될 것이다.

이 땅의 권위에 복종한다는 네 가지 표시가 있다. 첫째는 세금을 내야 할 사람에게는 세금을 내고, 둘째는 관세를 내야 할 사람에게는 관세를 내며, 셋째는 두려워해야 할 사람은 두려워하고, 넷째는 존경해야 할 사람은 존경하는 것이다.

그리스도인은 단지 형벌이 두려워서 법을 지키는 것이 아니라, 하나님 앞에서의 양심 때문에 지키는 것이다. 만일 우리 그리스도인이 복종하지 않으면 양심의 가책을 받게 된다. 이것이 우리가 있는 곳의 정부에 복종하기를 배워야 하는 이유이다. 하나님의 자녀들은 함부로 정부를 비판하거나 비방해서는 안 된다. 심지어 거리에 있는 경찰관도 하나님께서 세우신 대표 권위자이다. 그들은 특별히 법을 지키는 일을 관리하기 위해 하나님께서 세우신 관리들이다. 그러므로 세금과 관세를 거두러 오는 사람에 대해 우리의 태도는 어떠해야 하는가? 우리는 그들을 하나님의 권위를 대표하는 사람으로 보는가? 그들에게 복종하는가? 사람이 하나님의 권위를 보지 못했다면, 결코 복종하지 않을 것이고 복종하려고 할수록 어려움을 느낄 것이다. 베드로후서 2장 10절은 "특별히 더러운 정욕에 빠져 육체를 따라 살고 지배 권위를 무시하는 이들을 그렇게 하십니다. 그들은 대담하고 방자하여, 위엄 있는 이들을 욕하면서 떨지도 않습니다."라고 말한다. 많은 사람들은 욕(비방)하는 것 때문에 능력을 잃고 생명이 새어 나가게 한다. 사람은 결코 무정부 상태에 떨어져서는 안 된다. 하나님께서 불의한 정부를 어떻게 다루시는지는 우리가 상관할 바가 아니다. 물론 우리가 하나님께서 그분의 의를 집행하시도록 기도하는 것은 또 다른 문제이다. 그러나 우리에 관한 한, 어떤 권위에 복종하지 않는 것은 하나님의 권위에 복종하지 않는 것이다. 만일 우리가 복종하지 않는다면, 그것은 사실상 적그리스도의 원칙을 조장하는 것이다. 불법의 비밀이 활동할 때, 우리는 그것을 억제하는 사람인가, 돕는 사람인가?

가정에서

성경:

엡 5:22-24 아내 여러분, 주님께 하듯이, 자기 남편에게 복종하십시오. 왜냐하면 남편이 아내의 머리이기 때문입니다. 이것은 그리스도께서 교회의 머리이신 것과 같습니다. 그분은 바로 몸의 구주이십니다. 그렇지만 교회가 그리스도께 복종하듯이, 아내들도 모든 일에서 남편에게 복종하십시오.

엡 6:1-3 자녀들이여, 주님 안에서 여러분의 부모님께 순종하십시오. 이것이 옳은 일입니다. "너의 부모를 공경하여라."라고 하신 말씀은 다음과 같은 약속이 있는 첫째 계명입니다. "그러면 네가 잘되고 땅에서 오래 살 것이다."

골 3:18, 20, 22 아내들이여, 남편에게 복종하십시오. 이것이 주님 안에서 합당합니다. … 자녀들이여, 모든 일에서 부모님께 순종하십시오. 왜냐하면 이것이 주님을 기쁘시게 해 드리는 것이기 때문입니다. … 노예들이여, 모든 일에서 육체의 주인에게 순종하십시오. 사람을 기쁘게 하는 이들처럼 눈가림으로만 하지 말고, 주님을 두려워하면서 단일한 마음으로 하십시오.

하나님은 가정에 그분의 권위를 세우셨다. 하나님의 많은 자녀들이 가정 문제를 중요시하지 않는다. 그러나 서신서들 중에서 영적으로 가장 높은 두 권의 책인 에베소서와 골로새서는 가정 문제를 소홀히 하지 않는다. 특별히 이 책들은 가정에서의 복종에 대해 말하며, 이것을 소홀히 하면 하나님을 섬기는 데 문제가 생긴다고 말한다. 디모데전서와 디도서는 일에 관하여 말하는 책인데도, 가정이 일에 영향을 끼치지 않도록 가정 문제를 언급했다. 베드로전서는 특별히 왕국을 말하는데, 거기서 우리는 사람이 가정 안에 있는 권위를 거스르는 것이 왕국을 거스르는 것임을 볼 수 있다. 사람이 권위를 만날 때, 가정의 많은 어려움이 줄어든다.

하나님은 남편을 그리스도의 권위를 대표하는 사람으로 세우시고, 아내를 교회처럼 복종하는 위치에 두셨다. 만일 아내가 남편의 배후에 있는 권위, 곧 하나님께서 세우신 권위를 보지 못한다면, 남편에게 복종하기란 매우 어려울 것이다. 그녀는 이것이 그녀의 남편에 관한 문제가 아니라 하나님의 권위에 관한 문제임을 보아야 한다. 디도서 2장 4절과 5절은 젊은 여자들에게 하나님의 말씀이 모독당하지 않도록 자기 남편에게 복종하라고 말한다. 베드로전서 3장 1절은 "마찬가지로 아내 여러분, 자기 남편에게 복종하십시오. 그러면 말씀에 불순종하는 남편들일지라도, 그들은 말씀이 아닌 아내들의 생활 방식을 통해서 얻어질 것입니다."라고 말한다. 5절과 6절은 "이전에 하나님께 소망을 두고 살던 거룩한 여인들도 이렇게 자신을 단장하고 자기 남편에게 복종하였습니다. 사라가 이와 같이 아브라함을 주라고 부르며 순종하였습니다. 여러분이 선을 행하고 어떤 무서운 일도 두려워하지 않는다면, 사라의 딸이 된 것입니다."라고 말한다.

에베소서 6장 1절부터 3절까지는 "자녀들이여, 주님 안에서 여러분의 부모님께 순종하십시오. 이것이 옳은 일입니다. '너의 부모를 공경하여라.'라고 하신 말씀은 다음과 같은 약속이 있는 첫째 계명입니다. '그러면 네가 잘되고 땅에서 오래 살 것이다.' "라고 말한다. 십계명 가운데 이 계명은 특별한 보상의 약속이 있는 계명이다. 만일 어떤 사람이 부모를 공경한다면, 그는 잘되고 땅에서 오래 살 것이다. 어떤 사람들은 세상을 일찍 떠나는데, 그것은 그들이 부모를 공경하지 않았기 때문일 수 있다. 어떤 형제들은 부모와의 관계가 올바르지 않아 병을 앓았다가, 이제 순종하여 건강이 좋아졌을 것이다. 골로새서 3장 20절은 모든 일에서 부모님께 순종하는 것이 하나님을 기쁘시게 해 드리는 일이라고 말한다. 부모님의 권위에 복종하기 위해서는 먼저 하나님의 권위를 보는 것이 필요하다.

노예들은 주님께 하듯이 주인에게 순종해야 한다. 태도에 있어서 두려워하고 떨어야 하며 속이지 말고 수완을 쓰지 말며 눈가림으로만 하지 말아야 한다. 주인이 보든 보지 않든 똑같이 행동해야 한다. 우리는 주 그리스도를 섬기는 이들이기 때문에, 주인이 볼 때만 섬기는 것이 아니라 중심에서부터 정직함으로 섬겨야 하며, 사람에게 하듯이 하지 말고 주님께 하듯이 해야 한다. 디모데전서 6장 1절은 "노예의 멍에를 메고 있는 이들은 누구나 자기 주인을 매우 존경받을 만한 사람으로 여겨야 합니다. 그래야 하나님의 이름과 우리의 가르침이 모독을 받지 않을 것입니다."라고 말한다. 디도서 2장 9절과 10절은 "노예들에게 권유하여 모든 일에서 자기 주인에게 복종하고, 주인을 기쁘게 하고, 말대꾸하지 말며, 훔치지 말고, 오히려 온전히 선한 신실성을 나타내 보여, 모든 일에서 우리 구주 하나님의 가르침을 빛내게 하십시오."라고 말한다. 먼저 여러분 자신이 하나님의 권위를 존중해야 다른 사람들도 여러분에게 있는 하나님의 권위를 존중할 것이다. 바울과 베드로가 이런 말을 할 때는 로마 제국의 노예

매매가 가장 심할 때였다. 노예 제도가 옳은지 그른지는 또 다른 문제이다. 그러나 하나님은 노예가 자기 주인에게 복종하도록 정하셨다.

교회 안에서

성경:

살전 5:12-13 형제님들, 우리가 또 여러분에게 당부합니다. 여러분 가운데서 수고하고, 주님 안에서 여러분을 인도하며 훈계하는 사람들을 존중하십시오. 그들이 하는 일 때문에 사랑 안에서 그들을 극진히 존경하십시오. 여러분 사이에서도 서로 화평하게 지내십시오.

딤전 5:17 잘 인도하는 장로들은 두 배로 존대를 받아야 합니다. 특별히 말씀과 가르침에 수고하는 이들은 더욱 그러해야 합니다.

벧전 5:5 마찬가지로 청년들은 연장한 이들에게 복종하고, 모두가 서로를 향해 겸손으로 허리를 동여매십시오. 왜냐하면 하나님은 교만한 이들을 대적하시나, 겸손한 이들에게는 은혜를 주시기 때문입니다.

고전 16:15-16 형제님들, 여러분이 아는 바와 같이, 스데바나의 가정은 아가야의 첫 열매이며 또 성도들을 섬기는 일에 헌신해 왔습니다. 내가 여러분에게 권유합니다. 여러분은 이런 사람들에게 복종하고, 또 함께 일하며 수고하는 모든 사람에게 복종하십시오.

교회 안에서도 하나님께서 세우신 권위가 있다. 그들은 교회를 잘 인도하고, 말씀과 가르침에 수고하는 장로들이다. 하나님은 모든 사람이 그들에게 복종하라고 명령하셨다. 또한 모든 청년들은 연장한 이들에게 복종해야 한다. 베드로전서 5장 5절 상반절은 "마찬가지로 청년들은 연장한 이들에게 복종하고"라고 말한다. 베드로전서 5장은 나이에 있어서 연장자를 말하는 반면, 고린도전서 16장 15절은 스데바나의 가정이 아가야의 첫 열매(이것은 구원받은 순서에 있어서의 연장자를 가리킴)로서 성도들을 섬기는 일에 헌신해 왔다고 말한다. 스데바나는 매우 겸손했고 성도들을 섬기는 일에 헌신했다. 16절에서 사도는 "여러분은 이런 사람들에게 복종하고, 또 함께 일하며 수고하는 모든 사람에게 복종하십시오."라고 말한다.

또한 교회 안에서 여자는 남자에게 복종해야 한다. 고린도전서 11장 3절은 "그러나 나는 여러분이 이것을 알기 바랍니다. 그리스도는 각 사람의 머리이시며, 남자는 여자의 머리이고, 하나님은 그리스도의 머리이십니다."라고 말한다. 하나님은 남자를 그리스도의 예표로서 권위로 안배하셨고, 여자를 교회의 예표로서 복종하도록 안배하셨다. 그러므로 여자는 천사들 때문에 권위에 복종한다는 표시를 머리에 두어야 한다(10절). 더욱이 여자는 자기 남편에게 복종해야 한다. 고린도전서 14장 34절과 35절은 "여자들은 교회 안에서 잠잠하십시오. 왜냐하면 그들에게는 말하는 것이 허락되지 않기 때문입니다. 율법에서도 말하는 것처럼 여자들은 복종해야 합니다. 여자들이 무엇을 배우고자 한다면, 집에서 자기 남편에게 물어보십시오. 왜냐하면 여자가 교회 안에서 말하는 것은 부끄러운 일이기 때문입니다."라고 말한다. 어떤 자매는 그녀의 남편이 잘 알지 못하면 어떻게 하느냐고 물을 것이다. 하나님께서 여러분에게 물으라고 하셨기 때문에, 다만 물으면 된다. 여러분이 계속 묻는다면, 시간이 지나면 남편도 알게 될 것이다. 남편이 여러분에게 자주 질문을 받으면, 그는 답변하기 위해서라도 답을 찾지 않으면 안 된다. 이렇게 하여 여러분은 자신을 돕고 남편도 돕게 된다. 디모데전서 2장 11절부터 13절까지는 "여자는 매사에 복종하면서 조용히 배우십시오. 나는 여자가 가르치는 것이나 남자에게 권위를 행사하는 것을 허락하지 않습니다. 다만 조용히 하십시오. 왜냐하면 아담이 먼저 지어졌고 그다음에 하와가 지어졌으며"라고 말한다.

하나님의 자녀들은 반드시 겸손으로 허리를 동여매고 서로 복종해야 한다. 어떤 이들은 자신의 지위나 권위를 고의로 나타내기를 좋아하는데, 이것은 비천하고 부끄러운 일이다.

하나님은 우주 가운데 그분의 대표 권위를 세우셨을 뿐 아니라, 영적인 세계에서도 그분의 권위를 세우셨다. 베드로후서 2장 10절과 11절은 다음과 같이 기록했다. "특별히 더러운 정욕에 빠져 육체를 따라 살고 지배 권위를 무시하는 이들을 그렇게 하십니다. 그들은 대담하고 방자하여, 위엄 있는 이들을 욕하면서 떨지도 않습니다. 천사들은 더 큰 힘과 능력을 가지고 있으면서도, 주님 앞에서 그들을 거슬러 비방하는 판단의 말을 하지 않습니다." 여기서 우리는 매우 중요한 한 가지 문제를 접하게 된다. 그것은 영적인 세계에도 지배 권위와 위엄 있는 이들이 있으며, 하나님께서 천사들을 그들 아래 두셨다는 것이다. 어떤 지배 권위와 위엄 있는 이들이 실패했지만, 오늘날 천사들이 그들을 욕하거나 비방하는 판단의 말을 하지 못하는 이유는 지배 권위와 위엄 있는 이들이 한때 그들의 권위자였던 적이 있었기 때문이다. 오늘 그들이 타락한다 하더라도 천사들은 사실만을 언급할 수 있을 뿐 그것에 대해 어떤 판단의 말을 할 수 없다. 만일 사실에다 어떤 판단의 말을 한다면 그것은 거슬러 비방하는 것이다. 유다서 9절은 "그러나 천사장 미가엘은 모세의 시체에 관하여 마귀와 다투며 논쟁할 때, 감히 그를 거슬러 모욕하는 심판을 내리지 않고 다만 '주님께서 그대를 꾸짖으실 것입니다.'라고 말하였습니다."라고 말한다. 한때 하나님은 사탄을 천사장들의 우두머리로 세우셨다. 천사장들 중 하나인 미가엘은 한때 사탄의 권위 아래 있었다. 어느 날 모세는 부활할 것이었고, 아마도 변형의 산에 있게 될 것이었다. 미가엘은 하나님의 명령에 따라 모세의 시체를 찾으러 갔으나 사탄이 그를 막았다. 미가엘은 거역의 영으로 그 거역의 영을 처리할 수도 있었다. 미가엘은 입을 열어 사탄을 책망할 수 있었지만, 그렇게 하지 않고 다만 "주님께서 그대를 꾸짖으실 것입니다."라고 말했다. (하나님은 사람을 사탄의 권위 아래 두신 적이 없기 때문에, 사람은 천사들과 다르다. 전에 우리는 사탄의 세력 아래로 떨어진 적이 있었으나 그의 권위 아래에 있지는 않았다.) 동일한 원칙이 다윗에게도 적용된다. 다윗은 한때 하나님의 권위를 대표하는 사람인 사울 아래 있었기 때문에, 감히 사울의 이전 권위를 뒤집지 않았다. 영적인 일에 있어서 권위를 대표하는 사람은 얼마나 위엄이 있는지! 우리는 결코 비방해서는 안 된다. 비방하는 사람들은 영적인 능력을 잃게 될 것이다.

만일 여러분이 권위를 만졌다면, 어디를 가든지 하나님의 권위를 보게 될 것이다. 여러분이 어디를 가든 여러분이 해야 할 첫 번째 질문은 여러분이 누구에게 복종해야 하고 누구의 말을 들어야 하는가이다. 그리스도인에게는 두 가지 느낌이 있는데, 하나는 죄의 느낌이고 하나는 권위의 느낌이다. 두 형제가 한자리에서 무엇을 상의하거나 고려할 때 두 사람이 다 말할 수 있지만, 결정은 오직 한 사람이 내린다. 사도행전 15장의 회의에서 나이가 많든 적든 모든 형제가 일어나 말할 자유가 있었다. 나중에 베드로와 바울이 말했고, 그런 후 야고보가 결정을 내렸다. 베드로와 바울은 사실을 말했고, 야고보는 결정을 내렸다. 심지어 장로들이나 사도들 사이에도 순서가 있다. 바울은 자신이 사도들 중에서 가장 작은 자라고 말했다(고전 15:9). 사도들 가운데서도 크고 작은 차이가 있다. 누가 우리를 위해 줄을 세우는 것이 아니라, 우리 자신이 마땅히 서야 할 위치를 아는 것이다. 이것은 가장 아름다운 증거이며 가장 놀라운 그림이다. 이것은 사탄을 두렵게 하고 사탄의 왕국을 무너뜨린다. 우리가 다 복종의 길을 걸을 때, 하나님은 세상을 심판하실 것이다.

우리는 안심하고
권위를 대표하는 사람에게 복종해야 함

하나님께서 그분 자신을 위해 여러 권위를 세우신 것은 얼마나 큰 모험인지 모른다! 만일 하나님께서 세우신 대표 권위자들, 곧 권위를 대표하는 사람들이 그분을 잘못 대표한다면, 그분은 얼마나 큰 손실을 입으시겠는가! 그러나 하나님은 그분께서 세우신 권위에 대해 안심하신다. 우리가 안심하고 권위를 대표하는 사람에게 복종하는 것은 하나님께서 안심하시고 권위를 대표하는 사람을 세우시는 것보다 훨씬 쉽다. 하나님은 안심하시면서 권위를 사람에게 맡기셨는데, 우리는 왜 사람에게 복종하는 것에 안심하지 못하는가? 하나님께서 안심하시며 세우신 권위에 대하여, 우리는 반드시 안심하고 복종해야 한다. 만일 잘못이 있다면, 그것은 우리의 잘못이 아니다. 그것은 권위의 잘못이다. 주님은 각 사람이 자기 위에 있는 권위들에게 복종하라고 말씀하셨다(롬 13:1). 왜냐하면 하나님께 돌아오는 어려움이 우리에게 돌아오는 어려움보다 훨씬 크기 때문이다. 하나님께서 사람을 신뢰하셨다면 우리도 사람을 신뢰할 수 있다. 하나님께서 안심하시고 사람을 신뢰하셨다면, 우리도 반드시 더욱 안심하고 사람을 신뢰해야 한다.

누가복음 9장 48절에서 주님은 "누구든지 내 이름으로 이런 어린아이를 영접하면 나를 영접하는 것이고, 누구든지 나를 영접하면 나를 보내신 분을 영접하는 것입니다."라고 말씀하셨다. 주님께서 아버지를 대표하시는 것에는 아무 문제가 없다. 그것은 아버지께서 그분을 신뢰하셨기 때문이다. 우리가 그분을 믿는 것은 바로 아버지를 믿는 것이다. 그러나 주님의 눈에는 심지어 어린아이도 그분을 대표할 수 있다. 주님은 어린아이에게 자신을 맡기실 수 있었다. 이것이 그분께서 한 어린아이를 영접하는 것이 그분 자신을 영접하는 것이라고 말씀하신 이유이다. 누가복음 10장 16절 상반절에서 주님은 제자들을 보내실 때, "여러분의 말을 듣는 사람은 내 말을 듣는 것이고, 여러분을 배척하는 사람은 나를 배척하는 것이며"라고 말씀하셨다. 주님은 제자들이 보냄을 받아 말하고 명령하고 결정하고 주장한 모든 것을 그분이 하신 것으로 여기신다. 주님은 안심하시고 그분의 모든 권위를 제자들에게 맡기셨다. 주님은 그들이 그분의 이름으로 말한 것은 무엇이든 인정하셨다. 그러므로 제자들을 배척하는 것은 주님을 배척하는 것과 같았다. 주님은 완전히 안심하시면서 그분 자신을 그들에게 맡기셨다. 주님은 제자들이 나갈 때, 그들에게 함부로 말하거나 잘못 말해서는 안 된다고 말씀하지 않으셨다. 주님은 그들이 잘못 행하면 무슨 일이 일어날지에 대해 조금도 염려하지 않으셨다. 주님은 그분의 제자들에게 안심하고 권위를 맡기실 믿음과 담대함을 가지고 계셨다.

그러나 유대인들은 그렇지 않았다. 그들은 의심하면서 "어떻게 이런 일이 있을 수 있습니까? 어떻게 여러분이 말한 것이 다 옳다고 할 수 있습니까? 우리는 조금 더 고려해야 할 것 같습니다."라고 말했다. 그들은 감히 믿지 못하고 매우 두려워하였다. 가령 여러분이 어떤 회사의 책임자라고 하자. 여러분이 사람을 보내면서, 그에게 "최선을 다하시오. 나는 당신이 한 것을 모두 인정하겠소. 당신의 말을 듣는 것이 곧 내 말을 듣는 것이오."라고 말했다고 하자. 여러분은 아마 어떤 실수가 없도록 매일 업무를 보고하라고 그에게 요구할 것이다. 그러나 주님은 우리를 신뢰하셔서 그분의 대표자가 되게 하셨다. 주님은 우리를 얼마나 신뢰하셨는지!

주님께서 이토록 그분의 권위를 대표하는 사람을 신뢰하셨기 때문에, 우리도 더욱 마땅히 이 권위를 대표하는 사람을 신뢰해야 한다.

혹 어떤 사람은 "권위를 대표하는 사람이 일을 잘못 행하면 어떻게 합니까?"라고 물을 것이다. 하나님께서 권위로 세우신 이들을 담대히 신뢰하셨다면, 우리도 담대히 그들에게 복종해야 한다. 권위를 대표하는 사람에게 잘못이 있는지의 여부는 우리와 아무런 상관이 없다. 바꾸어 말해서 권위를 대표하는 사람의 옳고 그름은 그가 하나님 앞에서 직접 책임져야 하는 문제이다. 권위에 복종하는 사람들은 다만 절대적으로 복종하면 된다. 심지어 그들이 잘못 복종한다 할지라도, 주님은 그것을 죄로 여기지 않으신다. 주님은 그 죄에 대한 책임을 권위를 대표하는 사람에게 돌리실 것이다. 복종하지 않는 것은 거역하는 것이다. 따라서 권위에 복종해야 하는 사람은 복종하지 않는 죄에 대해 하나님께 책임을 져야 한다. 그러므로 권위 안에는 사람의 요소가 없다. 우리가 단지 사람에게만 복종한다면, 권위의 의미는 사라진다. 더욱이 하나님께서 먼저 그분의 권위를 대표하는 사람을 세우셨기 때문에, 그분은 반드시 이 권위를 유지하셔야 한다. 다른 이의 옳고 그름은 그의 일이고, 나의 옳고 그름은 나의 일이다. 모든 사람은 각자의 일에 대해 하나님 앞에 책임을 져야 한다.

권위를 대표하는 사람을 배척하는 것은 하나님 자신을 배척하는 것임

누가복음 20장 9절부터 16절까지에 나오는 비유 전체는 권위를 대표하는 사람에 관한 것이다. 하나님은 포도원을 농부들에게 세주셨지만, 그분께서 직접 포도원의 열매를 받으려고 오지 않으셨다. 첫 번째, 두 번째, 세 번째에는 그분의 노예들을 보내시고, 네 번째에는 그분의 아들을 보내셨는데, 이들은 모두 그분의 대표자들이다. 하나님은 사람들이 그분의 권위를 대표하는 사람에게 복종하는지 알아보려고 하셨다. 하나님은 스스로 오셔서 열매를 받으실 수도 있었지만 그분의 대표자를 보내어 받게 하셨다. 하나님께서 보시기에, 그분께서 보내신 노예들을 배척하는 것은 그분 자신을 배척하는 것이다. 우리는 하나님의 권위를 대표하는 사람의 말은 듣지 않으면서 하나님의 말씀은 듣는다고 말할 수 없다. 우리는 하나님 자신의 권위뿐 아니라 그분의 권위를 대표하는 사람에게도 복종해야 한다. 사도행전 9장 4절부터 15절까지는 주님의 직접적인 권위에 대해 말한다. 그러나 구약과 신약 대부분에서 주님은 그분의 권위를, 권위를 대표하는 사람에게 맡기셨다. 거의 모든 권위가 사람에게 맡겨졌다고 말할 수 있다. 많은 사람이 이것은 사람에게 복종하는 것을 의미한다고 생각한다. 그러나 만일 여러분이 권위를 만났다면, 이 사람이 하나님의 권위를 대표하는 사람임을 알게 될 것이다. 사람이 하나님의 직접적인 권위에 복종하는 데에는 겸손이 필요하지 않다. 그러나 권위를 대표하는 사람에게 복종하는 데에는 겸손이 필요하고 파쇄됨이 필요하다. 여러분이 육체를 완전히 내려놓아야만 권위를 대표하는 사람을 받아들이고 복종할 수 있다. 우리는 하나님 자신이 열매를 받으려고 오지 않으셨다는 것에 주의를 기울여야 한다. 하나님은 그분의 대표자를 보내시어 열매를 받으신다. 우리는 하나님을 어떻게 대하는가? 하나님께서 직접 오시기를 기다리는가? 그분께서 직접 오실 때는 열매를 받기 위해 오시는 것이 아니라 심판하기 위해 오실 것이다.

주님은 바울에게 그가 주님을 대적하는 것이 가시 돋친 막대기에 뒷발질하는 것임을 보여 주셨다(행 26:14). 바울이 처음 빛을 보았을 때, 그는 권위도 보았다. 그는 "주님, 어떻게 해야 합니까?"(22:10)라고 물었다. 이것은 바울이 자신을 주님의 직접적인 권위 아래 두었다는 것을 의미한다. 그러나 주님은 바울을 그분께서 세우신 대표 권위자 아래에 두셨다. 주님은 "일어나 시내로 들어가거라. 그러면 네가 해야 할 일을 말해 줄 사람이 있을 것이다."(9:6)라고 말씀하셨다. 그때부터 바울은 권위를 알게 되었다. 그는 "제가 주님을 직접 만나는 것은 매우 드문 일이니, 주님께서 제가 해야 할 일을 말씀해 주십시오."라고 말하지 않았다. 주님은 바울에게 직접 알려 주지 않으시고 처음부터 바울을 권위를 대표하는 사람 아래에 두셨다. 주님을 믿은 이래로 지금까지 우리는 권위를 대표하는 사람들에게 얼마나 복종했는가? 몇 번이나 그들에게 복종했는가? 이전에는 우리에게 빛이 없었지만, 오늘 우리는 대표 권위에 대해 엄중하고 진지하게 생각해야 한다. 우리가 오 년이나 십 년 동안 복종에 대해 말해 왔지만, 우리는 간접적인 권위에 얼마나 복종했는가? 하나님께서 중요시하시는 것은 그분 자신의 직접적인 권위가 아니라 그분께서 세우신 간접적인 권위이다. 하나님의 간접적인 권위에 복종하지 않는 사람은 곧 하나님의 직접적인 권위에 복종하지 않는 것이다.

우리는 분명하게 설명하기 위해 직접적인 권위와 간접적인 권위를 구분했다. 그러나 하나님께서 보시기에 이 두 가지는 하나이다. 우리는 가정 안의 권위와 교회 안의 권위 등 모든 대표 권위를 경시해서는 안 된다. 바울은 눈이 멀었지만 마치 눈을 뜨고 아나니아를 기다린 것 같았다. 그가 아나니아를 보았을 때 마치 주님을 보는 것처럼 보았고, 아나니아의 말을 들을 때 마치 주님의 말씀을 듣는 것처럼 들었다. 권위를 대표하는 사람에게 죄를 짓는 것은 하나님과 문제가 생긴 것처럼 매우 심각한 것이다. 권위를 대표하는 사람에게서 빛 비춤을 받기를 거절한 채 주님 자신에게서 빛 비춤을 받기를 바라는 것은 불가능한 일이다. 바울은 다음과 같이 말하지 않았다. "고넬료가 베드로를 요청했으니, 나도 하나님께 베드로나 야고보를 보내 주시기를 요청할 수 있다. 나는 이 작은 형제인 아나니아가 내 권위가 되는 것을 원하지 않는다." 우리가 하나님의 권위를 대표하는 사람을 거절하고 하나님께 직접 복종하는 것은 불가능한 일인데, 그것은 우리가 권위를 대표하는 사람을 배척하는 것이 주님 자신을 배척하는 것이기 때문이다. 오직 어리석은 사람만 권위를 대표하는 사람이 실패하는 것을 기뻐한다. 하나님을 대표하는 사람을 싫어하는 것은 하나님 자신을 싫어하는 것이다. 사람의 거역적인 본성은 하나님의 직접적인 권위에는 복종하려고 하지만, 하나님께서 세우신 대표 권위자에게는 복종하려고 하지 않는다.

하나님은 그분의 권위를 대표하는 사람을 존중하심

민수기 30장은 여자의 서원에 대하여 말한다. 여자가 처녀 때에 아버지의 집에 사는 동안 서원한 일이 있으면, 아버지가 그 일에 대하여 아무 말을 하지 않고 인정해야 그 서원이 유효하다. 아버지의 허락 없이는 서원이 유효하지 않다. 만일 그녀가 결혼을 했다면, 남편이 서원에 대해 아무 말을 하지 않고 인정해야 그 서원이 유효하다. 만일 남편이 허락하지 않으면 그녀의 서원은 무효가 된다(3-8절). 권위를 대표하는 사람이 허락할 때, 직접적인 권위는 그 서원을 받으신다. 권위를 대표하는 사람이 허락하지 않을 때, 직접적인 권위도 그 서원을 인정하지 않으신다. 하나님은 권위를 대표하는 사람을 두기를 기뻐하시며, 또한 권위를 대표하는 사람을 존중하신다. 여자는 남편의 권위 아래 있기 때문에, 남편이 허락하지 않으면 하나님은 그녀의 서원을 무효라고 보신다. 하나님은 그녀가 다만 권위에 복종하기를 원하신다. 그러나 권위를 대표하는 사람이 틀렸을 때, 하나님은 권위를 대표하는 사람을 다루신다. 하나님은 남편이 그

아내의 죄를 담당하게 하시며, 복종한 아내는 죄가 없다(15절). 이 장은 사람이 권위를 대표하는 사람을 간과한 채 직접적인 권위에 복종할 수 없다는 것을 알려 준다. 하나님께서 권위를 대표하는 사람에게 권위를 맡기셨기 때문에, 그분 자신도 권위를 대표하는 사람을 넘지 않으시고 권위를 대표하는 사람의 제한을 받으신다. 하나님은 권위를 대표하는 사람이 세운 것을 세우시고, 권위를 대표하는 사람이 폐지한 것을 폐지하신다. 하나님께서 그분의 권위를 대표하는 사람을 유지하기 원하시기 때문에, 권위를 대표하는 사람 아래 있는 우리는 복종하는 길 외에 다른 길이 없다.

사도행전에서 공회가 베드로에게 주님의 이름으로 전파하는 것을 허락하지 않을 때, 베드로는 "사람에게 순종하는 것보다 하나님께 순종하는 것이 마땅합니다."(5:29)라고 말했다. 이 상황을 제외한 신약성경 전체는 권위를 대표하는 사람을 지지한다. 권위를 대표하는 사람이 명백하게 하나님의 명령을 거스르고 주님의 인격에 죄를 지을 경우에만, 우리는 권위를 대표하는 사람을 거절할 수 있다. 그러므로 우리는 오직 이러한 상황에서만 베드로와 같이 말할 수 있고, 그 외의 모든 상황에서는 권위를 대표하는 사람에게 복종해야 한다. 우리는 부주의해서는 안 된다. 우리는 하나님께 복종할 목적으로 권위를 대표하는 사람을 거슬러서는 안 된다.

제8장
몸 안에 있는 권위

성경:

고전 12:12-21 왜냐하면 몸은 하나인데 많은 지체가 있고, 몸의 지체는 많지만 모두가 한 몸인 것같이, 그리스도도 그와 같으시기 때문입니다. 우리가 유대인이나 헬라인이나 노예나 자유인이나 모두 한 영 안에서 한 몸 안으로 침례 받았고, 또 모두 한 영을 마시게 되었습니다. 몸은 한 지체만이 아니라 많은 지체입니다. 발이 "나는 손이 아니기 때문에 몸에 속하지 않았다."라고 말한다 해서 발이 몸에 속하지 않은 것이 아니며, 귀가 "나는 눈이 아니기 때문에 몸에 속하지 않았다."라고 말한다 해서 귀가 몸에 속하지 않은 것이 아닙니다. 온몸이 눈이라면, 듣는 곳은 어디입니까? 온몸이 듣는 곳이라면, 냄새 맡는 곳은 어디입니까? 그러나 이제 하나님은 그분께서 뜻하시는 대로 지체들을 각각 몸 안에 두셨습니다. 모두가 한 지체라면, 몸은 어디에 있겠습니까? 그러나 이제 지체는 많지만, 몸은 하나입니다. 눈이 손에게 "나는 네가 필요 없다."라고 할 수가 없고, 머리가 발에게 "나는 네가 필요 없다."라고 할 수가 없습니다.

마 18:15-18 더욱이 그대의 형제가 그대에게 죄를 지으면, 그대는 가서, 그대와 그 사람만이 있는 자리에서 그의 잘못을 깨닫게 하십시오. 그가 그대의 말을 들으면, 그대는 그대의 형제를 얻은 것입니다. 그러나 그가 듣지 않으면, 한두 사람을 더 데리고 가서, 두세 증인의 입으로 말마다 확증하게 하십시오. 그가 그들의 말도 듣지 않거든 교회에게 말하고, 교회의 말도 듣지 않거든 그를 이방인과 세리와 같이 여기십시오. 내가 진실로 여러분에게 말합니다. 여러분이 땅에서 묶는 것은 무엇이든지 하늘에서 이미 묶인 것이며, 여러분이 땅에서 푸는 것은 무엇이든지 하늘에서 이미 풀린 것입니다.

몸은 권위가 최고로 표현되는 곳임

하나님의 권위의 가장 높은 표현은 그리스도의 몸인 교회 안에 있다. 비록 하나님께서 세상에 권위 제도를 세우셨지만, 정부와의 관계나 아버지와 아들 사이의 관계나 남편과 아내 사이의 관계나 주인과 노예 사이의 관계는 권위를 완전히 나타낼 수 없다. 하나님께서 이 땅에 많은 권위를 세우셨지만, 그것들은 하나님께서 세우신 권위 제도에 불과하다. 사람이 겉으로는 순종하지만 마음으로는 복종하지 않을 수 있다. 가령 정부가 하나의 법령을 반포할 때, 국민들은 마음으로 복종할 수도 있고 복종하지 않을 수도 있다. 그러므로 국민이 마음으로 복종하는지의 여부를 알 길이 없다. 마찬가지로 자녀들이 부모에게 순종하는 것도 마음으로 복종하는 것인지, 아니면 겉으로 행위로만 순종하는 것인지를 구분할 길이 없다. 그러므로 자녀가 부모에게 순종하는 것이나 노예가 주인에게 순종하는 것이나 더더욱 국민이 정부에 순종하는 것은 결코 권위에 복종하는 것을 대표할 수 없다. 복종이 없이는 하나님의 권위가 세워질 수 없다. 외적으로 순종하더라도 마음으로 복종하지 않는다면 하나님의 권위는 세워질 수 없다. 그리고 이 많은 복종은 아버지와 아들, 주인과 노예의 관계처럼 사람과 사람의 관계에 기초한다. 주인과 노예 또는 아버지와 아들은 언젠가는 나누어진다. 그러므로 이런 관계에서는 철저하고 완전한 복종을 찾을 수 없다.

오직 그리스도와 교회만이 가장 높은 권위와 복종의 표현을 가지고 있다. 왜냐하면 하나님은 교회를 하나의 기관이 아닌 그리스도의 몸으로 삼기를 원하시기 때문이다. 우리는 교회를 동일한 믿음을 가진 믿는 이들의 모임이라거나, 사랑 안에서 함께 모인 믿는 이들이라고 생각하겠지만, 하나님은 다른 관점을 가지고 계신다. 교회는 믿음과 사랑 안에서 모인 회중일 뿐 아니라 하나의 몸이다. 교회는 그리스도의 몸이고, 그리스도는 교회의 머리이시다. 아버지와 아들의 관계와 주인과 노예의 관계와 남편과 아내의 관계는 모두 나누어질 수 있지만, 머리와 몸은 영원히 하나이고 결코 나누어질 수 없다. 마찬가지로 그리스도와 교회도 영원히 나누어질 수 없다. 그리스도와 교회에는 다른 모든 권위와 복종을 훨씬 능가하는 완전한 권위와 완전한 복종이 있다. 부모가 자녀들을 사랑하지만 실수를 할 수도 있고, 권위를 잘못 사용할 수도 있다. 마찬가지로 정부도 잘못된 명령을 내릴 수 있고, 주인의 권위도 틀릴 수 있다. 세상에서는 복종이 불완전할 뿐 아니라 권위도 불완전하다. 그러므로 하나님은 완전한 권위와 완전한 복종인 그리스도와 교회, 머리와 몸을 세우셔야 한다. 자녀를 손상하는 부모도 있고, 아내를 손상하는 남편도 있으며, 하인을 손상하는 주인도 있고, 국민을 손상하는 통치자들도 있다. 그러나 자기 몸을 손상하는 머리는 없기 때문에, 머리의 권위는 틀리지 않으며 완전하다.

또한 머리에 대한 몸의 복종도 완전하다. 머리가 어떤 뜻을 나타내기만 하면, 손가락은 아무 말 없이 힘들이지 않고 조화 가운데서 움직인다.

하나님의 뜻은 우리가 온전히 복종하는 것이다. 하나님은 몸이 머리에게 복종하는 정도로 우리를 이끌기를 원하시며, 그럴 때 비로소 만족하신다. 이것은 남편과 아내 등으로 표현될 수 없다. 왜냐하면 권위가 그분이고, 복종도 그분이기 때문이다. 권위와 복종은 사실상 하나이다. 이것은 서로 별개인 세상의 권위와 복종과는 다르다. 머리는 몸을 움직이기 위해 힘을 들여 명령할 필요가 없다. 어떤 생각이 떠오르면 몸은 머리와 완전히 조화되어 움직인다. 우리가 다만 자녀가 부모에게, 아내가 남편에게 복종하는 정도로만 하나님께 복종한다면, 하나님은 만족하지 않으실 것이다. 하나님은 몸이 머리에게 복종하는 것처럼 우리가 그분께 복종하기를 원하신다. 이런 복종은 땅의 민족들에게서 볼 수 있는 강압에 의한 복종이 아니다. 이것은 머리에 대한 몸의 복종이다. 머리가 약간의 의사만 나타내도 머리와 조화된 몸의 복종이 있게 된다.

만일 여러분이 하나님께 자주 복종한다면, 여러분은 하나님의 명령과 하나님의 뜻이 완전히 다르다는 것을 알게 될 것이다. 명령은 하나님의 입에서 나온 말씀이고, 뜻은 하나님의 마음에서 나온 생각이다. 명령은 말해 내야 하지만, 뜻은 꼭 말해 내지 않아도 된다. 주 예수님은 하나님의 말씀뿐만 아니라 하나님의 뜻에도 복종하셨다. 뜻이 있을 때마다 그분은 움직이시고 행동하셨다. 하나님은 그리스도와 교회의 관계가 하나님과 그리스도의 관계와 같은 그런 관계가 되기를 바라신다. 하나님은 그리스도께서 하나님께 복종하신 것처럼 우리가 그리스도께 복종할 때까지 일하신다. 하나님의 첫 번째 단계의 일은 하나님께서 그리스도의 머리가 되시는 것이고, 두 번째 단계의 일은 그리스도께서 교회의 머리가 되시는 것이다. 하나님은 성령의 다루심 없이도, 그분께 어떤 생각이 있기만 해도 우리가 즉시 복종할 때까지 일하신다. 하나님의 세 번째 단계의 일은 세상 왕국을 주님과 그분의 그리스도의 왕국이 되게 하시는 것이다. 첫 번째 단계는 이미 성취되었고, 세 번째 단계는 아직 오지 않았으며, 지금 우리는 중간 단계에 있다. 두 번째 단계의 일이 완성되지 않는 한, 세 번째 단계에 이르는 것은 불가능하다. 우리는 여기서 복종함으로 하나님께 길을 내드리고 있는가, 아니면 불복종함으로 하나님의 일을 방해하고 있는가? 하나님은 우주 가운데서 권위를 확고히 세우지 못하셨다. 그 전환이 이루어지는 곳이 바로 교회이다. 교회는 중간 단계이며 전환점이다. 이 때문에 하나님은 우리를 위해 가장 큰 영광을 준비해 두셨다. 권위를 보지 못한다면 나아갈 길이 없다. 이 문제가 우리에게서 해결되지 않는다면 다른 사람에게서도 해결될 수 없다. 우리 모두는 권위를 표현하는 책임을 져야 한다.

몸이 머리에게 복종하는 것은 가장 자연스럽고 조화로운 것임

오늘날 하나님은 우리를 위해 모든 것을 다 준비하셨다. 머리와 몸은 같은 생명과 본성을 가졌기 때문에, 복종하는 것이 자연스럽고 복종하지 않는 것이 오히려 이상하다. 가령 머리가 의도하는 대로 손이 움직이는 것은 전혀 이상하지 않다. 손이 움직이지 않는 것이 오히려 이상하다. 이것은 손에 병이 든 것이다. 하나님께서 우리에게 주신 생명의 영은 주님 자신 안에 있는 생명의 영과 같다. 하나님께서 우리에게 주신 생명과 본성도 주님 안에 있는 생명과 본성과 같다. 그러므로 여기에 부조화와 불복종의 가능성은 없다. 우리 몸의 움직임에는 의식적인 것도 있고 무의식적인 것도 있다. 머리와 몸의 하나는 의식적인 복종뿐만 아니라 더욱 무의식적인 복종에 달려 있다. 그것은 호흡과 같다. 우리는 의식적으로 심호흡을 할 수도 있고, 무의식적으로 자연스럽게 일상적인 호흡을 할 수도 있다. 이것은 또한 무의식적으로 뛰는 심장과도 같다. 심장은 명령하지 않아도 스스로 계속 뛴다. 이것이 생명의 복종이다. 몸이 머리에게 복종할 때에는 아무런 소리도 불평도 마찰도 없다. 모든 것이 조화롭다. 단지 명령에 복종하는 것만으로는 부족하다. 명령 안에는 뜻이 있고, 뜻 안에는 생명의 법이 있다. 이 생명의 법에 복종하는 것이 바로 완전한 복종이다. 몸이 머리에게 복종하듯이 복종하지 않는 것은 복종이라고 할 수 없다. 많은 사람이 마지못해 복종하는데, 우리는 이것을 복종으로 여길 수 없다.

주님은 우리를 몸 안에 두셨고, 이 몸 안에는 완전한 연합과 완전한 복종이 있다. 심지어 성령의 생각만 알아도 지체들이 인도를 받을 수 있다는 것은 참으로 놀라운 일이다. 두 지체를 완전히 구분하기 위해 서로 나누는 것은 불가능한 일이다. 자연스럽게 지체들은 서로 조화된다. 복종은 말할 것도 없다. 이러한 조화는 사람의 말로 다 설명할 수 없다. 이렇게 권위에 복종하는 것이 가장 완전한 복종이다. 그러므로 우리는 결코 병든 지체가 되거나, 소리가 나고 마찰을 일으키는 지체가 되어서는 안 된다. 우리는 하나님의 권위의 다스림 아래 살고 있기 때문에, 우리에게는 매우 자발적인 복종이 있어야 한다. 교회는 형제자매들이 교통하는 장소일 뿐 아니라 또한 권위가 표현되는 장소이다.

지체의 권위를 거절하는 것은
곧 머리를 거절하는 것임

몸의 권위는 때로 직접 나타나지 않고 간접적으로 나타난다. 몸이 머리에게 복종할 뿐 아니라, 몸의 지체들도 서로에게 복종하고 돕는다. 왼손과 오른손은 서로 직접적인 교통을 갖지 않는다. 오른손과 왼손을 움직이는 것은 머리이다. 왼손은 오른손을 지배하지 않고, 오른손도 왼손을 지배하지 않는다. 손은 눈에게 보라고 명령하지 않는다. 손은 머리에게 알릴 뿐이다. 그러면 머리가 눈에게 보라고 명령한다. 각 지체들이 머리에게서 아무리 멀리 떨어져 있어도 머리와의 관계는 동일하며, 지체들이 하는 일은 모두 머리에게 알리는 것이다. 내 눈이 보고 내 손이 일하고 내 발이 걸을 때, 나는 내가 보고 일하고 걷는다고 말한다. 그러므로 많은 경우, 지체들의 결정은 머리의 결정이다. 지체들의 권위는 머리의 권위이다. 손은 스스로 볼 수 없으며, 반드시 눈의 결정을 받아들여야 한다. 만일 손이 머리에게 스스로 보겠다고 요구하거나 스스로 볼 수 있게 해 달라고 요구하는 것은 모두 잘못된 요구이다. 이것은 둘 다 불가능하다. 그러나 이것이 하나님의 자녀들에게 자주 있는 어려움이다. 그러므로 우리는 다른 지체들을 머리의 권위를 대표하는 사람으로 받아들여야 한다. 손의 기능은 손만 가지고 있고, 발의 기능도 발만 가지고 있으며, 눈의 기능도 눈만 가지고 있다. 우리는 반드시 다른 사람의 기능을 우리의 기능으로 받아들여야 한다. 우리는 지체들의 기능을 거절할 수 없다. 만일 발이 손을 거절한다면, 그것은 머리를 거절하는 것이다. 그러므로 우리가 지체들의 권위를 받아들이는 것은 머리의 권위를 받아들이는 것이다. 모든 지체는 교통을 통해 나의 권위가 된다. 손의 기능이 중요하지만, 걷는 일에서는 반드시 발의 기능을 받아들여야 한다. 손은 색깔을 알 수 없기 때문에, 색깔을 아는 일에서는 눈의 권위를 받아들여야 한다. 지체들의 기능은 지체들의 권위이다.

권위는 곧 그리스도의 풍성임

오늘날 각각의 지체가 몸 전체가 되는 것은 불가능하다. 그러므로 모든 사람은 반드시 지체의 위치에 서서 다른 지체의 기능을 받아들여야 한다. 다른 사람이 보고 들은 것이 내가 보고 들은 것이다. 지체의 기능을 받아들이는 것이 머리의 풍성을 받아들이는 것이다. 독립된 지체는 하나도 없다. 나는 한 지체에 불과하다. 한 지체는 몸의 일을 할 수 없다. 다른 지체들이 한 일은 몸이 한 일이며, 각 지체가 한 일이기도 하다. 오늘날의 상황은 눈은 보았는데 손은 자기가 보지 못했기 때문에 볼 때까지 기다리겠다고 말하는 것과 같다. 사람은 자신이 모든 것을 갖고 모든 것을 할 수 있기를 바라며, 다른 지체의 공급을 받아들이기를 원하지 않는다. 이것은 그 사람을 빈곤하게 만들며, 이로 인해 교회도 빈곤에 빠지게 된다. 권위는 곧 그리스도의 풍성이다. 다른 사람들의 기능, 곧 그들의 권위를 받아들이는 것은 몸 전체의 풍성을 받아들이는 것이다. 모든 지체의 권위에 복종할 때, 여러분은 모든 지체의 풍성을 얻게 된다. 우리가 그 권위를 거절하면 빈곤하게 된다. 눈이 밝아질 때 온몸이 밝아진다. 귀가 들을 때 온몸이 듣게 된다.

우리는 항상 권위의 목적이 우리를 억누르고 괴롭히며 어려움을 주는 것이라고 생각한다. 그러나 하나님께는 이러한 사상이 없으시다. 이것은 우리의 잘못된 생각이다. 하나님께서 권위를 사용하시는 것은 우리의 모든 부족을 채우시기 위해서이다. 하나님께서 권위를 세우신 목적은 그분의 풍성을 우리에게 나누어 주시고, 모든 연약한 이들의 부족을 채우시기 위해서이다. 하나님은 우리가 어떤 수준에 도달할 때까지 기다리실 수 없다. 하나님은 우리에게 어떤 것을 보여 주시려고 몇십 년을 기다리실 수 없다. 만일 그렇게 된다면 우리는 셀 수 없이 많은 어둡고 고통스러운 날들을 겪어야 할 것이고, 많은 사람이 어둠 속으로 이끌릴 것이다. 이것은 참으로 눈먼 이가 눈먼 이를 인도하는 것이다. 그럴 때 하나님은 얼마나 큰 손실을 겪게 되실지 모른다. 그러므로 하나님은 우선 그분이 먼저 쓰시는 사람들에게 철저히 일하시고, 그런 다음 그들을 우리에게 권위로 주셔서 우리가 복종을 배우도록 하신다. 그럴 때 우리는 전에 결코 얻을 수 없었던 풍성을 얻게 된다. 이제 그들의 풍성이 우리의 풍성이 된다. 만일 우리가 이것을 소홀히 한다면, 오십 년이 지난 후에도 우리는 그들이 배운 것에 이르지 못할 수 있다.

하나님께서 우리에게 주신 은혜에는 두 가지가 있다. 한편으로 은혜는 우리에게 직접 주어진다. 그러나 이런 경우는 그리 많지 않다. 다른 한편으로 간접적인 풍성이 있다. 하나님은 교회 안에서 우리에게 권위가 되는 형제자매들을 우리 앞에 두시어 그들의 안목이 우리의 안목이 되게 하심으로, 우리가 그들이 겪은 고통을 거치지 않고도 그들의 풍성을 얻을 수 있게 하신다. 교회 안에는 하나님께서 우리에게는 주시지 않고, 다른 사람에게만 주시는 은혜가 많다. 모든 별은 각각 자기의 영광을 가지고 있다. 그러므로 권위는 교회의 풍성이다. 개개인의 풍성은 다른 사람들을 위한 풍성이다. 거역은 빈곤으로 가는 길이다. 권위를 거절하는 것은 은혜와 풍성을 얻는 길을 거절하는 것이다.

대표 기능은 대표 권위임

어느 누구도 주님의 권위에 복종하지 않겠다고 감히 말하지 않을 것이다. 그러나 우리는 동역하는 가운데 지체들의 권위에도 반드시 복종해야 한다. 우리는 모든 지체들이 함께 연결되어 있다는 것을 깨달아야 한다. 우리가 다른 지체들에게서 도움을 받지 않는다면, 우리는 거역적인 것이다. 때때로 주님은 어떤 지체를 직접 사용하신다. 다른 때에는 한 지체를 사용하셔서 다른 지체에게 공급하게 하신다. 머리가 눈에게 보라고 지시할 때, 온몸은 눈이 보는 것을 자신이 보는 것으로 여긴다. 왜냐하면 눈이 보는 것이 온몸이 보는 것이기 때문이다. 이 대표 기능, 곧 대표 권위는 머리의 권위이다. 눈이 아닌 어떤 지체들이 자신도 볼 수 있다고 생각하는 것은 거역이다. 우리는 결코 자신이 전능하다고 생각할 정도로 어리석어서는 안 된다.

우리는 우리가 단지 지체들에 불과하고, 다른 지체들의 기능을 받아들일 필요가 있다는 것을 영원히 잊지 말아야 한다. 우리가 보는 기능을 가진 눈의 권위에 복종한다면, 머리와 아무런 장애가 없게 된다. 왜냐하면 권위 안에 공급이 있기 때문이다. 누군가에게 은사가 있다면 그에게 사역이 있는 것이고, 그에게 사역이 있다면 그가 권위인 것이다. 눈이 아니면 볼 수 없기 때문에, 우리가 볼 수 있으려면 눈의 권위에 복종하고 그 공급을 받아들이지 않으면 안 된다. 하나님께서 안배하신 사역이 권위이므로, 사람들은 이 사역을 받아들이지 않으면 안 된다. 사람은 누구나 하나님의 직접적인 권위를 받기를 원한다. 그러나 하나님은 우리가 영적인 공급을 받을 수 있도록 간접적인 권위(권위를 대표하는 사람)에 복종하기를 원하신다.

생명이 있으면 복종은 어렵지 않음

믿지 않는 이들과 이스라엘 백성에게 복종은 어려운 일이다. 왜냐하면 생명의 관계가 없기 때문이다. 그러나 우리는 서로 생명의 관계를 갖고 있기 때문에 복종하지 않는 것이 오히려 어렵다. 왜냐하면 우리가 내적으로 하나이고 같은 생명과 같은 성령을 가졌기 때문이다. 성령은 모든 것을 다스리신다. 서로 복종하는 것은 기쁜 일이며 일생 동안 안식으로 이끈다. 우리가 모든 짐을 스스로 짊어진다면 그것은 힘든 일이 되지만, 각 지체에게 분담한다면 그것은 편안한 일이 될 것이다. 주님의 제한을 받을 줄 안다면, 우리는 참으로 안식할 것이다. 그러므로 지체들의 권위에 복종하는 것은 큰 해방이다. 복종하지 않으면 우리는 다른 사람의 위치에 서게 되고 스스로 큰 짐을 짊어지게 된다. 그러므로 우리에게는 복종하는 것이 자연스럽고 복종하지 않는 것이 어색하다. 왜 우리가 서로를 헐뜯어야 하는가? 왜 우리가 서로를 비판해야 하는가? 우리에게는 이러한 것들이 어색한 일이어야 한다.

주님은 우리에게 가정과 세상에서뿐 아니라 몸인 교회 안에서도 복종을 가르치신다. 만일 몸 안에서 복종을 잘 배운다면, 우리는 다른 곳에서도 자연히 잘 배우게 될 것이다. 교회는 복종을 배우는 것을 시작할 수 있는 유일한 곳이다. 그러므로 교회는 복종을 시험하는 장소이자 온전하게 하는 장소이다. 여기서 잘 배우지 못한다면, 다른 곳에서 어떤 일을 해도 성공하지 못할 것이다. 만일 교회 안에서 복종을 잘 배운다면, 왕국의 문제가 해결되고 세상의 문제도 해결되며 우주의 문제도 해결될 것이다.

과거에 권위는 우리에게 너무 객관적이었고, 복종 역시 객관적이었다. 우리는 주관적인 몸에 외적인 복종을 적용하려고 했다. 오늘날 권위는 생명의 문제, 곧 내적인 문제가 되었다. 그리스도의 몸 안에서 권위와 복종은 비로소 한 몸 안에 있게 되었고, 둘 다 주관적이고 살아 있게 되었으며, 하나로 연합되었다. 이것이 하나님의 권위의 가장 높은 표현이다. 권위와 복종은 한 몸 안에 있으며, 가장 높은 정점에 이르는 중이다. 우리 모두가 이곳에서 온전하게 되기를 바란다. 이 문제에서 온전하게 되지 못한다면, 우리는 전진할 길이 없게 된다. 권위를 만나는 곳은 바로 몸 안에서이다. 권위의 근원이신 머리께서 교회 안에 계신다. 교회 안에는 또한 권위를 대표하는 사람들과 권위에 복종하는 사람들이 있어서 서로 공급하며, 각자의 분량에 따라 지체로서 기능을 발휘한다. 우리가 여기서 권위를 만나지 못한다면 다른 곳에서도 길이 없다.

제9장
사람의 거역의 표현들 (1)

사람의 거역은 실지적으로 어디에서 표현되는가? 첫째는 말에서, 둘째는 이유에서, 셋째는 생각에서 표현된다. 그러므로 우리가 거역에서 구출되려면 반드시 이 세 가지를 처리해야 한다. 그러지 않으면 거역을 참되게 처리하기가 어렵다.

I. 말

성경:

벧후 2:10-12 특별히 더러운 정욕에 빠져 육체를 따라 살고 지배 권위를 무시하는 이들을 그렇게 하십니다. 그들은 대담하고 방자하여, 위엄 있는 이들을 욕하면서 떨지도 않습니다. 천사들은 더 큰 힘과 능력을 가지고 있으면서도, 주님 앞에서 그들을 거슬러 비방하는 판단의 말을 하지 않습니다. 그러나 이 사람들은 마치 잡혀서 멸망당하기 위해 태어난 이성 없는 짐승과 같이, 알지도 못하는 일들을 비방하고 다른 사람들을 부패하게 하다가 멸망당할 것입니다.

엡 5:6 아무도 여러분을 헛된 말로 속이지 못하게 하십시오. 이런 것들 때문에 하나님의 진노가 불순종의 아들들에게 내리는 것입니다.

유 8-10 그런데도 이 꿈꾸는 사람들은 여전히 마찬가지로 육체를 더럽히고 지배 권위를 무시하고 위엄 있는 이들을 욕합니다. 그러나 천사장 미가엘은 모세의 시체에 관하여 마귀와 다투며 논쟁할 때, 감히 그를 거슬러 모욕하는 심판을 내리지 않고 다만 "주님께서 그대를 꾸짖으실 것입니다."라고 말하였습니다. 그런데 이 사람들은 자기들이 알지 못하는 것들을 욕하며, 이성 없는 짐승들처럼 본능적으로만 아는데, 이 일로 말미암아 그들이 썩어 없어져 가고 있습니다.

마 12:34 독사의 자손들이여, 여러분이 악한데 어떻게 선한 것을 말할 수 있겠습니까? 왜냐하면 마음에 가득한 것을 입으로 말하기 때문입니다.

말은 마음의 출구임

어떤 사람이 거역적이라면, 그의 말은 틀림없이 거역을 나타낼 것이며, 조만간 그의 입에서 거역하는 말이 나오기 마련이다. 그것은 사람이 마음에 가득한 것을 입으로 말하기 때문이다. 사람이 권위를 알려면, 반드시 먼저 권위를 만나야 한다. 사람이 권위를 만나지 못하면, 결코 복종할 수 없다. 단지 복종에 관한 메시지를 듣는 것으로는 소용이 없다. 한번 하나님을 만날 때, 비로소 하나님의 권위의 기초가 그에게 세워진다. 그러면 그가 말을 할 때, 권위에 불순종하는 말을 한마디 하거나 심지어 그런 말을 하려는 생각만 해도, 그것이 틀린 것이고 선을 넘는 것임을 느끼며 스스로 내적으로 제지를 받게 된다. 어떤 사람이 함부로 거역의 말을 하고도 속에서 제지가 없다면, 이 사람은 권위를 만나지 못한 사람이다. 사람이 거역적인 말을 하는 것이 거역적인 일을 하는 것보다 훨씬 쉽다.

가장 제어하기 어려운 것이 바로 혀이다. 그러므로 사람이 권위를 거스를 때, 즉시 혀가 그것을 나타낸다. 아마 어떤 사람은 사람 앞에서는 좋게 말하지만, 뒤에서는 비방하는 말을 할지도 모른다. 또한 사람 앞에서는 아무 말도 하지 않지만, 뒤에서는 즉시 입을 열어 말을 할지도 모른다. 이렇듯 입은 거역하는 데 쉽게 사용될 수 있다. 오늘날 세상에 있는 사람들은 거역적이다. 기껏해야 사람 앞에서 입에 발린 말을 하고 복종할 뿐이다. 그러나 교회 안에서 복종은 사람 앞에서 하는 것이어서는 안 되며 마음에서부터 나온 것이어야 한다. 어떤 사람이 마음에서부터 복종하는지를 알고자 한다면, 그가 입으로 복종하는지를 보아야 한다. 하나님은 우리에게서 마음의 복종을 요구하신다. 우리는 반드시 하나님의 권위를 만나야 한다. 그러지 않으면 조만간 문제가 터질 것이다.

하와가 하나님의 말씀에
임의로 자신의 말을 추가함

창세기 3장에서 하와가 유혹을 받을 때, 그녀는 "만져서도 안 된다."(3절)라는 말을 추가했다. 우리는 이 일이 얼마나 엄중한지를 깨달아야 한다. 우리가 하나님의 권위를 안다면 감히 말을 추가하지 못할 것이다. 하나님의 말씀은 매우 분명하다. "동산에 있는 모든 나무의 열매는 마음대로 먹어도 된다. 그러나 선과 악의 지식나무의 열매는 먹어서는 안 된다. 그것을 먹는 날에는 반드시 죽을 것이다."(창 2:16-17) 하나님은 "만져서도 안 된다."라고 말씀하지 않으셨다. 이것은 하와가 추가한 말이다. 임의로 하나님의 말씀을 바꾸거나 추가하거나 빼는 것은 그가 아직 권위를 만나지 못했음을 증명한다. 이런 사람은 분명히 거역적이고 배우지 못한 사람이다. 정부가 어떤 사람을 어느 곳에 대표로 보내어 어떤 말을 전하게 했다고 하자. 그러면 그는 전해야 할 말을 명심하고, 감히 어떤 말도 임의로 추가해서는 안 된다. 하와는 매일 하나님을 보았지만 권위를 알지 못했기 때문에, 임의로 몇 마디를 더하든 빼든 별 상관이 없다고 생각했을 것이다. 주인을 섬기는 하인도 임의로 주인의 말에 무엇을 더하거나 뺄 수 없는데, 하물며 하나님을 섬기는 우리는 어떠하겠는가? 그러므로 어떤 사람이 임의로 말한다면, 이는 그가 거역적인 사람임을 증명하는 것이다.

함이 아버지의 실패를 폭로함

이번에는 노아의 아들인 함의 행동을 보기로 하자. 그는 아버지가 벌거벗은 것을 보고 셈과 야벳에게 가서 알려 주었다(창 9:20-22). 마음속으로 복종하지 않는 사람은 언제나 권위가 실패하기를 바란다. 함이 기회를 틈타서 아버지의 잘못을 드러낸 것은 그가 아버지의 권위에 복종하지 않았다는 것을 증명한다. 평상시에는 거역을 억누르고 억지로 복종하다가 이제 아버지의 잘못을 발견하자마자 그것을 두 형제에게 폭로했다. 많은 형제들이 다른 이들을 비판하고 남의 잘못을 폭로하기를 좋아하는 것은 사랑이 없기 때문이다(고전 13:4-5). 여기서 함은 사랑이 없을 뿐 아니라 복종도 없었다. 이것은 그가 거역적임을 나타내는 것이다.

미리암과 아론이 모세를 비방함

민수기 12장에서 미리암과 아론은 모세에 대해 비방할 때 가정 문제를 주님의 일에 끌어들였다. 하나님의 부름에 있어서, 모세는 다른 사람과 구별되었다. 그리고 미리암과 아론은 단지 그의 조력자로 부름받았다. 이것은 하나님께서 정하신 것이다. 미리암과 아론의 불순종은 말을 통해 표현되었다. 만일 우리가 권위를 안다면, 우리의 입이 닫힐 것이고 많은 문제가 발생하지 않게 될 것이다. 권위를 만나면 일상적으로 발생하는 많은 문제가 사라지게 된다. 미리암의 말은 그렇게 지나친 말로 보이지 않는다. 그녀는 단지 "여호와께서 참으로 모세를 통해서만 말씀하셨느냐? 우리를 통해서도 말씀하지 않으셨느냐?"(2절)라고 말했을 뿐이다. 그러나 하나님은 그 말을 비방이라고 하셨다. 빙산의 십분의 일이 밖으로 드러나 있고 나머지 십분의 구가 물속에 감추어져 있듯이, 아마도 그들에게는 하지 않은 말이 많았을 것이다. 사람 속에 거역의 영이 있다면, 그가 아무리 좋은 말을 많이 하더라도 하나님은 그것을 아신다. 거역은 말에서 표현된다. 거역적인 말은 심하든 심하지 않든 모두 거역이다.

고라의 무리가 모세를 공격함

민수기 16장에 나오는 고라의 무리와 이백오십 명의 인도자들의 반역은 더욱더 말을 통해 표현되었다. 그들은 마음속에 있는 것은 무엇이든 다 말했고, 심지어 모세를 공개적으로 비방했다. 미리암도 비방을 하기는 했지만 스스로를 어느 정도 제한했기 때문에 회복될 수 있었다. 그러나 여기서 고라의 무리는 어떤 제한도 없이 홍수가 범람하듯이 모든 것을 완전히 토해 냈다. 거역이나 반역에도 정도의 차이가 있다. 만일 어떤 사람에게 수치심이 있다면, 거역이나 반역에도 회복될 수 있는 길이 있다. 그러나 모든 제한을 벗어던지고 완전히 풀어진 사람들에게는 음부의 문이 열리게 되고, 음부가 그들을 삼켜 버릴 것이다. 비방을 했을 뿐 아니라 정면으로 공격한 그들의 반역은 모세가 땅에 엎드릴 정도로 심각했다. 그들은 이렇게 말했다. "그대들은 너무 분수에 지나치오. 어찌하여 그대들은 여호와의 회중보다 스스로를 높이는 것이오? 우리는 여호와의 회중만 인정하오. 온 회중이 각자 다 거룩하기 때문이오. 우리는 그대들의 권위를 인정하지 않소. 그대들은 너무 분수에 지나치오." 이러한 말은 얼마나 심각한지! 여기서 우리는 하나님의 직접적인 권위의 말만 듣고 권위를 대표하는 사람의 말을 듣지 않는 것이 거역의 원칙 안에 있는 것임을 보게 된다.

어떤 사람이 권위에 복종한다면, 분명 그는 자기 입을 제어하여 함부로 말하지 않을 것이다. 사도행전 23장에서 바울이 심문을 받을 때, 사도이자 신언자였던 그는 신언자의 위치에서 대제사장 아나니아에게 "그대는 회칠한 벽입니다. 하나님께서 그대를 치실 것입니다."(3절)라고 말했다. 그러나 바울은 또 한 면으로 유대인이었기 때문에, 아나니아가 대제사장인 것을 알고는 즉시 부드러운 말로 "성경에 '너는 백성의 지도자를 비방해서는 안 된다.'라고 기록되어 있습니다."(5하절)라고 대답했다. 바울은 얼마나 그의 말에 신중했고, 또 그의 입을 엄격하게 제어했는가!

거역은 육체의 정욕을 따르는 것과 관계됨

사람의 거역은 특별히 육체의 방종과 관계가 있다. 베드로후서 2장 10절은 먼저 육체와 정욕에 대해 말하고, 그런 다음 지배 권위를 무시하는 이들에 대해 말한다. 지배 권위를 무시하는 것은 비방, 곧 거역의 말에서 표현된다.

어떤 부류의 사람은 자신과 같은 부류의 사람들 사이에서 살며, 같은 부류의 사람들과 왕래한다. 거역적인 사람은 항상 육체를 따라 행하는 사람들과 함께한다. 그들은 또한 더러운 정욕에 빠져 사는 이들과 지배 권위를 무시하는 이들과 함께한다. 하나님께서 보시기에 육체를 따라 행하는 것과 더러운 정욕에 빠져 사는 것과 지배 권위를 무시하는 것은 모두 동일한 것이다. 이러한 사람은 대담하고 방자하여, 위엄 있는 이들을 비방하면서도 떨지 않는다. 그러나 하나님을 아는 사람은 두려워 떤다. 입에는 비방하는 말을 하고 싶어 하는 정욕이 있다. 만일 우리가 하나님을 안다면, 하나님께서 이것을 얼마나 미워하시는지를 깨닫게 되어 회개하고 뉘우칠 것이다. 천사들은 한때 지배 권위를 가진 이들 아래 있었다. 이러한 이유로 천사들은 감히 악한 말로 그들을 비방하지 않는다. 천사들은 감히 자신의 위치를 떠나서, 자신의 위치를 떠난 불법의 영을 처리하지 않는다. 그러므로 우리가 하나님 앞에 산다면, 말로 다른 이들을 비방해서는 안 된다. 우리는 심지어 기도하는 가운데서도 비방의 말을 할 가능성이 있다는 것에 주의를 기울여야 한다. 다윗이 사울을 기름부음 받은 사람이라고 말할 수 있었던 것은 그가 올바른 위치를 지킨 사람이었음을 증명한다. 사탄의 능력은 불법, 즉 자신의 위치를 넘어섬으로 세워진 것이지만, 천사들은 자신의 위치를 넘어서지 않았다. 베드로는 이 일을 본보기로 삼아, 하늘의 천사들이 그러했듯이 우리도 더욱 그러해야 한다고 일러 준다.

그리스도인이 능력을 잃는 데에는 오직 두 가지 원인이 있다. 첫째는 죄이고, 둘째는 자기 위에 있는 이들을 비방하는 것이다. 한 번 비방할 때, 한 번 능력을 잃게 된다. 사람이 마음속으로만 거스르고 입으로 말하지 않았다면, 그리 많이 능력을 잃지 않을 것이다. 비방하는 말의 결과는 우리가 상상하는 것보다 훨씬 더 심각하다.

하나님께서 보시기에 사람의 생각과 행위는 동일한 것이다. 죄악된 생각만 해도 죄를 지은 것이다. 그러나 다른 면에서 마태복음 12장 34절부터 37절까지에서는 마음에 가득한 것을 입으로 말하며, 심판 날에 우리가 한 말로 의롭다는 판결을 받고 우리가 한 말로 죄 있다는 판결을 받게 된다고 말한다. 이것은 말을 하는 것과 생각하는 것에 차이가 있음을 보여 준다. 말을 하지 않았다면 덮을 수 있겠지만, 일단 말을 해 버리면 모든 것이 드러나게 된다. 그러므로 마음으로 복종하지 않는 것은 공개적으로 말한 것보다 조금 낫다. 오늘날 그리스도인의 능력은 행위를 통해 새어 나가는 것보다 입을 통해 새어 나가는 것이 더 많다. 사실 입을 통해 더 많은 능력이 새어 나간다. 거역적인 모든 사람은 다 말에 문제가 있는 사람이다. 그러므로 말에서 자신을 제어할 수 없다면 어떤 일에서도 자신을 제어할 수 없다.

하나님은 가장 엄중한 말씀으로 거역한 사람들을 책망하심

베드로후서 2장 12절을 다시 보기로 하자. "그러나 이 사람들은 마치 잡혀서 멸망당하기 위해 태어난 이성 없는 짐승과 같이, 알지도 못하는 일들을 비방하고 다른 사람들을 부패하게 하다가 멸망당할 것입니다." 이것은 성경에서 가장 엄중한 말씀이다. 이보다 더 엄중하게 책망한 곳이 없다. 왜 짐승과 같다고 책망했는가? 그것은 이성이 없기 때문이다. 권위는 성경 전체에서 가장 중심적인 항목이기 때문에, 하나님께서 보시기에 비방은 가장 심각한 죄이다. 입으로 함부로 말해서는 안 된다. 일단 사람이 하나님을 만나면, 입이 제어되고 감히 위엄 있는 이들을 비방하지 않게 된다. 우리가 주님을 만나면 죄의 느낌이 있게 되듯이, 일단 권위를 만나면 속에 권위에 대한 느낌이 있게 된다.

교회 가운데서 문제는 자주 비방의 말에서 야기됨

교회의 하나와 능력은 사람의 부주의한 말로 훼손된다. 오늘날 교회 안에 있는 대부분의 문제는 비방의 말에서 기인한다. 진정한 어려움에서 비롯되는 문제는 극소수에 불과하다. 세상에서 대부분의 죄들은 거짓말에서 비롯된다. 만일 교회 안에서 비방의 말을 멈춘다면, 대부분의 문제는 사라질 것이다. 우리는 하나님 앞에서 죄들을 자백하고 주님께 용서를 구해야 한다. 비방의 말을 하나님 앞에서 철저히 끝내야 한다. 한 샘에서 두 종류의 물이 나올 수 없다. 한 입에서 사랑의 말과 비방의 말이 나올 수 없다. 하나님께서 우리 입에 파수꾼을 두시기를 구한다. 입뿐만 아니라 우리 마음에도 두시어 우리에게서 비방의 말과 생각을 제해 주시기를 구한다. 오늘 이후로 비방의 말이 영원히 우리 가운데서 사라지기를 바란다.

Ⅱ. 이유

성경:

롬 9:11-24 쌍둥이가 아직 태어나지도 않았고 또 무슨 선이나 악을 행하지도 않았는데(사람을 선택하시는 하나님의 목적이 사람의 행위에 있지 않고 부르시는 분께 있다는 것을 확고히 하시려고), 하나님께서 리브가에게 "큰 사람이 작은 사람을 섬길 것이다."라고 하셨으니, 성경에 "내가 야곱은 사랑하였고, 에서는 미워하였다." 라고 기록된 것과 같습니다. 그러면 우리가 무슨 말을 하겠습니까? 하나님께 불의가 있습니까? 절대로 그렇지 않습니다! 하나님께서 모세에게 "내가 긍휼히 여길 사람을 긍휼히 여기고, 불쌍히 여길 사람을 불쌍히 여기겠다."라고 하셨습니다. 그러므로 이것은 원하는 사람에게 속한 것도 아니고, 달음질하는 사람에게 속한 것도 아니고, 오직 긍휼히 여기시는 하나님께 속한 것입니다. 성경이 파라오에게 "내가 너를 일으켜 세운 것은 바로 이 일을 위한 것이니, 곧 너에게서 나의 능력을 나타내고 나의 이름을 온 땅에 선포하기 위한 것이다."라고 하였습니다. 그러므로 하나님은 긍휼히 여기실 사람을 긍휼히 여기시고, 고집스러워지게 하실 사람을 고집스러워지게 하십니다. 그러면 그대는 나에게 "그런데도 하나님은 왜 사람의 잘못을 나무라십니까? 누가 그분의 뜻을 거역하겠습니까?"라고 말할지 모릅니다. 그러나 그대가 누구이기에 사람으로서 감히 하나님께 말대꾸합니까? 빚어진 것이 빚은 이에게, 왜 나를 이렇게 만들었느냐고 말할 수 있겠습니까? 토기장이가 같은 진흙덩이로 하나는 귀하게 쓸 그릇을, 하나는 천하게 쓸 그릇을 만들 권위를 갖고 있지 않겠습니까? 하나님께서 그분의 진노를 나타내 보이시고 그분의 능력을 알게 하시기를 원하셨지만, 멸망받아야 마땅한 진노의 그릇들을 오래 참으시면서 너그러이 대하셨을지라도 어찌하겠습니까? 하나님께서 또 영광에 이르도록 예비하신 긍휼의 그릇들에 대하여 그분의 영광의 풍성을 알게 하고자 하셨을지라도 어찌하겠습니까? 이 그릇은 우리, 곧 그분께서 유대인들 중에서만 아니라 이방인들 중에서도 부르신 사람들입니다.

비방하는 말은 이유에서 나온 것임

사람이 권위를 거스르는 것은 말에서 나타나고, 이유에서 나타나며, 생각에서 나타난다. 어떤 사람이 권위를 모른다면 비방하는 말을 하게 마련이다. 그러나 이러한 말들은 타당한 이유에서 나온다. 사람은 자신에게 이유가 있다고 생각하기 때문에 말을 한다. 함은 노아가 벌거벗었기 때문에, 아버지를 비방할 이유가 있다고 생각했다. 미리암이 모세가 구스 여인을 취했다고 말한 것은 사실이었고, 또 비방할 이유가 된다. 그러나 권위에 복종하고 권위 아래 사는 사람은 자신의 이유에 따라 살지 않는다. 또한 고라의 무리 및 이백오십 명의 인도자들은 온 회중이 각자 다 거룩하고 여호와께서 그들 가운데 계시는데, 어찌하여 모세와 아론은 스스로를 높이느냐고 말했다. 이 사람들의 반역에도 이유가 있었다. 반역하거나 거역하는 말은 종종 타당한 이유에서 비롯된다. 다단과 아비람의 말에는 더 충분한 이유가 있었다. 그들은 모세가 그들을 젖과 꿀이 흐르는 땅으로 이끌지 않았고, 밭과 포도원을 유업으로 주지도 않았으며, 그들은 여전히 광야에 있다고 말했다. 그들은 모세가 자기들의 눈을 가리고 있다고 비난하며 "그대는 이 사람들의 눈을 뺄 셈이오?"(민 16:14)라고 말했다. 이 말은 그들의 눈이 매우 잘 볼 수 있었다는 것을 의미한다. 그들은 생각할수록 더 충분한 이유가 있었다. 이유가 있으면 계속 생각하게 된다. 또 생각할수록 이유는 더 많아진다. 세상 사람들은 다 이유를 따지며 살아간다. 우리도 이유를 따지며 산다면, 세상 사람들과 무슨 차이가 있겠는가?

주님을 따르기 위해
이유에서 구원받음

참으로 우리는 눈을 빼내 버리고 이유를 따지지 않고 주님을 따를 필요가 있다. 도대체 우리는 이유에 근거해서 생활하는가, 아니면 권위에 근거해서 생활하는가? 많은 이들이 주님의 빛 비춤을 받을 때 눈이 멀게 된다. 물론 그들에게 눈이 있지만 없는 사람이나 다름없다. 빛이 오면 모든 이유가 사라진다. 바울이 다마스쿠스로 가는 길에 큰 빛의 비춤을 받았을 때, 그는 참으로 눈이 멀어서 다시는 이유를 따지지 않게 되었다(행 9:3, 8). 모세는 눈을 빼내지 않았지만 눈이 없는 사람과 같았다. 그에게 이유가 없었던 것이 아니다. 그는 따질 만한 많은 이유가 있었다. 그러나 그는 하나님께 복종했기 때문에 모든 이유를 초월했다. 하나님의 권위에 복종하는 사람은 보이는 것에 의해 행동하지 않는다. 하나님을 섬기는 사람은 눈이 멀어서, 이유를 따지는 데서 구원받아야 한다. 마음속에서 이유를 따지는 것이 거역의 첫째 원인이다. 그러므로 우리가 이유를 철저히 처리하지 않는다면 말을 멈출 수 없다. 사람이 주님에 의해 이유에서 구원받지 못한다면, 언젠가는 그의 입에서 이유로 인한 비방의 말이 나올 것이다.

사람이 이유를 따지는 생활에서 구원받는 것은 말처럼 쉬운 일이 아니다. 본래 이성적인 존재인 우리가 어떻게 하나님과 이유를 논하지 않을 수 있겠는가? 이것은 매우 어려운 일이다. 어릴 때부터 어른이 될 때까지, 주님을 믿지 않을 때부터 지금까지 우리는 계속 이유를 말해 왔다. 우리 생활의 기본 원칙이 이유를 따지는 것인데, 어떻게 이제 와서 이유를 말하지 않을 수 있겠는가? 이것은 참으로 우리에게 육신의 생명을 죽음에 넘길 것을 요구한다. 그러므로 그리스도인은 두 부류, 곧 이유 아래 사는 부류와 권위 아래 사는 부류가 있다. 하나님의 명령이 있을 때, 우리는 즉시 복종해야 한다. 대체 우리는 어떤 부류의 사람인가? 하나님께서 명령하실 때, 고려해 본 다음에 이유가 충분하면 복종하고 충분하지 않으면 복종하지 않는가? 오, 이것은 선과 악의 지식나무의 표현이다! 선과 악의 지식나무의 열매는 우리가 자신의 일을 분별할 뿐 아니라 심지어 하나님께서 정하신 일까지도 분별하게 한다. 이 모든 것은 자신의 이유에 맞아야 하고 자신의 판단을 거쳐야 한다. 우리는 하나님을 대신하여 생각하고, 하나님을 대신하여 판단할 수 있지만, 이것은 사탄의 원칙이다. 사탄은 하나님과 같아지기를 원한다. 하나님을 아는 사람에게는 오직 복종만 있을 뿐 어떤 이유도 없다. 이 두 가지는 결코 섞일 수 없다. 사람이 복종을 배우려고 한다면 반드시 이유를 버려야 한다. 하나님의 권위에 의해 살거나 아니면 이유에 의해 살아야 한다. 두 가지를 다 선택할 수 없다. 주 예수님께서 이 땅에 사실 때, 그분은 이유를 조금도 말하지 않으셨다. 그분이 겪으신 모욕과 매 맞음과 십자가에 못 박힘에는 무슨 이유가 있었겠는가? 그럼에도 불구하고 그분은 하나님의 권위 아래 복종하셨고, 어떤 이유도 말하지 않으셨으며, 복종할 책임만을 지시고 다른 어떤 것도 요구하지 않으셨다. 권위 아래 사는 것은 얼마나 단순한지! 그러나 이유를 따지며 사는 것은 얼마나 복잡한지! 하늘의 새들과 들의 백합은 단순한 생활을 한다. 사람이 권위 아래 살수록 그의 삶은 더욱 단순해진다.

하나님은 결코 이유를 말씀하지 않으심

로마서 9장에서 바울은 유대인들에게, 하나님께서 이방인들도 선택하셨다는 것을 증명하려고 했다. 바울은 아브라함의 자손이라고 모두 선택된 것이 아니라 오직 이삭만 선택되었으며, 또한 이삭의 자손이라고 모두 선택된 것이 아니라 야곱만 선택되었다고 말한다. 모든 것이 하나님의 선택에 의한 것인데, 하나님께서 이방인들을 선택하실 수 없다는 말인가? 하나님은 긍휼히 여길 사람을 긍휼히 여기시고, 불쌍히 여길 사람을 불쌍히 여기신다. 사람의 관점에서 볼 때 하나님께서 교활한 야곱을 사랑하시고 성실한 에서를 미워하셨다고 해서, 또한 파라오를 고집스러워지게 하셨다고 해서 그분께서 불공평하시다는 말인가? 우리는 하나님께서 영광의 보좌에 앉아 계시고 사람은 그분의 권위 아래 있다는 것을 깨달아야 한다. 우리는 누구인가? 우리는 비천하고 먼지와 같은 사람인데, 어떻게 하나님과 이유를 따질 수 있겠는가?

그분은 하나님이시기 때문에 모든 것을 하실 수 있는 권위가 있으시다. 우리는 하나님을 따르면서, 하나님께서 우리의 이유를 들으시도록 할 수 없다. 우리가 그분을 섬기기 원한다면, 이유를 말하지 않아야 한다. 하나님을 만난 사람은 모두 자신의 이유를 버려야 한다. 우리는 복종의 위치에 설 수 있을 뿐이며 간섭하는 위치에 서서 하나님의 조언자가 될 수 없다. 하나님은 "내가 긍휼히 여길 사람을 긍휼히 … 여기겠다."(롬 9:15)라고 말씀하셨다. "… (하)겠다."라는 말은 얼마나 귀한지. 우리는 그분께 경배해야 한다. 하나님은 이유를 전혀 말씀하지 않으신다. 하나님께서 어떤 것을 하고자 하시면 기쁘게 그렇게 하신다. 그분은 영광의 하나님이시다. 바울은 더 나아가서 "그러므로 이것은 원하는 사람에게 속한 것도 아니고, 달음질하는 사람에게 속한 것도 아니고, 오직 긍휼히 여기시는 하나님께 속한 것입니다."(16절)라고 말한다. 하나님은 파라오에게 "내가 너를 일으켜 세운 것은 바로 이 일을 위한 것이니, 곧 너에게서 나의 능력을 나타내고 나의 이름을 온 땅에 선포하기 위한 것이다."(17절)라고 말씀하셨다. 또한 하나님은 고집스러워지게 하실 사람을 고집스러워지게 하신다고 말씀하셨다(18절). 고집스러워지게 한다는 것은 그가 죄를 짓도록 한다는 것이 아니라, 로마서 1장 26절에 기록된 것처럼 '내버려둔다'는 의미이다. 이 시점에서 바울은 사람들이 다음과 같은 이유를 말할 것이라고 예상했다. "그런데도 하나님은 왜 사람의 잘못을 나무라십니까? 누가 그분의 뜻을 거역하겠습니까?"(9:19) 이 이유는 매우 타당하다. 많은 사람이 이 말에 찬성을 표할 것이다. 바울도 이 말이 매우 일리가 있고 타당하다는 것을 알았다. 그러나 바울은 계속해서 이렇게 말한다. "그러나 그대가 누구이기에 사람으로서 감히 하나님께 말대꾸합니까? 빚어진 것이 빚은 이에게, 왜 나를 이렇게 만들었느냐고 말할 수 있겠습니까?"(20절) 바울은 이유를 반박하지 않고 오히려 "그대는 누구입니까?"라고 반문했다. 바울은 이 말이 무슨 말이냐고 묻지 않고 그대가 누구이기에 감히 하나님께 말대꾸하느냐고 물었다. 하나님께서 자신의 권위를 행사하실 때, 그분은 우리와 상의하실 필요가 없다. 그분은 우리의 동의가 필요하지 않으시다. 그분은 우리가 그분의 권위에 복종하고, "이것이 하나님께서 행하시는 일이라면 다 좋습니다."라고 말하기를 원하신다.

사람은 누구나 이유를 말하기를 좋아한다. 하지만 내가 묻겠는데, 우리가 구원받을 만한 어떤 이유가 있었는가? 아무런 이유가 없었다. 나는 원하지 않았고 달음질하지도 않았는데 구원을 받았다. 이것은 가장 이유가 없는 경우이다. 그러나 그분은 긍휼히 여길 사람을 긍휼히 여기신다. 토기장이가 진흙덩이로 귀하게 쓸 그릇이나 천하게 쓸 그릇을 만드는 것은 이유의 문제가 아니라 권위의 문제이다. 오늘날 사람들의 근본적인 문제는 그들이 여전히 선과 악의 지식나무의 원칙, 즉 이유를 말하는 원칙 아래 있다는 것이다. 만일 성경 곳곳에서 이유를 말했다면 우리도 사사건건 이유를 말해야 할 것이다. 그러나 로마서 9장에서 하나님은 하늘의 창문을 여시고 우리를 비추셨다. 여기서 그분은 우리와 이유를 논하지 않으시고 다만 "너는 누구인가?"라고 물으신다.

하나님의 영광을 볼 때
이유에서 벗어날 수 있음

사람이 비방의 말에서 벗어나기가 쉽지 않지만, 이유에서 벗어나기란 더 어렵다. 젊었을 때 나는 자주 하나님께서 불합리한 일을 행하신 것에 대해 견디지 못했다. 나중에 로마서 9장을 읽고 난 후에 나는 처음으로 하나님의 권위를 약간 만지게 되었고, 내가 누구인지를 보게 되었다. 나는 그분의 창조물이다. 나의 가장 일리 있는 말조차도 그분 앞에서는 다 말대꾸이다. 만물 위에 계신 하나님은 사람이 가까이하지 못할 영광 안에 계신다. 우리가 그분의 영광을 천분의 일만 보아도, 우리는 엎드러지게 될 것이고 이유를 모두 내려놓게 될 것이다. 그분에게서 멀리 떨어져 있는 사람만이 오만하고, 어둠 안에 사는 사람만이 이유를 따진다. 자기가 불붙인 횃불의 불빛으로 자기 자신을 볼 수 있는 사람은 이 세상에 아무도 없다(사 50:11). 오직 주님께서 우리에게 빛을 조금 비추시고 그분의 영광을 조금 보여 주실 때, 우리는 사도 요한과 같이 죽은 사람처럼 엎드러지게 될 것이다(계 1:16-17).

하나님께서 우리를 긍휼히 여기시어 우리가 얼마나 비천하고 무가치한 사람인지를 보여 주시기 바란다. 우리가 그러한 사람인데, 어떻게 감히 하나님께 말대꾸할 수 있겠는가? 스바 여왕이 솔로몬왕을 만나러 왔을 때, 솔로몬이 그의 영광을 조금밖에 보여 주지 않았는데도 그녀는 얼이 나갔다(왕상 10:4-5). 여기에 솔로몬보다 더 큰 이가 계신다(마 12:42). 어떻게 내가 나의 작은 이유를 계속 고집할 수 있겠는가? 아담은 선과 악의 지식나무의 열매를 먹어 죄를 지었다. 그때부터 이유가 사람의 존재 안에 뿌리내리게 되었다. 그러나 일단 주님께서 그분의 영광을 우리에게 계시하시면, 우리는 자신이 죽은 개에 불과하고 진흙덩이에 불과함을 보게 된다. 우리의 모든 이유는 그분의 영광 안에서 소멸된다. 어떤 사람이 영광 안에 살수록, 그는 이유를 말하지 않게 된다. 이유를 많이 말하는 사람은 영광을 본 적이 없는 사람이다.

최근 몇 년 동안 나는 한 가지 공과를 배우게 되었는데, 그것은 하나님은 결코 이유에 따라 일하지 않으신다는 것이다. 비록 내가 그분께서 하시는 일을 이해하지 못하더라도, 나는 그분의 종이기 때문에 여전히 그분께 경배해야 한다. 만일 내가 그분께서 하시는 일을 다 알고 분명히 이해한다면, 나는 보좌에 앉을 자격이 있는 사람일 것이다. 그러나 내가 그분께서 내 위에 계시고 오직 그분만이 지극히 높으신 하나님이심을 본다면, 나는 잿더미 속에 엎드러질 것이고 나의 모든 이유는 사라질 것이다. 그날부터 이유와 시비는 사실이 아니고 오직 권위만이 사실임을 시인할 것이다. 하나님을 아는 사람은 분명히 자신을 안다. 자신을 아는 순간 모든 이유는 사라진다.

하나님을 아는 길은 복종이다. 이유를 따지며 사는 사람은 모두 하나님을 알지 못하는 사람이다. 기꺼이 권위에 복종하는 사람만이 참으로 하나님을 알 수 있다. 아담에게서 물려받은 선과 악에 대한 모든 지식은 다 제거되어야 한다. 그러면 복종이 매우 쉬워질 것이다.

"나는 여호와다."가 곧 이유임

레위기 18장부터 22장까지에서 하나님은 이스라엘 백성에게 어떻게 행할 것을 분부하실 때마다, 명령들 사이에 "나는 여호와다."라는 말씀을 삽입하셨다. 거기에는 심지어 '왜냐하면'이라는 단어조차도 없다. 그분께서 그렇게 말씀하신 이유는 그분께서 여호와이시기 때문이며, 다른 이유가 필요하지 않다. "나는 여호와다."가 곧 이유이다. 우리가 이것을 보았다면 오늘 이후로 우리는 이유에 의해 살지 않을 것이다. 우리는 하나님께 "전에 저는 생각과 이유에 따라 살았지만, 이제는 엎드려 당신께 경배합니다. 당신께서 행하신 일이라면 그것으로 충분합니다."라고 말씀드려야 한다. 바울이 다마스쿠스로 가는 길에서 엎어진 후, 그는 모든 이유를 던져 버렸다. 빛이 비칠 때 사람은 엎어진다. 바울의 첫마디는 "주님, 어떻게 해야 합니까?”(행 22:10상)였다. 그는 즉시 순종했다. 하나님을 아는 사람은 모두 이유를 말하지 않는다. 참으로 빛의 심판을 받으면 이유는 사라진다.

사람이 하나님과 이유를 논한다는 것은 하나님께서 일하시려면 그의 동의가 필요하다고 말하는 것과 같다. 이것은 가장 어리석은 사람이 하는 행동이다. 하나님은 그분께서 하시는 모든 일에 대해 우리에게 이유를 말씀하실 필요가 없다. 하나님의 길은 우리의 길보다 훨씬 뛰어나다. 만일 우리가 하나님을 이유를 논하는 수준으로 끌어내린다면, 우리에게는 더 이상 하나님이 없게 되는데, 그것은 그분께서 우리와 다를 바가 없게 되시기 때문이다. 우리가 이유를 따진다면, 거기에는 더 이상 경배가 없는 것이다. 복종이 없어질 때 경배도 없어진다. 이렇게 되면, 자아가 하나님의 심판관이 되고 심지어 하나님이 된다. 그러면 진흙덩이와 토기장이 사이에 어떤 차이가 있겠는가? 토기장이가 그릇을 만들 때, 진흙덩이의 동의가 필요한가? 하나님의 영광이 우리에게 나타나 우리의 모든 이유가 끝나기를 바란다.

제10장
사람의 거역의 표현들 (2)

Ⅲ. 생각

성경:

고후 10:4-6 우리가 싸우는 데 쓰는 무기는 육체에 속한 것이 아니라 하나님께 속한 능력인데, 그것은 견고한 요새들을 무너뜨리고, 모든 이론을 무너뜨리고, 하나님을 아는 지식을 대적하여 일어나는 모든 높아진 것을 무너뜨리며, 각종 사상을 사로잡아 와서 그리스도께 순종하게 합니다. 또한 우리는 여러분의 순종이 온전히 이루어질 때에 모든 불순종을 처벌할 준비가 되어 있습니다.

이유와 생각과의 관계

사람의 거역은 말과 이유에서 나타날 뿐 아니라 생각에서도 나타난다. 사람이 거역적인 말을 하는 이유는 거역할 만한 이유가 있기 때문이다. 이 이유는 생각 안에서 표현된다. 따라서 생각이 사람의 거역의 중심이다.

고린도후서 10장 4절부터 6절까지는 성경에서 가장 중요한 단락 중 하나이다. 그것은 이 절들이 사람의 어떤 부분이 그리스도께 순종해야 하는지를 가리키기 때문이다. 5절은 생각 안에 있는 각종 사상을 사로잡아 와서 그리스도께 순종하게 한다고 말한다. 사람의 거역은 생각의 거역이다. 바울은 견고한 요새들인 사람의 모든 이론과 하나님을 아는 지식을 대적하여 일어나는 모든 높아진 것을 무너뜨려야 한다고 말한다. '이론'의 원문의 의미는 이유이다. 사람들은 이유라는 요새를 세우고 그 속에 사상을 감추어 놓는다. 그러므로 이유는 무너뜨려야 하고, 생각 안에 있는 사상은 사로잡아야 한다. 이유는 내버려야 하고 생각 안에 있는 사상은 되돌려야 한다. 오늘날 사람들은 이유를 요새로 삼아 사상을 그 속에 가두어 놓기 때문에, 영적 전쟁은 먼저 요새를 무너뜨리고 그다음에 생각 안에 있는 사상을 사로잡는 것이다. 사람의 이유를 무너뜨리지 않고서는 생각 안에 있는 사상을 하나님께 복종하게 하는 것은 불가능한 일이다.

이유를 말할 때, 사람은 하나님을 알 수 없다. '높아진 것'의 원문의 뜻은 '높은 건축물'이다. 하나님께서 보시기에 사람의 이유는 사람이 하나님을 알지 못하도록 하는 높은 건축물이자 큰 장애물이다. 사람이 일단 이유를 따지게 되면, 그의 생각은 이유에 포위되어 더 이상 하나님께 복종할 수 없게 된다. 왜냐하면 복종은 생각의 문제이기 때문이다. 이유가 드러나면 말이 되고, 이유가 감추어지면 생각을 포위하여 복종이 불가능해진다. 여기서 바울은 이유를 따짐으로 이유를 처리하지 않았다. 그는 사람의 이유가 너무 심각하기 때문에 전쟁이 아니고서는 결코 사람의 이유를 처리할 수 없다고 말한다. 이유는 오직 영적인 무기인 하나님의 능력으로만 처리할 수 있다. 이것은 하나님과 우리 사이의 싸움이며, 이 싸움에서 우리는 하나님의 대적이다. 이유를 따지는 사람의 생각은 선과 악의 지식나무로부터 유전된 것이다. 이 생각이 하나님께 얼마나 큰 어려움을 주는지 모른다. 사탄은 각종 이유로 우리를 묶어서 이유라는 감옥에 가둔다. 그리하여 우리가 하나님께 얻어질 수 없게 하며, 그 결과 하나님의 원수가 되게 한다.

창세기 3장은 고린도후서 10장의 해석이다. 사탄은 하와와 이유를 따졌다. 하와도 그 나무의 열매가 먹기에 좋다는 것을 보고 이유를 따졌다. 그녀는 이유가 있었기 때문에 하나님의 말씀에 불순종했다. 일단 이유가 들어오면 사람의 생각은 이유 안에 빠지게 된다. 이유와 생각은 연결되어 있으며, 이유는 생각을 삼켜 버린다. 일단 생각이 사로잡히게 되면, 사람은 더 이상 그리스도께 복종할 수 없다. 우리가 하나님께 복종하기 원한다면, 반드시 하나님의 권위를 만져야 하고, 모든 이유의 견고한 요새를 무너뜨려야 한다.

생각 안에 있는 사상을 사로잡음

사상이라는 단어는 헬라어로 '노에마(noema)'이다. 이 단어는 신약의 빌립보서 4장 7절, 고린도후서 2장 11절, 3장 14절, 4장 4절, 10장 5절, 11장 3절에서 여섯 번 사용되었다. 그 정확한 의미는 '마음의 제안'이다. 마음은 기관이고, 제안은 마음의 활동이다. 제안은 사람의 생각의 산물이다. 사람은 자유롭게 제안하고 주장함으로 자신을 내세운다. 이러한 자유를 계속 유지하려면, 사람은 그의 모든 제안이 좋고 올바르다는 것을 입증해야 한다. 그의 제안은 논쟁의 여지가 없어야 한다. 그러므로 그는 많은 이유로 그의 제안을 둘러싼다. 사람이 주님을 믿기를 거절하는 것은 보통 견고한 요새처럼 자신을 둘러싸고 있는 한두 가지 이유 때문이다. 예를 들면, 어떤 사람은 늙으면 믿겠다고 말하고, 어떤 사람은 많은 그리스도인들의 행실이 좋지 않아 믿지 않겠다고 말하며, 어떤 사람은 부모님이 돌아가신 후에 믿겠다고 말한다. 또한 그리스도인들이 주님을 사랑하지 않는 데에도 많은 이유가 있다. 예를 들어, 학생은 학업에 바빠서, 사업가는 사업에 바쁘거나 몸이 좋지 않아서라고 말한다. 하나님께서 이 요새들을 무너뜨리지 않으시면, 사람은 결코 여기에서 해방될 수 없을 것이다. 사탄이 많은 이유를 사람을 가두는 요새로 사용하기 때문에, 사람 주위에는 여러 이유가 요새로 둘러싸고 있다. 사람은 결코 자기 스스로 이것을 무너뜨려서 여기서 자유롭게 될 수 없다. 하나님의 권위가 생각 안에 있는 각종 사상을 사로잡아 그것들을 하나님의 노예로 만들어야 사람은 비로소 그리스도께 순종할 수 있다.

사람이 권위를 알려면, 그는 반드시 먼저 이유를 무너뜨려야 한다. 사람이 로마서 9장에 제시된 대로 하나님을 볼 수 있을 때, 비로소 모든 이유가 산산이 부서진다. 사탄의 요새가 무너질 때 이유는 사라지고, 각종 사상은 사로잡혀 그리스도께 순종하게 된다. 사람이 말에 있어서 권위를 만나는 것과 모든 이유를 제해 버리는 것만으로는 부족하다. 반드시 사람의 생각이 사로잡혀 그리스도께 순종해야 한다. 오직 사람의 생각이 사로잡힐 때에만 사람은 비로소 그리스도께 참되게 순종할 수 있다.

사람이 권위를 만났는지를 분별하려면, 그의 말과 이유와 의견이 다룸을 받았는지를 보면 된다. 권위를 만난 사람은 감히 멋대로 말하지 않고, 이유를 달지 않으며, 더 나아가 의견을 내세우지 않는다. 일반적으로 사람은 누구나 의견들을 가지고 있다. 그는 외적인 많은 이유를 요새로 삼아 그의 의견과 주장을 보호한다. 언젠가 하나님의 권위가 사탄이 이유로 말미암아 세운 많은 요새를 무너뜨릴 때, 사람은 비로소 생각이 그리스도께 사로잡혀서 자신의 의견을 내려놓고 기꺼이 그리스도께 순종하는 하나님의 노예가 된다. 그때에야 비로소 철저한 구원이 있게 된다.

권위를 만나지 못한 사람은 항상 하나님의 조언자가 되기를 원한다. 이런 사람은 생각이 아직 하나님께 사로잡히지 않았기 때문에, 그가 어떤 지방에 가게 되면 가장 먼저 '개선'하려는 생각을 갖는다. 생각이 아직 다룸을 받지 않은 사람에게는 많은 이유가 있을 뿐 이유가 무너지는 것은 볼 수 없다. 그러므로 우리의 생각은 하나님께 사로잡힐 때까지 깊게 다루어져야 한다. 그래야만 우리는 하나님의 권위를 보게 되고, 이유 안에 숨어서 함부로 의견을 내지 않게 된다.

이 세상에는 모든 것을 아는 두 존재가 있다. 한 분은 하나님이시고, 다른 하나는 나 자신이다. 자신이 조언자로서 모든 것을 안다고 생각하는 사람은 그의 생각이 아직 사로잡히지 않았고 아직 권위를 모른다는 것을 분명히 보여 준다. 참으로 하나님의 권위에 의해 이유의 요새가 무너뜨려진 사람은 하나님께 사로잡힌 생각을 갖게 된다. 이런 사람은 그리스도께 순종하고 의견을 내세우지 않으며, 의견을 내세우는 데 관심이 없다. 그의 생각은 말씀을 듣기 원하는 하나님의 노예가 되고, 그는 자유를 잃은 사람이 된다(천연적인 자유는 사탄이 사로잡는 대상이므로, 이러한 자유는 잃어버려야 한다). 사람의 생각은 오직 두 방면에서 사용될 수 있다. 하나는 이유에 의해 지배받는 것이고, 다른 하나는 그리스도의 권위에 의해 지배받는 것이다. 사실 이 세상에는 선택의 자유를 가진 사람이 하나도 없다. 모든 사람은 이유에 사로잡히거나 주님께 사로잡힌다. 모든 사람은 사탄의 노예가 되거나 하나님의 노예가 된다.

어떤 형제가 권위를 만났는지를 알려면, 첫째로 그에게 거역적인 말이 있는지를 보아야 하고, 둘째로 하나님 앞에서 이유를 말하는지를 보아야 하며, 셋째로 의견을 내세우는지를 보아야 한다. 우리는 반드시 주님 앞에서 이유가 무너뜨려지는 것을 주의해야 하지만, 이것은 단지 부정적인 방면에 불과하다. 이유가 무너뜨려질 때 사람의 생각은 사로잡혀 그리스도께 순종하게 되며, 또한 생각은 더 이상 스스로 의견을 내세우지 않게 된다. 본래 나는 자신의 의견에 근거하여 많은 이유를 말하는 사람이었지만, 이제는 모든 이유가 사라져 버렸다. 누가 나를 사로잡아 가든, 나는 다만 순종할 뿐이다. 포로는 자유가 없고 의견을 내세워도 소용이 없다. 포로는 자신의 의견을 말하지 못하며, 다만 다른 사람의 의견을 수용할 따름이다. 우리가 주님께 사로잡혔을 때에도 마찬가지이다. 우리는 더 이상 주장이나 의견을 내세우지 않는다. 그 대신 하나님의 의견만을 받아들인다.

자신의 의견을 고집하는 이들에 대한 경고

(1) 바울 — 바울은 본래 총명하고 유능하며 지혜롭고 이성적인 사람이었다. 그는 자신의 일에 대한 확신과 역량이 있었으므로 열정적으로 하나님을 섬겼다. 그가 그리스도인들을 체포하기 위해 한 무리를 이끌고 다마스쿠스로 갈 때, 갑자기 큰 빛을 만나 땅에 엎어졌다. 그 순간 그의 모든 의견과 방법이 사라졌고, 그의 모든 능력이 산산조각 났다. 그는 다소로도, 예루살렘으로도 돌아가지 않았다. 그는 다마스쿠스에 가서 하려고 했던 일들을 다 던져 버렸을 뿐 아니라, 모든 이유까지도 다 던져 버렸다. 많은 사람은 어려움에 부딪힐 때 방향을 바꾼다. 어떤 길이 안 통하면 다른 길을 찾는다. 그러나 여전히 자신의 방법과 의견을 따른다. 많은 사람이 너무나 어리석어서 심지어 하나님에게서 거꾸러뜨림을 당해도 엎어지지 않는다. 비록 그의 일은 하나님에 의해 무너졌지만, 그의 이유는 무너지

지 않고 그의 생각도 변함이 없다. 많은 사람에게 다마스쿠스로 가는 길이 끊어졌지만, 그들에게는 아직 다소로 가는 길과 예루살렘으로 가는 길이 남아 있다. 그러나 바울은 한 번 매 맞음으로 모든 것이 다 끝나게 되었다. 그는 더 이상 아무것도 말할 필요가 없었고 생각할 필요도 없었으며 아무것도 알지 못했다. 그는 주님께 "주님, 어떻게 해야 합니까?"라고 여쭈었다. 여기에 마음으로 복종하고 생각이 주님께 사로잡힌 한 사람이 있다. 이전에 사울은 어디를 가든지 뛰어나고 특출한 사람이었지만, 하나님의 권위를 만난 이후 그는 모든 의견이 사라진 사람이 되었다. 하나님을 만난 사람의 가장 큰 특징은 바로 자신의 의견이 없고 모든 총명이 다 사라진다는 것이다. 우리는 빛 가운데서 단순한 사람이 될 수 있도록 하나님의 긍휼을 구해야 한다. 하나님의 권위를 만나 하나님 앞에 엎어진 사람은 자연히 더 이상 의견을 내세우지 않는다. 바울은 자신이 하나님께 사로잡혀 그분께 갇힌 사람이 되었다고 말했다. 지금은 우리가 의견을 내세울 때가 아니라 다만 그분의 말씀을 듣고 순종할 때이다.

(2) 사울왕 — 사울왕이 하나님께 거절당한 것은 무엇을 훔쳐서가 아니라 스스로 가장 좋다고 여긴 소들과 양들을 희생 제물로 바쳤기 때문이다. 이것은 그의 의견이었다. 그는 자신의 생각에 따라 하나님을 기쁘시게 하려고 노력했다. 그의 생각은 사로잡히지 않았고, 따라서 그는 하나님께 거절당했다. 사울왕이 하나님을 열심히 섬기지 않았다고 말할 수 없다. 가장 좋은 소들과 양들이라는 그의 말은 거짓말이 아니었다. 문제는 그가 그 일을 자신의 의견에 따라 결정했다는 것이다(삼상 15장). 이것에서 볼 수 있듯이 하나님을 섬기는 사람은 자신의 의견을 내세울 수 없으며, 다만 하나님의 뜻을 수행할 수 있을 뿐이다. 우리는 오직 한 가지 갈망을 가져야 한다. "주님, 제가 어떻게 해야 합니까?" 이것이 우리의 태도가 아니라면, 우리는 완전히 틀린 것이다. 순종하는 것이 희생 제물보다

낫다. 사람은 하나님 앞에서 의견을 내세울 어떤 입지도 없다. 사울왕이 살진 소 떼와 양 떼를 보고 희생 제물로 바치기 위해 남겨 두려는 마음을 가진 것은 하나님을 위한 것이었다. 그러나 그에게는 순종하는 마음이 부족했다. 하나님을 위한 마음이 있다고 해서 "저는 감히 어떤 말도 하지 않겠습니다."라는 말을 대치할 수 있는 것은 결코 아니다. 기름진 것을 드리는 것이 어떤 말도 하지 않는 것을 대치할 수 없다. 하나님은 사울왕에게 아말렉 사람들과 소들과 양들을 진멸하라고 명령하셨으나, 그는 그렇게 하려고 하지 않았다. 나중에 그는 바로 그 아말렉 사람에게 죽음을 당했으며(삼하 1:10, 13), 그의 다스림은 거기서 멈추었다. 자신의 주장을 내세워 아말렉 사람을 남겨 둔 모든 사람은 결국 아말렉 사람에게 죽음을 당하게 될 것이다.

(3) 나답과 아비후 — 나답과 아비후도 희생 제물을 바치는 일에서 거역적이었다. 그들은 아버지의 권위에 복종하지 않고 제멋대로 의견을 냈다. 그들은 하나님의 마음을 상하게 하는 죄 곧 다른 불로 희생 제물을 바침으로 하나님의 사역자의 권위를 침범한 죄를 저질렀다. 그들은 어떤 말을 하거나 이유를 말하지 않았지만, 자신들의 뜻과 느낌에 따라 향을 피웠다. 그들은 이렇게 섬기는 것이 좋은 일이라고 생각했다. 잘못되더라도 기껏해야 하나님을 섬기는 일에서 잘못되는 것이라고 생각했다. 그들은 이 죄를 그리 대단하게 생각하지 않았으나, 즉시 하나님께 거절당하고 죽음당했다.

복종이 있어야만
왕국의 증거가 있음

하나님은 우리가 복음을 위하여 얼마나 열심을 내는지, 또는 우리가 기꺼이 고난당하려고 하는지를 보지 않으시고, 우리가 순종하는 사람인지를 보신다. 의견을 내세우지 않고, 이유를 말하지 않으며, 모든 비방하는 말을 그치고, 하나님께 완전히 복종하는 것이 왕국의 시작이다. 이것은 영광의 날이자 하나님께서 땅의 기초가 놓인 이래로 기다려 오셨던 날이다. 하나님께는 복종의 첫 열매이신 맏아들이 계시지만, 그분은 모든 아들이 이 아들과 같아지기를 기다리고 계신다. 이 땅에 참으로 하나님의 권위에 복종하는 교회가 있다면, 왕국의 증거가 있게 되고 사탄은 패배를 당하게 된다. 사탄은 우리가 일하는 것을 두려워하지 않는다. 우리가 거역의 원칙에 서서 스스로 의견을 내고 제멋대로 행동하는 한, 사탄은 은밀히 비웃을 것이다.

모세의 율법에 따르면, 언약궤는 레위인들이 어깨에 메도록 되어 있었다. 그러나 블레셋 사람들은 언약궤를 이스라엘 사람들에게로 되돌려 보낼 때, 소들이 끄는 수레에 실어서 보냈다(삼상 6:10-12). 다윗이 언약궤를 다윗성으로 가져갈 때, 그도 하나님의 뜻을 묻지 않고 자신의 의견에 따라 소들이 끄는 수레에 싣고 갔다. 소들이 비틀거리는 바람에 언약궤가 수레에서 떨어지려고 할 때, 웃사가 언약궤를 붙잡으려고 손을 내밀었다. 그 즉시 그는 하나님의 치심으로 죽었다(삼하 6:2-7). 언약궤는 떨어지지 않았지만, 그것은 여전히 소들이 끄는 수레에 있었고 레위인들의 어깨에 있지 않았다. 반면에 레위인들이 언약궤를 어깨에 메고 요단강을 건널 때는 풍랑이 거세었지만, 언약궤는 평온한 가운데 있었다(수 3:14-17). 이것은 우리에게 한 가지, 곧 하나님은 사람이 내는 의견을 좋아하지 않으신다는 것을 말해 준다. 사람은 하나님께 복종해야 한다. 하나님께서 우리를 철저히 비우실 때, 비로소 그분의 뜻이 방해를 받지 않는다. 사람의 의견이 들어올 때, 하나님에 대한 봉사에는 영영 길이 없게 된다. 모든 일은 사람의 계획이 아닌 하나님의 다스림을 통해 이루어져야 한다. 사람의 의견은 반드시 철저히 허물어져야 하고, 그의 생각은 의견을 내지 못하도록 멈추어져야 한다. 과거에 자신을 의지해 살 때는 자유로웠다. 그러나 이제 생각이 하나님께 사로잡힌 후에는 더 이상 자유롭지 않다. 그 결과 우리는 그리스도께 순종하여 참된 자유, 곧 주님 안에 있는 자유를 갖게 되었다.

고린도후서 10장 6절은 "또한 우리는 여러분의 순종이 온전히 이루어질 때에 모든 불순종을 처벌할 준비가 되어 있습니다."라고 말한다. 오직 생각이 사로잡혀야 온전히 순종할 수 있다. 무릇 하나님 앞에서 아직도 계책을 사용하고 의견을 내는 사람은 온전히 순종하지 않는 사람이다. 주님은 이미 준비되어 계신다. 우리의 순종이 온전하게 될 때, 그분은 일어나셔서 불순종하는 사람들을 처벌하실 것이다. 그러므로 우리가 철저히 돌이켜서 자기의 의견과 주장을 두려워하고 온전히 순종하는 사람이 된다면, 하나님은 이 땅에서 그분의 권위를 나타내실 수 있다. 만일 교회가 순종하지 못한다면, 세상 사람은 더욱 순종할 수 없다. 만일 교회에 순종이 없다면, 다른 사람이 복음에 순종하기를 기대하는 것은 헛된 일이다. 순종하는 교회가 있어야만 복음에 순종하는 사람들이 있을 수 있다. 우리 모두는 제한받기를 배워야 한다. 우리의 입이 다루심을 받아 함부로 말하지 않고, 우리의 생각이 다루심을 받아 이유를 따지지 않으며, 우리의 마음이 다루심을 받아 의견을 내지 않는다면, 우리 앞에 영광스러운 길이 있게 될 것이다. 우리가 이렇게 한다면, 하나님은 이 땅에서 그분의 권위를 나타내실 것이다.

제11장
권위에 대한 복종의 한계

성경:

히 11:23 모세의 부모는 믿음으로, 모세가 태어났을 때에 그 아이가 사랑스러운 것을 보고 석 달 동안이나 숨겨 두었고, 왕의 명령을 무서워하지 않았습니다.

출 1:17 그러나 산파들은 하나님을 경외하였으므로 이집트 왕이 자기들에게 명령한 대로 하지 않고 남자아이들을 살려 주었다.

단 3:17-18 그렇게 된다 하더라도 왕이시여, 저희가 섬기는 저희 하나님은 이글거리는 불가마에서 저희를 건져 내실 수 있으시니, 그분께서 저희를 왕의 손에서 건져 내실 것입니다. 그러나 왕이시여! 그분께서 그리 아니 하실지라도, 저희는 왕의 신들을 섬기거나 왕께서 세우신 금형상에 경배하지 않을 것이니 그리 알아주십시오.

단 6:10 다니엘은 그 금령에 서명이 이루어졌다는 것을 알면서도 자신의 집으로 가서(그의 위층 방 창은 예루살렘을 향하여 열려 있었다), 전에 늘 하던 대로 날마다 세 번 자신의 하나님께 무릎을 꿇고 기도하며 감사를 드렸다.

마 2:13 그들이 떠난 후, 보아라, 주님의 천사가 꿈에 요셉에게 나타나 말하였다. "헤롯이 아기를 죽이려고 찾고 있으니, 일어나서 아기와 아기의 어머니를 데리고 이집트로 피하여, 내가 그대에게 말할 때까지 거기에 머무십시오."

행 5:29 그러자 베드로와 사도들이 대답하였다. "사람에게 순종하는 것보다 하나님께 순종하는 것이 마땅합니다.

복종은 절대적인 것이고 순종은 상대적인 것임

복종은 태도의 문제이고, 순종은 행동의 문제이다. 사도행전 4장 19절은 "그러나 베드로와 요한이 그들에게 대답하였다. '하나님의 말씀을 듣는 것보다 여러분의 말을 듣는 것이 하나님 앞에서 더 옳은 일인지 판단해 보십시오.' "라고 말한다. 비록 사도들이 이렇게 말했지만 그들의 영은 거스르지 않았고, 여전히 권위자들에게 복종했다. 순종은 절대적인 것이 아니다. 즉 어떤 권위자에게는 순종해야 하지만, 어떤 권위자에게는 순종해서는 안 된다. 후자에는 주님에 대한 우리의 믿음과 복음을 전하는 자유 등과 같은 그리스도인의 믿음의 기본적인 문제들에 개입하는 이들이 포함된다. 아들은 아버지에게 어떤 제안이든 할 수 있지만, 거스르는 태도를 지녀서는 안 된다. 우리의 복종은 언제나 절대적이어야 한다. 어떤 일에 있어서 우리는 순종하면서 동시에 복종할 수 있다. 그러나 어떤 일에 있어서 우리는 순종할 수 없지만 여전히 복종적이어야 한다. 이 모든 것은 태도의 문제이다.

사도행전 15장은 교회 회의의 한 예를 보여 준다. 교회 회의에서 누구나 제안하거나 토론할 수 있지만, 결정이 내려지면 모두가 복종할 수 있어야 한다.

권위를 대표하는 사람에 대한 순종의 한계

만일 부모가 자녀들에게 집회에 가지 말라고 강요한다면, 자녀들은 태도에 있어서 반드시 복종해야 하지만 결코 순종해서는 안 된다. 예컨대 사도들이 복음을 전하는 것을 유대 공회가 금지할 때, 그들은 태도에 있어서 복종했지만 행동에 있어서는 여전히 주님의 위임에 따라 복음을 전했고 공회가 금지하는 말을 듣지 않았다(행 5:19-21). 우리는 다투거나 싸우면서 듣지 않는 것이 아니라, 온유함 가운데서 듣지 않아야 한다. 어찌하든 권위 있는 사람에 대해 결코 비방하는 말을 하거나 완고한 태도를 가져서는 안 된다. 권위를 만난 사람은 유연하고 부드러워지게 된다. 마음과 태도와 말에 있어서 우리의 복종은 절대적이어야 하며, 그 안에 조금이라도 강퍅함이나 거역이 있어서는 안 된다.

대표 권위자(하나님의 권위를 대표하는 사람)가 직접적인 권위(하나님)와 상충될 때, 우리는 대표 권위자에게 복종해야 하지만 순종해서는 안 된다. 이것을 다음 세 가지로 요약할 수 있다.

(1) 순종(obedience)은 행동의 문제로서 상대적인 것이고, 복종(submission)은 태도와 마음 안에 있는 문제로서 절대적인 것이다.

(2) 오직 하나님만이 무한한 순종과 복종의 대상이시고, 하나님보다 낮은 사람은 제한된 순종과 복종만을 받아야 한다.

(3) 만일 대표 권위자가 하나님의 명령과 명백하게 상반된 어떤 명령

을 한다면, 우리는 단지 복종할 수 있을 뿐 순종해서는 안 된다. 우리는 하나님에게서 나온 권위에만 복종해야 하고, 하나님과 반대되는 명령에는 순종하지 말아야 한다.

만일 부모님이 자기 자녀에게 그들이 가기 원하지 않는 장소에 가라고 요구하고 그곳에 가는 것이 죄와 연루된 것이 아니라면, 이것은 앞의 상황과 다른 문제이다. 우리는 이러한 상황에서 어떻게 해야 할지 모를 수 있다. 복종은 절대적인 것이다. 하지만 순종은 다른 문제이다. 부모님이 가라고 강요하면 가면 된다. 그러나 강요하지 않는다면 가지 않아도 된다. 자녀가 이런 태도를 취한다면, 하나님은 반드시 그러한 환경에서 그들을 풀어 주실 것이다.

성경 안에 있는 예들

(1) 산파들과 모세의 어머니는 파라오의 명령에 불순종하고 모세를 살렸다. 성경은 그들을 믿음의 사람들이라고 말한다(출 1:17, 히 11:23).

(2) 다니엘의 세 친구는 느부갓네살왕이 세운 금으로 만든 형상에 경배하지 않았다. 그들은 왕의 명령에는 불순종했으나 왕의 형벌에는 복종했다(단 3:16-23).

(3) 다니엘은 하나님께 기도하기 위해 왕의 금령을 어겼지만, 사자 굴에 던져지는 왕의 형벌에는 복종했다(단 6:6-10, 16).

(4) 요셉은 헤롯왕에게 죽음당하는 것을 피하기 위해 주 예수님을 데리고 이집트로 피신했다(마 2:13-14).

(5) 베드로는 공회의 명령을 듣지 않고 복음을 전했다. 그는 또한 사람에게 순종하는 것보다 하나님께 순종하는 것이 마땅하다고 말했다. 그러나 그를 붙잡고 감금한 경비원들에게 여전히 복종했다(행 5:29, 17, 26).

권위에 복종하는 사람들의 뚜렷한 특징들

어떤 사람이 권위에 복종하는 사람인지 어떻게 알 수 있는가? 여기에는 몇 가지 특징들이 있다.

(1) 권위를 만난 사람은 어디에 있든지 권위를 찾는다. 교회는 그리스도인들이 권위에 복종하는 것을 훈련하는 기관이다. 이 세상에는 그 어디에도 복종하는 것이 없다. 그러나 그리스도인들은 반드시 복종을 배워야 한다. 단지 외적인 복종만이 아니라 마음에서부터 복종하는 것을 배워야 한다. 일단 사람이 권위에 복종하는 것을 배우면, 어디를 가든지 권위를 찾게 된다.

(2) 사람이 하나님의 권위를 만난 후에는 부드러워지고 유연해지며 딱딱하지 않게 된다. 이것은 그가 잘못을 범하는 것을 두려워하게 되었기 때문이다. 그는 참으로 부드러운 사람이 된다.

(3) 권위를 만난 사람은 권위가 되기를 싫어하고, 권위가 되고자 하는 갈망이나 흥미가 없으며, 의견을 내거나 다른 사람을 통제하는 것을 좋아하지 않는다. 권위에 복종하는 사람은 항상 잘못을 범하는 것을 두려워한다. 그러나 많은 사람이 하나님의 조언자가 되기를 좋아한다. 오직 권위를 모르는 사람만이 권위가 되기를 좋아한다.

(4) 권위를 만난 사람은 입을 다물고 제한을 받으며 감히 함부로 말하지 않는다. 이는 그가 '권위'에 대한 의식을 가지고 있기 때문이다.

(5) 어떤 사람이 권위를 만났다면, 그는 다른 사람들 안에 있는 어떤 범죄를 즉시 감지할 수 있고, 많은 불법을 꿰뚫어 볼 수 있으며, 많은 거역을 인지할 수 있다. 그는 불법의 원칙이 온 세상과 교회 안에 편만하다는 것을 알게 된다. 오직 권위를 만난 사람만이 다른 사람이 복종을 배우

도록 이끌 수 있다. 오직 형제자매들이 권위에 복종할 때, 교회는 이 땅에서 증거를 갖게 되고 길을 얻게 된다.

권위의 순서를 유지하는 것은 권위를 인식하는 데 달려 있음

사람이 권위를 만나지 못하고 권위에 복종하는 원칙을 모른다면, 그는 다른 사람을 복종과 권위의 길로 인도할 수 없다. 가령 개 두 마리가 함께 있다면, 그중 어떤 개는 권위로, 어떤 개는 권위에 복종하는 위치로 둘 수 없다. 이것은 소용이 없다. 사람이 일단 권위를 만나면 모든 문제가 해결된다. 그런 사람은 권위를 범할 때, 즉시 하나님을 범한 것임을 감지한다. 만일 사람이 권위를 보지 못했다면, 그에게 잘못을 지적해도 소용이 없다. 그러한 상황이 발생할 때, 우리는 뒤로 물러나 자신도 동일한 거역의 영역에 떨어지지 않도록 조심해야 한다.

마르틴 루터와 교파를 떠남

마르틴 루터가 믿음으로 의롭게 된다는 기본적인 원칙을 말하기 위해 일어선 것은 옳은 일이다. 오늘 우리가 각 지방에 있는 교회 안에서 하나의 증거로 서 있기 위해 교파를 떠난 것도 옳은 일이다. 우리는 그리스도의 영광과 그리스도의 몸을 보았기 때문에, 주님의 이름 외에 다른 이름을 가질 수 없다. 주님의 이름이 가장 중요하다. 왜 다만 피로 구원을 받는다고 말하지 않고 주님의 이름으로 구원을 받는다고 말하는가(행 4:12)? 이는 주님의 이름이 부활과 승천을 의미하기 때문이다. 하나님께는 오직 한 가지 구원의 길, 곧 주님의 이름으로 돌아오게 하는 길밖에 없으시다. 더 나아가서 우리는 주님의 이름 안으로 침례를 받으며, 우리의 모임 또한 주님의 이름 안으로 모인다. 그러므로 십자가와 보배로운 피만으로는 교파의 문제를 해결할 수 없다. 사람이 승천하신 주님의 영광을 본다면, 주님의 이름 외에 다른 이름을 붙잡지 않을 것이다. 우리는 주님의 이름을 높일 수 있을 뿐, 다른 어떤 이름을 가질 수 없다. 오늘날 교파에 속한 단체들은 주님의 영광을 훼손하고 있다. 이것은 주님을 모독하는 행위이다.

생명과 권위

교회는 두 가지, 곧 생명과 권위로 유지된다. 생명은 우리가 권위에 복종하게 하기 위한 것이다. 교회 안의 어려움은 순종하지 않기 때문이 아니라 주로 기꺼이 복종하려고 하지 않기 때문에 발생한다. 새의 생명의 원칙은 공중을 나는 것이고 물고기의 생명의 원칙은 물속에서 헤엄치는 것이듯이, 우리의 생명의 원칙은 복종하는 것이다.

지금은 에베소서 4장에 있는 하나에 이르는 길이 아주 먼 것 같지만, 사람들이 권위를 만난다면 그 길이 멀지 않을 것이다. 성도들 사이에 의견의 차이가 있을 수 있지만 거역이 없어야 하고 도리어 마음으로 복종해야 한다. 그럴 때 우리 모두는 믿음에서의 하나에 이를 것이다. 오늘날 생명이 여기에 있고, 생명의 원칙도 우리에게 열려 있다. 하나님께서 우리를 긍휼히 여기신다면, 우리는 속히 이 길을 취할 것이다. 오늘날 이 생명은 죄를 처리하기 위한 것만이 아니다. 이것은 부정적인 방면일 뿐이다. 생명은 또한 복종을 위한 것이다. 이것이 더 중요하고 긍정적인 방면이다. 거역의 영이 우리를 떠날 때 교회 안에는 복종의 영이 회복될 것이고, 에베소서 4장의 상황이 우리 앞에 나타날 것이다. 모든 교회가 복종의 길을 취한다면, 이러한 영광스러운 사실이 우리 앞에 펼쳐질 것이다.

권위와 순복

(하)

어떻게 하나님의 권위를 대표하는 사람이 되는가

설명

'어떻게 하나님의 권위를 대표하는 사람이 되는가'에 관한 다음 아홉 편의 메시지는 워치만 니 형제님이 1948년 제1기 구링(鼓嶺) 훈련 중에 해방한 것이다. 대만복음서원에서 출판된 〈어떻게 하나님의 권위를 대표하는 사람이 되는가〉라는 책은 한 형제가 현장에서 필기한 것을 수정하고 다듬어 완성한 것이다. 오늘 웨이광시(魏光禧) 형제가 필기한 것을 더 얻었기 때문에, 다시 보충하여 그 내용을 더욱 풍성하게 전달하기 위해 〈권위와 순복〉 하권으로 정리하였다.

제1장
하나님은 어떤 사람을 권위를 대표하는 사람으로 쓰시는가

권위를 대표하는 사람에게 복종하는 것과 권위를 대표하는 사람이 되는 것

하나님의 자녀라면 누구나 권위를 알기를 배워야 하고 또한 누구에게 복종해야 하는지를 알아야 한다. 우리가 어디를 가든지 첫 번째로 물어야 할 것은 내가 누구의 권위 아래 복종해야 하는가이다. 우리는 어떤 지방에 가서 바로 주인 노릇을 해서는 안 되며, 사람들이 우리에게 복종하기를 요구하지 말아야 한다. 우리는 마태복음에 있는 백부장과 같아야 한다. 당시에 백부장은 주 예수님께 "나도 권위 아래 있는 사람이고, 내 아래에도 병사들이 있어, 이 사람에게 '가거라.'라고 하면 가고, 저 사람에게 '오너라.'라고 하면 오고, 나의 노예에게 '이것을 하여라.'라고 하면 합니다."(마 8:9)라고 말했다. 그는 참으로 권위를 아는 사람이었다. 그는 권위에 복종할 수 있기에 권위를 대표하는 사람이 될 수 있었다. 우리가 말했듯이 하나님은 권위로 온 우주를 붙드시고 유지하신다. 하나님은 권위로 그분의 자녀들을 낳으시고(요 1:12), 또한 권위로 그분의 자녀들을 연결하신다. 그러므로 어떤 사람이 독립적이고 개인주의적이며 하나님의 권위를 대표하는 사람 아래 있지 않으려고 한다면, 그는 우주 전체를 다스리시는 하나님의 행정 밖에 있는 사람이며, 하나님의 다른 자녀들과도 하나가 될 수 없다. 이러한 사람은 하나님께서 이 땅에서 이루고자 하시는 일을 성취할 수 없다. 하나님은 교회 안에 권위를 대표하는 사람을 세우셨다. 교회는 하나님의 권위로 말미암아 세워지고 유지된다. 이러한 이유로 하나님의 모든 자녀들은 다른 사람과 동역하고 연결되기 위해 그들이 복종해야 할 권위를 찾아내야 한다. 그러나 안타깝게도 많은 사람이 이 점에서 실패했다.

우리가 믿는 대상이 누구인지 모른다면 결코 믿을 수 없고, 우리가 사랑하는 대상이 누구인지 모른다면 결코 사랑할 수 없다. 우리가 어떤 사람에게 누구를 믿게 하려면, 먼저 그에게 믿어야 할 대상을 알려 주어야 한다. 우리가 어떤 사람을 분발시켜 누구를 사랑하게 하려면, 먼저 그에게 사랑해야 할 대상을 알려 주어야 한다. 마찬가지로 우리가 복종해야 할 대상이 누구인지를 모른다면 복종할 길이 없다. 우리가 어떤 사람에게 복종을 가르치려면, 우리는 먼저 그에게 그가 복종해야 할 사람이 누구인지를 알게 해야 한다. 교회 가운데에는 우리가 복종해야 할 권위를 대표하는 많은 사람이 있다. 우리가 그들에게 복종하는 것이 바로 하나님께 복종하는 것이다. 많은 사람이 권위에 복종하라는 말씀을 전할 수 있지만, 그들 자신은 권위에 복종하지 못한다. 우리가 반드시 권위에 복종하는 사람이 될 때, 비로소 권위를 대표하는 사람이 될 수 있다. 더욱이 우리는 자기가 좋아하는 사람들에게만 복종할 수 없다. 우리는 위에 있는 모든 권위에 복종하기를 배워야 한다. 심지어 우리는 교통경찰에게도 복종해야 한다.

반드시 철저하게 권위를 만나야 함

교회 안에는 권위를 대표하는 많은 사람이 있다. 여러분은 반드시 위에 있는 모든 권위에 복종하는 법을 배워야 한다. 여러분은 모든 종류의 권위를 대하는 법을 배워야 하고, 누구에게 권위가 있는지를 보아야 한다. 어떤 사람에게서 권위를 발견하면, 여러분은 즉시 그 사람에게 복종하기를 배워야 한다. 신중하게 저울질한 후에 그 사람에게 복종할지 말지를 결정해서는 안 된다. 여러분이 그 사람에게 복종할 만한지를 알아본 후 복종할지를 결정한다면, 여러분은 단지 그 사람을 만난 것이지 권위를 만난 것이 아니다. 사람이 권위를 만나지 못했다면, 그는 결코 권위를 대표하는 사람이 될 수 없다. 사람이 권위에 복종할 줄 모른다면, 그는 결코 하나님의 권위를 대표하는 사람이 될 수 없다. 사람이 먼저 자신 안에 있는 거역을 처리하지 않는다면, 그는 자신이 어떻게 권위를 대표하는 사람이 될 수 있는지를 알 수 없다. 우리가 먼저 우리 안에 있는 거역의 죄를 심판하지 않으면 복종이 무엇인지 알 수 없다. 하나님의 자녀들은 느슨하고 엉킨 실타래가 되거나 규율이 없는 사람들이 되어서는 안 된다. 하나님의 자녀들 가운데 권위에 복종하는 증거가 없다면, 교회도 없고 사역도 없고 일도 없을 것이다. 여러분은 이것이 엄중한 문제임을 보아야 한다. 우리는 반드시 주님 앞에서 매우 진지하게 다루심을 받아야 하고, 철저하게 권위를 만나는 체험을 해야 한다. 우리는 반드시 서로 복종하기를 배워야 하고, 권위를 대표하는 사람에게 복종하기를 배워야 한다. 그런 후에야 우리는 권위를 대표하는 사람이 되는 것을 배우기 시작할 수 있다.

권위를 대표하는 사람에 대한 세 가지 요구

이제 우리는 하나님께서 어떤 사람을 권위를 대표하는 사람으로 쓰시는지를 볼 것이다. 하나님의 권위를 대표하는 사람이 되기 위해서는 하나님의 권위를 알고 그분의 권위에 복종하는 것에 더하여 반드시 다음 세 가지 기본적인 조건을 갖추어야 한다.

1. 모든 권위가 하나님에게서 나온 것임을 알아야 함

권위를 대표하는 사람은 하나님에게서 나오지 않은 권위가 없으며, 모든 권위가 하나님께서 세우신 것임을 반드시 기억해야 한다. 어떤 사람에게 권위가 있다면, 그 권위는 하나님에게서 나온 것이다. 사람에게는 본래 권위가 없으며, 어느 누구도 스스로를 권위로 세울 수 없다. 여러분의 개인적인 의견이 다른 사람의 율법이 될 수 없다. 여러분의 개인적인 의견과 관점과 주장은 받아들일 만한 가치가 없으며, 결코 다른 사람보다 더 나은 것이 아니다. 우리는 모든 권위가 하나님에게서 나온다는 것을 반드시 기억해야 한다. 오직 하나님에게서 나온 권위만이 권위이며 사람에게 복종할 수 있게 한다. 하나님에게서 나온 것이 여러분을 통해 권위로 나타날 때, 형제자매들은 비로소 여러분에게 복종할 수 있다. 권위를 대표하는 사람은 다만 하나님의 권위를 대표하는 사람일 뿐이다. 권위를 대표하는 사람은 자신이 권위를 대표하는 사람이기 때문에 자신에게 권위가 있다고 생각해서는 안 된다. 이것이 오늘날 우리에게 있는 기본적인 문제이다. 권위를 대표하는 모든 사람은 다만 하나님의 권위를 대표할 뿐이며 자신에게는 어떤 권위도 없음을 반드시 기억해야 한다.

세상과 교회와 하나님의 일에서 여러분에게는 조금도 권위가 없으며 여러분에게 조금의 권위도 주어지지 않았음을 항상 기억하기 바란다. 우주 가운데 하나님 외에는 권위를 가진 분이 없다는 것을 기억하기 바란다. 오늘날 사람들의 모든 권위는 하나님의 권위를 집행하는 것이지 스스로 권위를 만들어 내는 것이 아니다. 경찰관은 단지 법을 집행할 뿐이다. 마찬가지로 판사들도 단지 법을 집행하는 사람에 불과하다. 그들은 법을 집행할 수 있을 뿐 스스로 법을 제정할 수 없다. 하나님께서 세상에 세우신 관리들과 정권을 잡은 이들은 모두 오직 법을 집행하기 위해 존재한다. 그들은 하나님의 권위를 대표하여 법을 집행하는 것이지 그들 스스로 법을 제정할 수 없다. 오늘날 교회 가운데 권위가 되는 사람 역시 하나님의 권위를 대표할 뿐이다. 여러분에게 권위가 있는 이유는 여러분이 하나님의 권위를 대표하기 때문이다. 여러분에게는 여러분을 다른 사람들과 구별하거나 권위를 대표하는 사람이 될 권리를 갖게 하는 어떤 본질적인 요소가 없다.

사람이 권위를 대표하는 사람이 되는 것은 그가 하나님의 뜻과 하나님의 생각과 하나님의 의도를 인식하는 데 달려 있다. 여러분이 권위를 대표하는 사람이 되는 것은 결코 여러분의 생각이나 의견에 있지 않고 하나님의 뜻을 깨닫고 하나님의 의도를 아는 데 있다. 여러분은 형제자매들에게 여러분의 뜻이나 생각에 복종하라고 할 수 없다. 여러분이 하나님의 뜻을 깨달은 정도와 하나님의 생각에 대해 아는 정도가 여러분이 대표하는 권위의 정도이다. 하나님께서 어떤 사람을 권위를 대표하는 사람으로 세우신 것은 전적으로 그가 하나님의 뜻과 생각을 더 잘 알기 때문이지, 더 많은 제안이나 더 나은 생각이나 더 높은 생각을 가지고 있기 때문이 아니다. 우리가 교회 가운데 가장 두려워하는 사람은 자신이 더 나은 생각과 의견을 가지고 있고 스스로 권위를 대표하는 사람이라고 생각하여 다른 사람들에게 군림하려는 이들이다.

많은 젊은 동역자들과 형제자매들이 배움이 부족하다. 그들은 하나님의 뜻을 알지 못하고, 하나님의 생각을 알지 못한다. 이것이 하나님께서 그들을 여러분 아래에 두신 이유이다. 권위를 가진 여러분은 그들에게 하나님의 뜻과 하나님의 생각을 전할 책임이 있다. 여러분은 여러분 자신에게 다른 사람들을 복종시킬 만한 것이 전혀 없다는 것을 기억하기 바란다. 여러분이 하나님의 뜻을 알기 때문에 다른 사람들에게 여러분에게 있는 권위에 복종하라고 할 수 있는 것이다. 여러분은 어떤 사람을 대할 때마다 반드시 하나님 앞에서 하나님의 뜻에 대한 확신이 있어야 하고, 그 상황에서 하나님께서 원하시는 것이 무엇인지를 알아야 한다. 주님께서 그 일을 어떻게 처리하기 원하시는지를 알 때가 권위를 대표하는 사람이 되는 때이고, 권위로 사람을 섬길 수 있는 때이다. 이것이 없다면 여러분에게는 다른 이들을 복종시킬 수 있는 어떤 권위도 없다.

하나님의 권위에 복종하는 것을 배우지 못하고 하나님의 뜻을 모르는 사람은 하나님의 권위를 대표하는 사람이 될 수 없다. 예를 들어 어떤 사람이 회사를 대표하여 다른 사람과 사업에 대해 논의할 때, 그는 결코 자신의 뜻에 따라 제안을 할 수 없다. 또한 그는 자신의 선호에 따라 대답하거나 자신이 주인이 되어 상대방과 계약할 수 없다. 그는 먼저 경영자의 계획을 알아내고 경영자가 그에게 무엇을 말하기 원하는지, 어떤 상황과 조건에서 계약서에 서명을 할 수 있는지 알아야 한다. 마찬가지로 여러분이 하나님의 권위를 대표하는 사람이 되기를 원하지 않는다면 모르지만 하나님의 권위를 대표하는 사람이 되기를 원한다면, 먼저 하나님의 뜻과 하나님의 길을 이해해야 한다. 그래야만 하나님의 권위를 집행할 수 있다. 여러분이 권위를 대표하는 사람이 되려면, 여러분은 먼저 자신이 대표하는 사람의 생각을 알아야 한다. 여러분은 자신의 주장이나 생각이나 말을 할 수 없다. 그러므로 하나님의 권위를 대표하는 사람은 반드시 하나님의 뜻을 알아야 한다. 그는 하나님께서 주지 않으신 명령을 형제자매들에게 줄 수 없다. 여러분이 어떤 사람에게 어떤 일을 하라고 했다고 하자. 그 사람이 여러분과 함께 하나님 앞에서 이 일에 대해 여쭈었을 때, 하나님께서 여러분의 결정을 인정하지 않으신다면 여러분은 하나님을 대표한 것이 아니라 여러분 자신을 대표한 것이다. 그러므로 여러분은 먼저 하나님의 뜻을 안 후에야 하나님을 대표하여 그분의 뜻을 집행할 수 있다. 그럴 때 여러분이 행한 모든 일을 하나님께서 인정하실 것이다. 오직 하나님께서 인정하시는 결정만이 권위가 있으며, 여러분 자신에게서 나온 모든 것은 어떤 권위도 없다.

그러므로 영적인 일에 있어서 우리는 더 높이 올라가고 더 깊이 파고들기를 배워야 한다. 하나님의 길과 뜻에 대한 더 깊고 풍성한 인식을 갖기를 추구해야 한다. 우리에게는 많은 계시와 배움이 필요하다. 우리는 많은 일을 배우고 통과해야만 풍부한 체험을 가질 수 있다. 우리는 다른 사람이 보지 못한 것을 보아야 하고, 다른 사람이 만지지 못한 것을 만져야 한다. 우리가 행하는 것은 하나님 앞에서 배운 것이어야 하고, 우리가 말하는 것은 하나님 앞에서 깨닫고 체험한 것이어야 한다. 우리가 하나님 앞에서 충분한 체험을 하고 그분의 길을 충분히 배웠다면, 하나님의 자녀들 앞에 나아갈 때 "이것은 내가 하나님 앞에서 깨달은 것이고, 배운 것이며, 체험한 것입니다."라고 담대하게 말할 수 있다. 그럴 때 우리에게 권위가 있게 된다. 하나님이 없다면 권위도 없다. 하나님 앞에서 본 것이 없는 사람은 사람들 앞에서 아무런 권위가 없다. 모든 권위는 하나님 앞에서 우리가 가지고 있는 인식과 배움에 달려 있다. 어떤 연장자는 젊은이를 통제할 수 있다고 생각할 수 있고, 형제들은 자매들을 통제할 수 있다고 생각할 수 있으며, 빠른 형제들은 느린 형제들을 통제할 수 있다고 생각할 수 있다. 그러나 이러한 생각들은 모두 자신에게서 나왔으므로 결코 성공하지 못한다. 여러분이 다른 이들의 대표 권위자가 되고 다른 이들을 여러분의 권위에 복종하게 하려고 한다면, 여러분 자신이 먼저 권위를 알아야 한다. 여러분은 반드시 자신에게 권위가 없다는 것을 알아야 한다. 여러분에게 필요한 것은 하나님을 아는 지식과 그분의 뜻을 이해하는 것이다. 그럴 때에만 여러분은 하나님의 권위를 대표하는 사람이 될 수 있다.

2. 자기 자신을
부인하기를 배워야 함

권위를 대표하는 사람에게 요구되는 두 번째 기본적인 요건은 자신을 부인하는 것이다. 하나님의 뜻을 분명히 알기 전에 여러분은 결코 입을 열어서는 안 되고, 어떤 권위도 행사해서는 안 된다. 하나님의 권위를 대표하는 사람은 긍정적인 면에서 하나님의 권위를 알아야 할 뿐 아니라, 또한 부정적인 면에서 자신을 부인하는 것을 배워야 한다. 하나님도 형제자매들도 여러분의 의견을 귀히 여기지 않는데, 이 세상에서 오직 여러분만이 자신의 의견을 귀히 여기고 그것을 가장 좋은 것으로 생각한다면, 여러분은 꿈속에 살고 있는 것이다. 여러분은 자신의 의견으로 다른 사람을 일방적으로 억누를 정도로 어리석어서는 안 된다. 우리는 의견과 주장이 많은 사람이나, 다른 사람의 조언자가 되기를 좋아하는 사람이나, 너무 주관적인 사람을 두려워한다. 많은 사람이 주관이 강하고, 다른 사람의 조언자가 되기를 좋아하며, 다른 사람을 대신하여 어떤 제안을 하기를 좋아하고, 계획하기를 좋아한다. 그래서 그들은 기회가 있을 때마다 자기주장을 내세운다. 이런 사람들은 대통령이나 국회 의장이나 경찰관이 아니지만 그러한 직책에 있는 사람이 무엇을 해야 하는지를 알고 있다고 생각한다. 그들은 다른 사람을 대신하여 의견을 주장하기를 좋아한다. 기회가 주어지면 입을 열어 자신의 생각을 말하고 다른 사람 앞에서 의견을 내놓는다. 기회가 주어지지 않더라도 그들은 여전히 한두 마디라도 하려고 한다. 다른 사람 앞에서 말할 기회를 찾지 못하면, 다른 사람 뒤에서 말하려고 한다. 그러나 하나님은 의견이 많고 주장이 많으며 관점이 많은 사람을 절대로 그분의 권위를 대표하는 사람으로 쓰지 않으신다는 것을 기억하라. 우리는 돈 쓰기를 좋아하는 사람을 재정 관리자로 쓰지 않는다. 왜냐하면 손해를 볼까 봐 두렵기 때문이다. 마찬가지로 하나님도 자기주장을 내세우는 사람을 그분의 권위를 대표하는 사람으로 쓰지 않으신다. 왜냐하면 하나님도 손해를 보실까 봐 두렵기 때문이다.

만일 우리 자신이 주님에 의해 철저히 파쇄되지 않는다면, 우리는 결코 하나님의 권위를 대표하는 사람이 될 수 없다. 나의 개인적인 체험에 따르면, 주장이 많은 사람은 하나님에 의해 파쇄되지 않았다. 나는 하나님께서 다른 사람의 일을 간섭하고 다른 사람의 조언자가 되려는 사람을 그분의 권위를 대표하는 사람으로 세우신 경우를 아직 보지 못했다. 하나님은 우리에게 그분의 권위를 '대표'하라고 하셨지 결코 그분의 권위를 대치하라고 하지 않으셨다. 우리가 많은 방면에서 하나님과 같은 것은 사실이지만, 신격과 위치에 있어서 하나님만이 주권자이시다. 그분의 뜻은 그분의 것이고 그분은 지극히 높으신 분으로서 주권자이시기 때문에, 결코 사람과 상의하지 않으시며 사람을 그분의 조언자로 삼지 않으신다. 이것이 바로 하나님의 권위를 대표하는 사람이 주관적이어서는 안 되는 이유이다. 그러나 사람이 일을 할 때 반드시 결론과 결정이 있어야 한다. 내 말은 여러분이 모든 일에 아무런 의견과 주장이 없고 결정을 내리지 않는다고 해서 하나님께 쓰임을 받을 수 있다는 말이 아니다. 결코 그렇지 않다. 참으로 하나님께 파쇄되어 자신의 총명이 부서지고 의견과 주장이 부서진 사람만이 하나님께 쓰임을 받을 수 있다. 많은 사람에게 있는 기본적인 어려움은 천성적으로 생각이 많고, 말이 많으며, 주장이 많고, 스스로 똑똑한 척하며, 조언자가 되기를 좋아한다는 것이다. 이런 사람은 주님께서 그에게 철저한 다루심과 파쇄를 주시도록 긍휼을 구해야 한다. 이것은 빈말이 아니고 어떤 교리를 말하는 것도 아니며 또한 모방을 하라는 말도 아니다. 사람이 철저한 다루심을 받고 파쇄된 후에는 상흔(傷痕)이 생기고 하나의 결과가 산출되는데, 바로 그 사람의 총명과 의견과 주장이 부서지고 무너지는 것이다. 그는 자연스럽게 자신의 많은 생각에서 벗어날 뿐 아니라 많은 주장이 사라진다. 하나님의 다루심을 통과한 사람은 하나님 앞에서 자신이 틀릴까 봐 두려워 떨며 감히 함부로 말하지 않는다. 몸에 하나님께서 다루신 상흔이 있는 사람은 움직이면 즉시 통증을 느끼게 되므로 다른 사람이 그를 깨우쳐 줄 필요가 없다.

어떤 사람이 파쇄됨의 교리를 알고 말을 적게 하는 사람을 모방하여 가장한다 해도 조만간 그의 참된 상태가 드러날 것이다. 평소에 말이 많고 주장과 의견이 많은 사람이 말을 하지 않고 의견을 내지 않기란 매우 어려운 일이다. 그가 파쇄됨의 교리를 받아들이고, 말을 많이 하지 않고 주장을 많이 내세우지 않아야 함을 알고 다른 사람을 모방하며 흉내 낸다 해도, 시간이 조금 지나면 자신을 가리던 무화과나무 잎(창 3:7)이 말라 원래의 모습이 드러날 것이다. 우리는 우리의 의지로 우리 자신을 통제할 수 없다. 우리가 우리의 의지로 우리 자신을 통제한다면, 얼마 지나지 않아 말을 하면 할수록 즐거워하는 자신의 추한 모습이 다시 드러날 것이고 하나님 앞에 가서 다시 죄를 자백해야 할 것이다. 이런 사람은 하나님의 빛으로 자아가 죽음을 당해야만 치유될 수 있다. 하나님은 그에게 민수기 22장 25절에 있는 발람처럼 담에 부딪혀 머리가 깨지고 뼈가 탈골되는 체험을 허락하실 것이다. 그에게 상흔이 있어야만 스스로 움직일 때 통증을 느끼고 감히 자기주장을 다시 내세우지 못하게 된다. 다리를 다친 사람은 시키지 않아도 자연히 천천히 걷는다. 오직 이것만이 우리를 자아에서 구원할 수 있다. 이것이 바로 내가 우리에게는 반드시 상처가 있어야 하고 상흔이 있어야 한다고 자주 말하는 이유이다. 그러므로 하나님 앞에서 죄들을 철저하게 자백하고 처리받는 것 외에는 다른 길이 없다.

권위를 대표하는 사람은 자신의 주장을 내세우거나 자신의 생각을 표현하지 않고, 다른 사람의 일에 간섭하는 데 흥미를 갖지 않기를 배워야 한다. 어떤 사람은 자신이 세상의 일과 교회의 일과 모든 일을 처리하는 법을 다 아는 최고의 재판관이라고 생각한다. 이러한 사람은 모든 일을 다 안다고 생각하기 때문에, 모든 일에 자신의 주장과 의견이 있다. 그는 누군가가 찾아와서 가르침을 청하면 기꺼이 가르침을 주고, 찾아오지 않으면 복음을 전하듯이 사람들에게 기꺼이 조언을 해 준다. 이러한 주관적인 사람은 전혀 제한을 받아 본 적이 없고, 어떤 심한 다룸도 받아 본 적이 없는 사람이다. 그는 가볍고 소소한 다룸만 받았기 때문에, 여전히 자신의 의견과 관점과 방법이 많다. 그들은 못하는 것이 없고 모르는 것이 없는 것 같다. 그들의 의견은 마치 잡화상의 물건들과 같다. 이러한 사람은 결코 권위를 대표하는 사람이 될 수 없다. 하나님의 권위를 대표하는 사람은 한 가지 기본적인 조건을 갖추어야 한다. 그것은 함부로 의견을 내세우지 않고, 함부로 비평하기를 좋아하지 않으며, 마음속에 불평이 섞인 의견이 없고, 마음속에 감추어진 주장이 없는 것이다. 오직 이렇게 자아를 처리받은 사람만이 비로소 하나님의 권위를 대표하는 사람이 될 수 있다.

3. 순간순간 주님과 교통해야 함

하나님의 권위를 대표하는 사람에게 요구되는 세 번째 기본적인 요건은 끊임없이 주님과 친밀한 교통을 가져야 한다는 것이다. 그는 주님과 왕래하는 교통을 가져야 할 뿐 아니라 내용이 있는 교통을 가져야 한다. 어떤 사람은 하루 종일 여러 가지 의견에 사로잡혀 있다. 그는 반드시 의견을 내려놓는 것을 배워야 한다. 의견이 있을 때마다 주님께 가져가서 그 의견이 육체에서 나왔는지 하나님에게서 나왔는지를 분별해야 한다. 그렇게 할 때 하나님은 그분의 뜻을 그에게 점차 나타내 보이실 것이다. 이것이 바로 기본적인 필요이다. 많은 사람에게 있는 기본적인 어려움은 하나님께 가까이 나아가지도 않고 입을 열어 말한다는 것이다. 사람이 경솔하게 자신의 의견을 말하고 함부로 주님의 이름으로 말하는 이유는 그가 하나님과 너무 멀리 떨어져 있기 때문이다. 함부로 하나님의 이름으로 말하는 것은 그가 하나님에게서 멀리 떨어져 있다는 것을 증명한다. 오직 하나님을 가까이하는 사람만이 하나님을 두려워하고 함부로 자신의 의견을 말하는 것이 얼마나 부정한 일인지를 안다. 예를 들어, 오늘 구링(鼓嶺)에 사는 벌목꾼은 정부의 장관들이 하는 일을 마음대로 비판할 수 있다. 그러나 난징(南京)이나 충칭(重慶, 당시 중국의 수도)에서는 사람들이 정부를 비판하는 말을 듣기가 어렵다. 구링 사람들은 총통에 대해 거리낌 없이 말하지만, 만일 총통이 그곳에 간다면 모두가 그를 존경하는 어조로 '선생님'이나 '총통님'이라고 부를 것이다. 누구도 감히 무례하게 부르지 않을 것이다. 마찬가지로 오직 하나님을 가까이하는 사람만이 그분을 두려워하고 경외하며, 함부로 주님의 이름으로 말하거나 행하지 않는다.

우리는 교통이 권위를 대표하는 사람이 되는 기본 조건임을 알아야 한다. 주님께 더 많이 나아갈수록, 주님을 더 많이 가까이할수록 우리는 자신의 잘못을 더 보게 되고, 이전에 옳다고 여겼던 많은 일이 잘못된 일이었음을 보게 될 것이다. 십 년이나 이십 년 전에 확신이 가득하여 옳다고 생각했던 일들에 대해 하나님을 더 많이 알게 된 지금은 어떻게 생각하는가? 우리는 여러 번 스스로에게 '왜 나는 당시에 그렇게 눈멀었을까?', '왜 그렇게 확신으로 가득하여 옳다고 생각했을까?'라고 물을 것이다. 전에 옳다고 생각했던 똑같은 일들이 오늘은 완전히 틀렸다는 것이 드러날 수도 있다. 일단 우리가 하나님을 대면하여 만났다면, 그때부터 우리는 어떤 일에 대해 그렇게 확신 있게 말하지 않을 것이고, 자신을 신뢰하지 않을 것이며, 자신이 틀릴까 봐 두려워할 것이다. 전에 우리가 그렇게 확신했던 것들이 오늘 틀린 것들로 밝혀졌다면, 오늘 옳다고 여기는 것들이 장래에 어떻게 되겠는가? 그러므로 우리가 끊임없이 주님과 교통하는 사람이라면 우리는 감히 함부로 말하지 못한다. 인식이 부족한 사람일수록 자신이 아는 것이 많다고 말한다. 함부로 말하는 사람은 그가 하나님에게서 멀리 떨어져 있는 사람임을 증명하는 것이다.

하나님을 경외하는 것은 외적으로 가장해서 되는 것이 아니다. 오직 하나님께 자주 가까이 나아가는 사람만이 하나님을 경외할 수 있다. 함부로 행하는 사람은 자신을 통제할 수 없는 사람이며, 하나님에게서 멀리 떨어져 있는 사람이다. 스바 여왕은 솔로몬 앞에 나왔을 때 얼이 나갔다(왕상 10:4-5). 그러나 오늘 여기에 솔로몬보다 더 큰 이가 계신다(마 12:42). 주님께 나아갈 때 우리도 얼이 나가야 한다. 우리는 주님의 이름을 함부로 사용하거나 성급하게 입을 열어서는 안 되고, 문 앞에서 기다리는 종처럼 하나님께 "저는 아무것도 모릅니다."라고 말해야 한다. 주님께서 제대로 알지도 못한 채 말하고 결정을 내리는 질병에서 우리를 구출해 주시기를 바란다. 때때로 우리가 주님과 지속적으로 교통하는 사람이 아닌데도 즉시 행동을 취해야 하거나 급하게 결정을 내려야 할 때가 있다. 이것이 많은 사람에게 있는 문제이다. 하나님을 섬기는 사람으로서 하나님의 뜻을 모른 채 함부로 말하는 것보다 더 심각한 문제는 없다. 사람이 주님 앞에서 어떤 문제에 대해 분명해지기 전에 결정을 내리거나 말을 하는 것은 참으로 큰 문제이다. 우리가 늘 하나님 앞에 살고 항상 그분께 가까이 나아갈 때에만 비로소 하나님의 뜻을 분명히 알 수 있다.

주 예수님은 "아들은 아버지께서 하시는 일을 보지 않고는 아무것도 스스로 할 수 없습니다. 왜냐하면 아버지께서 무엇을 하시든지 아들도 그와 같이 하기 때문입니다. … 나는 스스로 아무것도 할 수 없습니다. 나는 듣는 대로 심판하므로 나의 심판은 공정합니다. 왜냐하면 내가 나의 뜻을 구하지 않고 나를 보내신 아버지의 뜻을 구하기 때문입니다."(요 5:19, 30)라고 말씀하셨다. 그러므로 우리는 듣고 이해하고 보는 법을 배워야 한다. 이 모든 것은 우리와 주님 사이의 친밀한 교통에서 비롯된다. 오직 하나님의 임재 안에 사는 사람들만이 들을 수 있고, 이해할 수 있으며, 볼 수 있다. 이러한 배움이 있는 사람들만이 하나님의 뜻을 알 수 있다. 이렇게 하나님의 임재 안에 사는 사람들만이 형제자매들에게 무언가를 말할 수 있고, 형제자매들에게 어려움이 있거나 교회에 문제가 생길 때 어떻게 해야 할지를 안다. 이렇게 하는 것 외에는 모두 주님의 이름을 망령되이 부르는 것이다.

내가 솔직하게 말하는 것을 용서하기 바란다. 오늘날의 문제는 하나님의 종들이나 하나님을 섬기는 사람들이 너무 담대한 데 있다. 더 심하게 말한다면 너무 제한 없이 행하는 데 있다. 어떤 사람은 하나님의 말씀을 듣는 법을 배우지 못했고 어떤 계시도 본 적이 없으며 하나님의 뜻을 깨달은 적도 없는데, 하나님을 위해 감히 말한다! 여러분에게 묻겠다. 여러분은 무슨 권위로 그러한 말을 하는가? 누가 여러분에게 그러한 권위를 주었는가? 여러분이 다른 형제자매들과 다른 점이 무엇인가? 여러분이 한 말이 하나님의 말씀이라는 확신이 없다면, 어디서 그러한 말을 할 권위를 얻었는가? 만일 오늘 내가 여러분을 여러분과 논쟁하는 사람들과 함께 하나님 앞에 가서 다시 말하게 한다면, 여러분은 여러분이 하는 모든 말이 하나님에게서 나온 것임을 확신할 수 있는가? 하나님께서 여러분의 말을 인정하신다면, 여러분의 말은 옳은 것이다. 그러나 하나님께서 여러분의 말을 인정하지 않으신다면, 여러분은 실제로 어떤 권위를 가질 수 있는가? 여러분은 하나님의 권위를 대표하는 것이지 자신이 권위가 아님을 반드시 기억해야 한다. 여러분이 하나님의 권위를 대표하지 않는다면, 무슨 자격으로 말하고 봉사하는가?

하나님의 권위를 대표하는 모든 사람은 반드시 하나님 앞에서 살고, 하나님과 교통하는 것을 배우며, 하나님 앞에서 다룸을 받고 상흔을 지녀야 한다. 여러분이 이러한 사람이어야 형제자매들에게나 교회 안에서 말할 때 자아가 섞이지 않게 되고, 여러분이 하는 말 뒤에 권위가 있다는 확신을 갖게 된다. 여러분은 결코 자신에게 권위가 있다고 생각하거나 권위가 자신에게서 나왔다고 착각하지 말아야 한다. 우리는 하나님 외의 그 누구에게도 권위가 없음을 기억해야 한다. 왜냐하면 성경은 모든 권위가 하나님에게서 나온다고 말하기 때문이다. 그러므로 오늘날 설령 나에게 권위가 있다 하더라도, 그것은 하나님에게서 나와서 나에게 흐르는 것일 뿐이다. 하나님의 권위가 흘러나와 나에게 흘러 들어올 때, 나에게 권위가 있게 된다. 그럴 때 나는 하나님의 권위를 다른 사람들에게 흘려보낼 수 있다. 이것 외에는 나는 다른 모든 사람과 똑같다. 나는 가장 어리석은 사람과 다를 바 없다. 나를 다른 사람과 다르게 만들어 권위가 되게 하는 것은 전적으로 하나님에게서 나오는 것이지 나 자신에게서 나오는 것이 아니다. 그러므로 우리는 하나님을 경외하고 그분과 교통하기를 배워야 한다. 이것은 가벼운 일이 아니다. 우리는 주님께 "저는 다른 모든 형제자매들과 조금도 다르지 않습니다."라고 말씀드려야 한다. 하나님께서 오늘날 이 땅에서 우리에게 권위를 맡기시고 권위를 대표하는 사람이 되는 것을 배우도록 안배하셨다면, 우리는 반드시 주님 앞에서 살고 그분과 끊임없이 교통하며 그분의 뜻을 알도록 기도해야 한다. 하나님 앞에서 무언가를 볼 때에만 우리는 형제자매들에게 그것을 말할 수 있다. 그때서야 우리는 비로소 권위를 대표하는 사람이 될 자격을 갖추게 된다.

왜 우리는 '교통'이라는 단어를 사용하는가? 그것은 교통이 주님 앞에서 한 번에 끝나는 일이 아니라 끊임없이 주님의 임재 안에서 사는 문제이기 때문이다. 주님과 우리의 교통은 평생 지속되는 일이다. 우리는 기본적인 가르침을 배우는 것은 단번에 할 수 있지만, 주님과 함께 사는 것은 지속적인 문제이다. 우리가 하나님에게서 멀어지면 권위는 떠나가고 풍기는 냄새도 이상해진다. 그러므로 우리는 계속해서 하나님 앞에서 살며 항상 그분을 경외해야 한다. 우리는 장래에 하나님의 심판을 통과해야 한다는 것을 항상 명심해야 한다. 하나님은 우리를 쓰기 원하시기 때문에 우리는 항상 그분의 임재 안에서 살아야 한다.

이상의 세 가지는 모두 권위를 대표하는 사람의 기본적인 요건들이다. 권위는 하나님에게서 나오는 것이며, 나는 단지 그분을 대표하는 사람일 뿐이다. 권위는 하나님께 속한 것이므로 우리는 주관적이어서는 안되며 반드시 자신을 부인해야 한다. 이것이 우리가 끊임없이 그분과 교통하며 살아야 하는 이유이다. 권위는 하나님께 속한 것이다. 우리는 단지 그 권위를 대표할 뿐 우리 자신에게는 권위가 없다. 권위는 내게 속한 것이 아니라 하나님께 속한 것이므로 우리는 주관적이어서는 안 되고 교통

안에 살아야 한다. 교통이 끊어지면 권위도 사라진다. 그러므로 권위를 대표하는 사람들은 힘든 위치에 놓이게 되는데, 그들은 그만둘 수도 없고 느슨하게 있을 수도 없다. 우리는 이러한 일이 사람의 생각과 얼마나 다른지 볼 수 있다. 참으로 하나님을 아는 사람은 누구도 권위가 되기를 좋아하지 않는다. 권위를 대표하는 사람이 되는 것은 중대하고 엄중한 일이다.

스스로 권위를 세우지 않음

하나님께서 권위를 세우시는 분이시므로, 권위를 대표하는 사람은 스스로 권위를 세우려고 할 필요가 없다. 나는 몇 명의 형제자매들이 예전에 참으로 어리석었던 것을 알고 있다. 그들은 자신에게 다른 사람을 인도할 권위가 있다고 생각하고 그곳에서 자신의 권위를 세웠다. 이것은 하나님께서 보시기에 어리석은 일이다. 히브리서 5장 4절은 그 누구도 스스로 대제사장의 영예를 얻지 못하며, 아론처럼 하나님의 부름을 받은 사람이라야 얻는다고 말한다. 이것은 권위에 대해서도 마찬가지이다. 어떤 사람도 스스로 권위를 얻을 수 없으며, 하나님께서 주실 때 권위를 갖게 된다. 그러므로 여러분은 다른 사람에게 여러분의 말을 들으라고 요구할 필요가 없다. 누가 잘못 행했다면 그냥 그렇게 행하도록 내버려두라. 누가 순종하지 않는다면 그렇게 하도록 내버려두라. 누가 자신의 길을 가고자 한다면 자신의 길을 가도록 내버려두라. 여러분은 결코 사람들과 다투어서는 안 된다. 내가 하나님께서 세우신 대표 권위자가 아니라면, 왜 사람들에게 내 말을 듣도록 요구해야 하는가? 또한 내가 하나님께서 세우신 대표 권위자라면, 왜 사람들이 나에게 복종하지 않을까 봐 염려해야 하는가? 내가 하나님께서 세우신 대표 권위자라면, 사람들이 나에게 순종하지 않는 것은 곧 하나님께 순종하지 않는 것이다. 그러므로 사람들이 나에게 순종하지 않는 것을 두려워할 필요가 없다. 나에게 권위가 있다면, 사람들이 나와 문제가 생기는 것은 곧 하나님과 문제가 생기는 것이다. 이보다 더 심각한 일은 세상에 없다. 그러므로 우리는 사람들에게 우리의 말을 듣도록 강요할 필요가 없다. 우리는 모든 사람에게 그들이 원하는 대로 하도록 자유를 줄 수 있다. 하나님께서 권위의 후원자이신데, 우리가 더 이상 두려워할 필요가 있는가? 이 땅의 왕들 중에서 신하를 위해 후원자가 되고 지지자가 된 왕들이 있는가? 없다. 그러나 여러분이 하나님의 권위를 대표하는 사람이라면, 하나님께서 여러분을 지키시고 지지하시며 심지어 후원자가 되신다.

우리가 하나님의 권위에 대해 더 많이 알고 우리에게 더 많은 열린 길과 계시와 사역이 있을수록, 우리는 형제자매들에게 그들의 길을 갈 수 있도록 더 많이 자유를 줄 것이다. 우리는 결코 자신의 권위를 옹호하는 어떤 말도 해서는 안 되며, 오히려 사람들에게 완전한 자유를 주어야 한다. 우리가 사역할 때 우리에게 위임이 많을수록 사람들에게 더 많은 자유를 주어야 한다. 형제자매들이 우리에게 오는 것이 자연스러울수록 좋다. 어떤 형제자매들이 우리가 그들의 권위가 되는 것을 원하지 않고 우리에게 오고 싶어 하지 않는다면, 우리는 그들에게 강요할 필요가 없다. 우리에게 권위가 있다면 주님을 얻기를 사모하는 사람들은 기꺼이 우리에게 올 것이다. 우리가 자신의 권위를 옹호하기 위해 말하고 자신의 권위를 세우려고 한다면, 그것은 가장 추한 일이다. 누구도 자신을 위해 권위를 세울 수 없다. 우리에게 어떤 지방에서 다른 사람들에게 사역할 수 있는 무언가가 있다면, 결코 다른 누군가가 그것을 대신할 수 없다. 우리에게 사역이 있다면 우리에게 복종하지 않는 사람들은 손실을 입을 것이다. 하나님의 통치는 가장 놀라운 것이다. 많은 사람이 자신이 영적으로 성장하고 있다고 생각하지만, 그들이 복종하지 않을 때 하나님의 빛이 곧 사라져 버린다. 하루이틀은 알 수 없지만, 어느 정도 시간이 지나면 그들은 틀림없이 하락하게 될 것이다.

우리는 다윗에게서 자신의 권위를 세우려고 하지 않는 가장 좋은 본을 볼 수 있다. 사울이 하나님에게서 버림받은 후, 비록 다윗이 하나님의 기름부음을 받아 하나님에 의해 왕으로 세워졌지만 그는 여전히 여러 해 동안 사울에게 복종했다. 그는 자기 스스로 권위를 세우려고 하지 않았다. 그러므로 하나님께서 여러분을 권위로 세우셨을지라도, 사람들이 여러분을 반대하고 복종하지 않고 거스르는 것을 용납하는 대가를 치를 수 있어야 한다. 그 반대로 여러분이 하나님께서 세우신 권위가 아닌데도 스스로 권위를 세우려고 한다면, 그것은 조금도 쓸모가 없는 일이다. 나는 아내에게 "내가 하나님께서 세우신 권위이므로 내 말을 들어야 한다."라고 말하는 남편을 좋아하지 않는다. 또한 교회 가운데서 형제자매들에게 "내가 하나님께서 세우신 권위입니다."라고 말하는 장로들을 좋아하지 않는다. 여러분이 진정으로 권위를 대표하는 사람이라면 사람들은 자연스럽게 여러분에게 복종할 것이다. 복종하지 않는 사람은 하락하기 시작할 것이고, 반대하는 사람은 영적으로 진보할 수 없을 것이다. 바울은 아시아에 있는 모든 사람이 그를 버렸다고 말한다(딤후 1:15). 우리는 바울을 버린 사람들에게서 영적인 진보를 볼 수 없다. 형제자매들이여, 여러분은 결코 자신의 권위를 세우지 말아야 한다. 하나님께서 여러분을 권위를 대표하는 사람으로 세우셨다면, 다만 받아들이면 된다. 그러나 하나님께서 여러분을 권위를 대표하는 사람으로 세우지 않으셨는데, 왜 여러분이 다툴 필요가 있는가? 우리 가운데서 스스로 권위를 세우는 일은 철저히 근절되어야 한다. 모든 권위는 하나님께서 세우시며, 우리는 스스로 권위를 세우려고 하지 말아야 한다. 하나님께서 참으로 우리를 권위를 대표하는 사람으로 세우셨다면, 사람들에게는 두 가지 길밖에 없다. 그것은 불순종하여 떨어져 나가거나, 순종하여 은혜를 입는 것이다.

권위를 대표하는 사람이 시험을 받을 때

권위를 대표하는 사람이 시험을 받을 때, 우리는 하나님의 통치를 신뢰해야 한다. 결코 조급해하거나 다투거나 자신을 위해 변명할 필요가 없고, 더욱이 자신을 위해 무언가를 할 필요가 없다. 나는 어떤 사람이 "나는 하나님께서 세우신 권위이다."라고 말하는 것을 싫어하며 두려워한다. 우리는 나가서 일할 때 많은 반대와 불법과 거역을 마주하게 될 것이다. 그러나 우리가 참으로 권위를 대표하는 사람이라면, 우리는 자신의 권위를 세우거나 유지하려고 애쓸 필요가 없다. 사람이 거역한다면, 그가 거스르는 대상은 우리가 아니라 하나님이다. 사람이 거역하는 것은 우리의 권위에 죄를 짓는 것이 아니라 하나님의 권위에 죄를 짓는 것이다. 우리는 단지 권위를 대표하는 사람일 뿐이다. 수치를 당하고 비판을 당하고 반대를 당하는 것은 우리가 아니라 하나님이시다. 하나님께서 참으신다면 우리 또한 참아야 하지 않겠는가? 우리는 누구인가? 우리는 나사렛 사람 예수 그리스도를 따르는 비천한 사람들이다. 우리가 멸시받는 것은 마땅하다. 우리가 이것을 보지 못했다면, 하나님께서 우리를 긍휼히 여겨 주시기를 구해야 한다. 어떤 사람이 권위에 죄를 짓는 것은 우리에게 죄를 짓는 것이 아니라 우리에게 있는 권위에 죄를 짓는 것이다. 나는 나의 체험에 따라 이렇게 말할 수 있다. 우리의 권위가 참으로 하나님에게서 온 것이라면, 반대하고 해를 입히려는 사람은 손실을 입을 것이고, 영적인 미래가 없을 것이며, 계시도 중단될 것이다. 하나님의 통치는 참으로 엄중한 문제이다! 우리는 자신을 신뢰하지 않기를 배워야 하고, 하나님을 경외하며 권위가 무엇인지를 알아야 한다. 하나님께서 우리에게 은혜를 베푸시기를 바란다!

제2장
권위를 대표하는 사람이 되는 근거 — 계시

성경:

출 3:1-12 모세는 미디안의 제사장인 장인 이드로의 양 떼를 치고 있었다. 그는 양 떼를 몰고 광야 뒤편으로 가다가 하나님의 산 호렙에 이르렀다. 여호와의 천사께서 가시나무 떨기 가운데서 이는 불꽃 속에서 모세에게 나타나셨다. 그가 보니, 가시나무 떨기에 불이 붙었는데도 가시나무 떨기가 타서 없어지지 않았다. 모세가 말하였다. "내가 돌이켜서 이 놀라운 광경을 보아야겠다. 저 가시나무 떨기가 어째서 타 버리지 않는 것일까?" 여호와께서 모세가 살펴보려고 돌이켜 오는 것을 보셨다. 하나님께서 가시나무 떨기 가운데서 "모세야, 모세야!"라고 부르시자, 그가 "예, 여기 있습니다."라고 대답하였다. 하나님께서 말씀하셨다. "이쪽으로 가까이 오지 마라. 너의 발의 신을 벗어라. 네가 서 있는 곳은 거룩한 땅이다." 하나님께서 또 말씀하셨다. "나는 너의 조상의 하나님, 곧 아브라함의 하나님이요, 이삭의 하나님이요, 야곱의 하나님이다." 그러자 모세는 하나님을 뵙기가 두려워 얼굴을 가렸다. 여호와께서 말씀하셨다. "나는 이집트에 있는 나의 백성이 고통당하는 것을 분명히 보았고, 공사 감독들 때문에 그들이 부르짖는 소리도 들었다. 나는 그들의 슬픔을 안다. 그래서 내가 그들을 이집트 사람들의 손에서 건져 내어, 그들을 그 땅에서 좋고 넓은 땅인 젖과 꿀이 흐르는 땅, 곧 가나안 족속과 헷 족속과 아모리 족속과 브리스 족속과 히위 족속과 여부스 족속이 살고 있는 곳으로 데리고 올라가려고 내려왔다. 지금도 이스라엘 자손의 부르짖는 소리가 내게 들린다. 나는 이집트 사람들이 이스라엘 자손을 억압하는 모습도 보았다. 그러니 이제 가거라. 내가 너를 파라오에게 보내어 내 백성 이스라엘 자손을 이집트에서 이끌어 내게 하겠다." 그러자 모세가 하나님께 말씀드렸다. "제가 무엇이라고 감히 파라오에게 가며, 이스라엘 자손을 이집트에서 이끌어 내겠습니까?" 하나님께서 말씀하셨다. "내가 정녕 너와 함께 있겠다. 네가 이 백성을 이집트에서 이끌어 낸 다음 너희가 이 산에서 하나님을 섬길 것이다. 이것이 내가 너를 보냈다는 표적이 될 것이다."

민 12:1-15 모세가 구스 여자와 결혼하였다. 모세와 결혼한 그 구스 여자 때문에 미리암과 아론이 모세를 거슬러 말하였다. 그들이 말하였다. "여호와께서 참으로 모세를 통해서만 말씀하셨느냐? 우리를 통해서도 말씀하지 않으셨느냐?" 여호와께서 이 말을 들으셨다. 모세라는 사람은 매우 온유하였다. 그는 지면의 어떤 사람보다도 온유하였다. 여호와께서 갑자기 모세와 아론과 미리암에게 말씀하셨다. "너희 셋은 회막으로 나오너라." 그래서 그들 셋이 나아갔다. 그때 여호와께서 구름 기둥 가운데로 내려오셔서 회막 입구에 서시어 아론과 미리암을 부르셨다. 그들이 앞으로 나아가자, 그분께서 말씀하셨다. "너희는 내 말을 들어라. / 너희 가운데 신언자가 있으면, / 나 여호와가 이상 중에 나 자신을 그에게 알리고 / 내가 꿈속에서 그와 말할 것이다. / 나의 종 모세에게는 그리하지 않나니 / 그는 나의 온 집에서 신실한 사람이다. / 그와는 내가 얼굴을 마주 대하여 말하고, 분명히 말하며, 이해하기 어려운 말로 말하지 않거니와 / 그는 나 여호와의 모습을 보는 사람이다. / 그런데 너희는 어찌하여 나의 종 모세를 거슬러 말하는 것을 두려워하지 않느냐?" 여호와께서 그들에게 진노하시고 떠나셨다. 구름이 천막 위에서 떠나자, 미리암이 나병에 걸려 눈처럼 하얗게 되어 있었다. 아론이 미리암을 돌아보니, 미리암이 나병에 걸려 있었다. 아론이 모세에게 말하였다. "오, 나의 주인님! 우리가 너무 어리석어서 지은 이 죄를 부디 우리에게 지우지 마십시오. 부디 미리암이, 살이 반이나 썩은 채로 모태에서 죽어 나온 아이처럼 되지 않게 해 주십시오." 모세가 여호와께 부르짖었다. "오, 하나님! 부디 미리암을 낫게 해 주십시오." 여호와께서 모세에게 말씀하셨다. "미리암의 아버지가 미리암의 얼굴에 침을 뱉었어도 미리암이 칠 일 동안은 부끄러워해야 하지 않겠느냐? 그러니 미리암을 칠 일 동안 진영 밖에 가두고 그 후에 다시 들어오게 하여라." 그리하여 미리암은 칠 일 동안 진영 밖에 갇혔고, 백성은 미리암이 다시 들어올 때까지 진군하지 않았다.

구약에서 하나님께서 세우신 대표 권위자들 중에 모세보다 더 큰 사람은 없다. 우리는 그에게서 많은 것을 배울 수 있다. 모세는 하나님 앞에서 일반적인 다루심과 일생의 다루심을 통과했다. 여기서 우리는 모세가 하나님 앞에서 받은 다루심을 잠시 제쳐 두고, 그의 권위가 다른 사람들에게 거역과 비웃음을 당하고 반대와 거절을 당했을 때 그가 어떻게 반응했는지를 다룰 것이다. 모세는 여러 차례 거절과 반대를 당했지만, 그때마다 합당하게 반응했다.

모세가 하나님에 의해 권위로 세워지기 전에, 그는 그의 동족을 때린 이집트 사람을 죽였고, 두 히브리 사람이 다투는 것을 책망한 적이 있었다. 그때 부당하게 행한 히브리 사람이 그에게 "누가 그대를 우리의 지도자와 재판관으로 세웠습니까?"(출 2:14)라고 반문했다. 그 당시 모세는 십자가와 부활의 의미를 몰랐고 순전히 육체의 힘으로 행동했으므로 그 시험을 견디지 못했다. 그는 누군가를 죽이고 다른 사람들을 책망할 때는 매우 담대해 보였지만, 속으로는 약했고 시험이 오자 두려워했다. 모세는 두려운 나머지 미디안 광야로 도망쳤고, 거기서 사십 년 동안 머물면서 공과를 배웠다(출 2:11-22). 그가 많은 시련을 거친 후, 어느 날 하나님은 그에게 불타는 가시나무 떨기의 이상을 보여 주셨다. 그 가시나무 떨기에 불이 붙었지만 타서 없어지지 않았다. 하나님은 이 계시를 그에게 주신 후에 그를 부르셨고 권위를 대표하는 사람으로 세우셨다. 이러한 훈련과 부름을 통해 모세는 인도자의 자격을 갖추게 되었다. 인도자가 된 후, 그는 여러 번 사람들에게 거절당했다. 한번은 그의 형 아론과 누나 미리암이 그를 거역하고 비판했으며, 그의 대표 권위를 거절했다. 이제 우리는 그때 그가 어떻게 반응했는지를 보도록 하자.

권위가 거절당할 때 어떻게 반응하는가

1. 비방하는 말을 듣지 않음

민수기 12장 1절과 2절은 모세가 구스 여자와 결혼했다고 말한다. 그의 형 아론과 누나 미리암은 이것 때문에 그에게 비방하는 말을 했다. 여기서 우리는 아론과 미리암이 권위를 대표하는 사람인 모세를 거슬러 말함으로써 영적으로 많은 손실을 입은 것을 볼 수 있고, 또한 하나님의 권위를 대표한 모세가 어떻게 반응했는지를 볼 수 있다. 아론과 미리암은 마치 모세에게 이렇게 따지는 것 같았다. "구스 여자를 아내로 취한 너만이 하나님을 위해 말할 수 있는가? 우리는 하나님을 위해 말할 수 없단 말인가? 셈의 자손이 함의 자손을 취하고도 하나님의 출구가 될 수 있다면,

함의 자손과 연합하지 않은 셈의 자손인 우리는 하나님의 출구가 될 수 없단 말인가?" 그들이 동생인 모세의 아내에 대해 따질 수 있을지 모르지만, 그들의 진짜 문제는 모세의 대표 권위를 건드렸다는 것이다. 이 상황에 대해 성경은 "여호와께서 이 말을 들으셨다."라고 기록한다. 성경은 모세가 그 말을 들었다고 말하지 않았다. 여기서 우리는 사람의 말에 만져지지 않고 사람의 비방하는 말을 초월한 사람을 볼 수 있다. 그는 참으로 높고 권위가 있는 사람이었으며, 모든 반대와 비방과 거역은 그의 발아래 있었다. 그는 하나님께서 이 모든 말을 들으시도록 했지만, 자신은 그 말에 귀 기울이지 않았다.

하나님의 말씀의 사역자가 되고자 하거나 하나님의 출구가 되기를 원하거나 형제자매들을 인도하기를 갈망하는 사람들은 반드시 비방하는 말에 귀 기울이지 않기를 배워야 한다. 많은 말을 하나님께서 들으시도록 두어야 한다. 우리는 우리를 비판하거나 비방하는 어떤 말도 주의하지 말아야 한다. 다른 사람이 자신에 대해 어떻게 말하는지를 듣고 싶어 하고, 다른 사람의 말로 인해 화를 내거나 불평하거나 보복하는 사람은 권위를 대표하는 사람이 될 자격이 없다. 사람의 비방하는 말을 듣고 그 말에 만져지거나 비방하는 말에 영향을 받아 넘어지는 사람은 권위를 대표하는 사람이 될 수 없다. 여기서 모세는 비방하는 말에 만져지지 않았다.

2. 변명하지 않음

비방을 당할 때 모세는 결코 자신을 위해 변명하지 않았다. 모든 옹호와 변호와 반응은 사람에게서 나온 것이어서는 안 되고 하나님에게서 나온 것이어야 한다. 자신을 위해 변명하는 사람은 하나님을 모르는 사람이다. 이 땅에 사는 사람들 중에 그리스도보다 더 권위가 있는 사람은 없다.

그러나 그분은 이 땅에서 한 번도 자신을 위해 변명하지 않으신 유일한 분이시다. 권위와 변명은 서로 공존할 수 없다. 언제든지 우리가 누군가에게 변명할 때, 그것은 그 사람이 바로 우리의 재판관임을 의미한다. 우리가 우리를 비판하는 사람에게 변명할 때마다, 우리는 그 사람에게 그가 우리보다 더 높다는 것을 말하는 것이다. 변명하는 사람은 심판을 받는 사람이며, 아무런 권위가 없는 사람이다. 언제든지 우리가 변명할 때, 우리는 권위를 잃게 된다. 우리에게 하나님께서 위임하신 권위가 있는데 사람 앞에서 자신을 위해 변명한다면, 우리는 곧바로 권위를 잃게 된다. 그것은 우리가 그들에게 우리의 재판관이 되어 달라고 간청하는 것과 같기 때문이다.

고린도 사람들 앞에서 바울은 권위를 대표하는 사람이었지만, 그는 "그러나 내가 여러분에게 판단을 받든지, 사람의 날에 판단을 받든지, 나에게는 아주 작은 일입니다. 나도 나 자신을 판단하지 않습니다."(고전 4:3)라고 말했다. 모든 변명은 오직 하나님에게서만 나올 수 있다. 비방의 말과 비판의 말은 오직 하나님께서 들으시도록 해야 한다. 사람의 비방하는 말이 지나치면, 하나님께서 움직이실 것이다. 그러나 우리가 누군가에게 우리 자신을 변명한다면, 사실상 우리는 그 사람을 우리의 재판관으로 만드는 것이다. 우리가 누구 앞에서 자신을 변명한다면, 우리는 그의 발아래 굴복하는 것이다. 그러므로 우리는 결코 사람들에게 자신을 변명해서는 안 되고 누군가에게 이해를 구해서도 안 된다.

3. 매우 온유함

민수기 12장 2절은 하나님께서 비방의 말을 들으셨다고 말하고, 4절은 하나님께서 어떤 행동을 취하셨다고 말한다. 그 사이에 있는 3절에서 한마디가 삽입되었는데, 그 말씀은 다음과 같다. “모세라는 사람은 매우 온유하였다. 그는 지면의 어떤 사람보다도 온유하였다.” 이것이 하나님께서 세우신 대표 권위자이다. 왜 모세는 그들의 비방하는 말을 듣지 않았는가? 아마도 모세는 자신이 틀렸다고 느꼈기 때문에 다투지 않았을 것이다. 하나님은 결코 목이 곧은 사람을 권위를 대표하는 사람으로 세우실 수 없고, 호전적인 사람도 권위를 대표하는 사람으로 세우실 수 없다. 하나님께서 교회 가운데서 세우신 권위는 온유하고 보잘것없어 보이는 사람이다. 하나님은 결코 대단한 카리스마를 가진 사람을 권위를 대표하는 사람으로 세우지 않으시며, 겸손하고 온유한 사람을 권위를 대표하는 사람으로 세우신다. 또한 하나님께서 세우시는 대표 권위자는 일반적으로 온유한 사람이 아니라 지면의 어떤 사람보다도 온유한 사람, 곧 하나님처럼 온유한 사람이다.

권위를 대표하는 사람은 결코 자신의 권위를 세워서는 안 된다. 자신의 권위를 세우려는 사람일수록 권위가 될 자격이 없다. 권위는 하나님에게서 나오는 것이므로, 변호 또한 하나님에게서 나와야 한다. 우리는 강한 사람을 만나기를 바라지 말아야 한다. 우리는 강하고 유능한 사람이 권위를 대표하는 사람이라고 오해하지 않기를 바란다. 오직 바울처럼 약한 사람만이 권위를 대표하는 사람이 될 수 있다는 것을 분명히 알기 바란다. 주님은 그분의 왕국이 이 세상에 속한 것이 아니므로 그분의 하인들도 그분을 위해 싸울 필요가 없다고 말씀하셨다(요 18:36). 하나님의 왕국은 싸워서 세워지는 것이 아니다. 싸워서 얻은 권위는 분명 하나님께서 주신 권위가 아니다.

모세는 지면의 어떤 사람보다도 온유한 사람이었기 때문에 권위를 대표하는 사람이 될 수 있었다는 것을 기억하기 바란다. 만일 내가 여러분에게 권위를 대표하는 사람이 되는 조건을 말하라고 한다면, 열 명 중 아홉 명은 훌륭하고 단정하고 유능하고 위엄이 있어야 한다고 말할 것이다. 사람들은 권위를 대표하는 사람은 반드시 유능하고 위엄 있고 강하고 확신에 차 있고 말을 유창하게 해야 한다고 생각한다. 그러나 이것은 권위를 대표하는 것이 아니라 육체를 대표하는 것이다. 구약에서 하나님께서 세우신 대표 권위자들 중에 모세보다 더 큰 사람이 없었지만, 그는 가장 온유한 사람이었다. 그러한 그도 이집트에 있을 때 매우 거칠었다. 그는 이집트 사람을 죽이고 두 히브리 사람을 책망하며 육체에 따라 사람들을 대했다. 하나님은 이런 그를 그분의 권위를 대표하는 사람으로 세우지 않으셨다. 그가 하나님의 시험과 다루심을 통과하여 지면의 어떤 사람보다도 온유한 사람이 되었을 때 비로소 권위를 대표하는 사람이 될 수 있었다. 권위를 대표하는 사람이 아닌 사람일수록 자신이 권위를 대표하는 사람이라고 더 여긴다. 자신이 권위를 대표하는 사람이라고 여길수록, 그는 권위를 대표하는 사람일 가능성이 낮다.

계시는 권위의 근거임

민수기 12장 4절은 "여호와께서 갑자기 모세와 아론과 미리암에게 말씀하셨다. '너희 셋은 회막으로 나오너라.' "라고 말한다. 여기서 '갑자기'라는 말은 '뜻밖에'라는 뜻이다. 아론과 미리암은 아마 여러 번 모세를 비판했을 것이다. 그런데 갑자기 하나님께서 그들 세 사람을 회막으로 부르셨다. 많은 사람이 회막에서 멀리 떨어진 그들의 집에 거하기 때문에, 매우 쉽게 비판하고 매우 쉽게 권위를 거스르며 함부로 비방하는 말을 한다. 사람들이 집에서는 누구를 비판하기가 쉽고 임의로 할 수 있지만, 회막 앞에 나아올 때 모든 것이 분명해진다. 그들 세 사람이 회막 앞에 나왔을 때, 여호와께서 아론과 미리암에게 "너희는 내 말을 들어라."(6상절)라고 말씀하셨다. 그들은 전에 "여호와께서 참으로 모세를 통해서만 말씀하셨느냐?"라고 말했지만, 이제 하나님은 그들에게 그분의 말씀을 들으라고 하셨다. 이것은 그들이 하나님의 말씀을 듣는 법을 전혀 배우지 못했고, 여호와께서 말씀하시는 것이 어떤 것인지 알지 못했음을 보여 준다. 그날 여호와께서 그들에게 처음으로 말씀하셨다. 그런데 하나님께서 그들에게 하신 말씀은 계시의 말씀이 아니라 책망의 말씀이었고, 하나님의 영광을 나타내는 말씀이 아니라 그들의 행위를 심판하는 말씀이었다. "너희는 내 말을 들어라."라는 말씀 속에는 전에 말한 적이 없지만 이제 어쩔 수 없이 약간 말한다는 뜻이 들어 있다. 또한 이 말씀 속에는 "너희가 여러 날 동안 많이 말해 왔다. 이제 내(하나님)가 한번 말해 보겠다. 말하기를 좋아하는 너희는 오늘 내 말을 들어라."라는 뜻도 들어 있다. 말이 많은 사람은 하나님의 말씀을 들을 수 없고, 오직 온유한 사람만이 하나님의 말씀을 들을 수 있다. 모세는 말이 많지 않고 온유했다. 그는 하나님께서 이렇게 하라고 하시면 이렇게 하고, 저렇게 하라고 하시면 저렇게 할 수 있었다. 하나님께서 앞으로 가라고 하시면 앞으로 가고, 뒤로 가라고 하시면 뒤로 갈 수 있었다. 그러나 아론과 미리암 두 사람은 까다롭고 고집이 셌다.

그 후에 하나님은 그들 중 어떤 사람이 신언자인지 모르시는 것처럼, 어떤 것을 잊어버리신 것처럼 "너희 가운데 신언자가 있으면"(민 12:6)이라고 말씀하셨다. 그러나 하나님은 신언자가 있을지라도 그분께서 기껏해야 이상이나 꿈으로 그들에게 말씀하실 것이지만(6하절), 모세에게는 얼굴을 마주 대하여 말하고, 분명히 말하며, 이해하기 어려운 말로 말하지 않는다고 말씀하셨다(8절). 이것이 하나님의 변호, 즉 변명이다. 하나님께서 모세에게 하신 말씀은 계시이고 빛이며 분명한 것이었다. 모세는 자신을 위해 변명하지 않았으며, 하나님께서 그를 위해 변명해 주셨다.

그렇다. 하나님의 자녀들 가운데 주님의 이름으로 나가는 사람에게는 반드시 권위가 있다. 그러나 여러분 스스로 권위를 세우지 말고, 자신을 위해 변명하지 않기를 바란다. 계시는 아론과 미리암에게 주어진 것이 아니라 모세에게 주어졌다. 하나님과 얼굴을 맞대고 말할 수 있는 사람이 바로 하나님께서 세우신 대표 권위자이다. 권위를 세우는 것은 하나님의 선택에 달려 있다. 이것은 하나님 자신의 일로서 사람이 간섭할 수 없는 것이다. 사람의 비방으로도 결코 권위를 폐할 수 없다. 하나님께서 모세를 세우실 수 있다면 폐하실 수도 있다. 이것은 모두 하나님 자신의 일이므로 우리는 이것에 대해 의문을 제기할 자격이 없다. 사람의 비방하는 말로 모세의 권위를 폐할 수 없다. 하나님 앞에서 사람의 가치는 다른 사람이 그를 어떻게 보느냐에 달려 있지 않고, 자기 자신이 스스로를 어떻게 보느냐에 달려 있지도 않다. 하나님 앞에서 사람의 가치는 계시에 근거한다. 계시가 바로 하나님의 측량과 평가의 기준이다. 권위를 세우는 것은 하나님의 계시에 달려 있다. 하나님 또한 계시에 근거하여 사람을 평가하신다. 사람이 하나님께 버림받는 순간 계시는 없어지고 하나님은 더 이상 그에게 말씀하지 않으신다. 하나님은 모세가 그분의 종이라고 말씀하셨고, 그와 얼굴을 마주 대하여 말한다고 말씀하셨다. 하나님께서 계시를 주신 사람이 권위이고, 그렇지 않은 사람은 권위가 아니다. 아론과 미리암이 불평할 때, 하나님은 "너희에게 계시가 얼마나 있느냐? 나의 계시는 모세에게 있다."라고 말씀하셨다.

권위를 대표하는 사람이 되기를 배우기 위해서는 하나님 앞에서 우리의 상태를 주의해야 한다. 우리가 나가서 일을 하는 것은 아론과 미리암이 우리를 측량하는 것에 달린 것이 아니라, 하나님께서 우리를 측량하시는 것에 달려 있다. 하나님께서 우리에게 계시를 주시고, 우리가 그분으로부터 분명한 말씀을 듣고, 하나님과 얼굴을 마주 대하여 교통하는 사람이라면, 누구도 우리를 폐할 수 없다. 하늘에 이르는 길이 분명하지 않고 하늘이 우리에게 열려 있지 않다면, 이 땅의 모든 문이 우리에게 열려도 다 소용이 없다. 하늘이 열리는 것이 바로 하나님의 확증이고, 하나님의 자녀라는 증거이며, 또한 하나님의 아들의 자격이 있다는 증거이다. 주님께서 침례를 받으시자 하늘이 열렸다(마 3:16). 침례는 곧 죽음이다. 그분께서 십자가에 못 박히셨을 때, 그분은 죽음에 들어가시어 무덤에 안치되셨다. 어둠이 가장 심하고 고통이 극에 달하며 모든 문이 닫혔을 때, 하늘이 열렸다. 권위가 되는 근거는 바로 계시이다. 그러므로 자신을 위해 다투지 않고, 자신을 위해 말하지 않기를 배우라. 여러분은 아론과 미리암과 같은 무리와 권위를 가지고 다투지 말라. 여러분이 산 아래로 내려가서 권위를 가지고 다툰다면, 여러분은 자신이 완전히 육체에 속하고 어둠에 속하며 또한 산 위에서 아무것도 보지 못한 사람임을 증명한다.

하나님의 종

민수기 12장 7절에서 하나님은 "그(모세)는 나의 온 집에서 신실한 사람이다."라고 말씀하셨다. 이 절은 신약의 히브리서에서 인용되었다. 히브리서는 우리에게 모세가 하나님의 아들이신 그리스도를 예표하며, 이스라엘 온 집에서 신실했던 사람임을 보여 준다(3:2). 하나님은 마치 아론과 미리암에게 이렇게 말씀하시는 것 같다. "모세가 구스 여자를 취한 것이 너희 집안에서는 신실하지 못한 것일지라도, 내 백성을 섬기는 데 있어서 그는 나의 온 집에서 신실한 사람이다. 모세의 아내가 너희 집안에서는 합당하지 않은 사람이기 때문에 너희가 모세를 비방했을지 모르지만, 그는 나의 종이다. 너희는 어찌하여 나의 종 모세를 비방하는 것을 두려워하지 않느냐?"

하나님은 모세를 '나의 종'이라고 부르셨다. 내가 하나님의 종이라는 의미는 내가 하나님께 속했고 하나님의 소유이며 하나님께서 값을 주고 사신 사람이라는 것이다. 그러므로 나를 잃어버리시면 하나님의 손실이지 나의 손실이 아니다. 종을 둔 사람이 종을 잃어버린다면 재산을 잃어버리는 것이다. 모세는 하나님의 종이므로 그를 잃어버리시면 하나님의 손실이지 나의 손실이 아니다. 모세는 하나님의 종이므로 하나님의 재산이다. 이 때문에 누군가가 하나님의 종을 비방할 때, 하나님께서 직접 나서서 말씀하시는 것이다. 우리는 자신을 위해 변명할 필요가 없고, 자신의 권위를 세울 필요도 없다. 이것은 하나님의 일이다. 나는 하나님의 종이기 때문에, 내가 비방을 받을 때 하나님께서 직접 나서실 것이다. 하나님께서 나서지 않으신다면 우리가 나선들 무슨 소용이 있겠는가? 우리가 자신의 권위를 세울 필요가 있단 말인가? 하나님께서 나를 권위로 세우셨다면, 스스로 자신을 세우지 말고 계시가 증명하게 해야 한다. 다른 사람에게 계시와 공급이 있다면, 그것은 하나님께서 나를 권위를 대표하는 사람으로 확증하지 않으신 것이다. 그러나 하나님께서 나를 권위로 세우셨다면, 하나님은 다른 사람들에게 계시와 공급을 막으심으로 내가 권위를 대표하는 사람임을 확증하실 것이다. 권위를 대표하는 사람인 여러분에 대해 누가 문제를 삼는다면, 이것은 여러분이 대표하는 하나님께 문제를 삼는 것이다. 그들에게 생명이 조금이라도 있다면 그들의 하늘은 닫힐 것이고, 그들은 여러분에게 고개를 숙여 여러분이 권위를 대표하는 사람임을 시인할 것이다.

나는 그 누구도 일어나서 "내가 권위를 대표하는 사람이다."라고 말하지 않기를 바란다. 시간과 계시가 여러분이 권위를 대표하는 사람임을 증명하게 하라. 계시가 가장 좋은 변호이다. 오늘 여러분이 나는 하나님께서 선택하신 사람이고 나에게 계시와 권위가 있다고 말한다고 하자. 여러분을 반대하고 불순종하는 사람이 하나님 앞에서 계시를 받았다면, 그것은 하나님께서 여러분을 지지하거나 권위를 대표하는 사람으로 확증하지 않으셨다는 것을 의미한다. 그렇다면 여러분이 나서서 자신을 위해 말하는 것은 쓸모가 없다. 여러분이 하나님의 온 집에서 신실하고 여러분의 모든 것을 하나님의 집에 바쳤다면, 그리고 하나님께서 다른 사람들의 하늘을 다 닫으셨다면, 이것은 하나님께서 여러분을 권위를 대표하는 사람으로 세우셨다는 것을 입증하는 것이다. 그러므로 권위는 하나님께 달려 있고 여러분 자신에게 달려 있지 않다. 오늘날 가장 큰 문제는 바로 사람 자신이다. 여러분이 무엇이 하나님의 권위이고 하나님의 길인지를 안다면, 내가 여러 차례 말했듯이 여러분은 자신이 하나님의 소유이기 때문에 누군가가 여러분과 다투는 것은 하나님과 다투는 것이라는 점을 반드시 기억해야 한다. 사람들이 여러분을 만지는 순간 하나님은 그들의 하늘을 닫으실 것이다. 그러면 그들은 돌이켜 회개하며 여러분이 하나님의 권위를 대표하는 사람임을 인정할 것이다. 그러므로 여러분 스스로 권위를 세울 필요가 없다. 모든 것은 하나님께서 여러분을 확증해 주시는지에 달려 있다. 하나님께서 여러분을 비방하는 사람의 하늘을 닫으신다면, 그것은 하나님께서 여러분을 권위를 대표하는 사람으로 세우셨다는 것을 확증한다.

개인적인 감정이 없음

민수기 12장 8절 끝에서 하나님은 “그런데 너희는 어찌하여 나의 종 모세를 거슬러 말하는 것을 두려워하지 않느냐?”라고 말씀하셨다. 하나님께서 보시기에 어떤 일들은 두려워해야 할 일들이다. 하나님은 하나님이시다. 그분은 사랑과 빛과 영광과 거룩함이 무엇인지 아신다. 심지어 그분은 두려움이 무엇인지 아신다. 하나님은 여기서 아론과 미리암을 대신해 두려워하셨던 것이다. 하나님은 그들에게 "너희는 어찌하여 나의 종 모세를 거슬러 말하는 것을 두려워하지 않느냐?"라고 말씀하셨다. 본래 하나님께는 두려워할 것이 없으시다. 그러나 그분은 이 두 사람에게 모세를 거슬러 말하는 것, 즉 비방하는 것이 두려워해야 할 일임을 알려 주셨다. 하나님께서 보시기에 이 일은 두려운 일이었다. 그들이 완전히 어둠과 무지와 무감각한 상태에 있지 않았다면, 그들은 내적으로 두려워했어야 했다. 이 시점에서 하나님은 더 이상 말씀하지 않으셨다. 그분은 아직 심판을 집행하지 않으셨지만, 그들에게 진노하시며 떠나셨다(민 12:9).

하나님은 이와 같이 그분의 권위를 지키시는 데 많은 힘을 쏟으신다. 나는 다시 한번 엄중하게 이 요점을 말하겠다. 하나님은 결코 모세의 권위를 지키신 것이 아니라 그분 자신의 권위를 지키신 것이다. 만일 하나님의 종에게 잘못이 있다면, 그것은 하나님의 일이라고 우리는 정중하게 말할 수 있다. 하나님은 여기서 "너희가 모세를 거슬러 말했다."라고 말씀하지 않으시고 "너희가 나의 종 모세를 거슬러 말했다."라고 말씀하셨다. 여기서 하나님의 종의 이름은 모세이다. 다른 사람에게도 동일한 상황이 벌어졌다면, 여전히 '나의 종'에 그 사람의 이름이 더해질 것이다. 그러므로 하나님께서 그분 자신의 권위를 지키신 것이지 모세의 권위를 지키신 것이 아니다. 하나님은 어떤 사람도 그분의 권위에 해를 입히는 것을 허락하지 않으신다. 그분의 권위를 거스르는 사람에 대해 하나님은 진노하시며 떠나신다.

하나님께서 떠나시자 구름이 성막 위에서 떠났다(민 12:10). 구름은 하나님의 임재를 상징한다. 그러므로 구름이 떠난 것은 하나님의 임재가 사라졌다는 것을 의미한다. 본래 구름이 움직이면 하나님도 움직이셨고, 성막도 따라서 움직였다. 그러나 이번에는 구름이 움직였을 때 미리암이 나병에 걸렸다. 원래는 구름이 움직일 때 이스라엘 백성도 움직여야 했다. 그러나 그날 그들은 거역이 일어나 더 이상 나아갈 수 없었다. 아론은 이 일을 보고 두려워했다. 왜냐하면 자신도 이 거역에 가담했기 때문이다. 미리암이 이 일에 앞장섰기 때문에 그녀가 나병에 걸린 것이었다.

모세는 줄곧 말을 하지 않았다. 그는 성막의 계시가 없을 때 말하지 않는 공과를 배운 사람이었다. 그는 구변이 있었지만 아무 말도 하지 않았고, 아론이 그에게 용서를 구할 때까지 입을 열지 않았다. 무릇 마음과 입이 제한을 받지 못하는 사람은 결코 권위를 대표하는 사람이 될 수 없다. 하나님의 권위가 있는 사람은 분명 입과 마음에 하나님의 권위를 가지고 있다. 아론이 모세에게 간청하자 모세는 그들을 위하여 여호와께 부르짖었다. 이전에 모세는 마치 방관자와 같았다. 그는 조금도 원망하지 않았고 책망하지 않았으며 비판하지도 않았다. 아론이 그에게 간청하자 그는 하나님께 기도했다. 이것이 십자가이다. 여기서 우리는 그에게 개인적인 감정이 없는 것을 본다. 그는 미리암이 나병에 걸린 것을 보고 아론이 두려워하며 그에게 간청하자 즉시 하나님께 간구했다. 그는 냉담한 태도로 "좋습니다. 그대의 체면을 봐서 그대 대신 입을 열어 하나님께 말씀드려 보겠습니다."라고 하지 않았다. 모세는 즉시 하나님께 간구했다. 그는 자신의 의견이 전혀 없었다. 그에게는 심판하거나 벌을 내릴 뜻이 없었다. 하나님의 목적이 이루어지자, 그는 신속히 용서했다. 권위는 하나님의 명령을 집행하기 위한 것이지 자기를 높이기 위한 것이 아니다. 권위를 대표하는 사람은 하나님의 자녀들이 하나님 자신을 느끼도록 해야지, 그 사람 자신을 느끼도록 해서는 안 된다. 우리는 사람들을 우리 자신의 권위가 아닌 하나님의 권위 아래로 이끌기 위해 여기에 있다. 따라서 우리 자신이 거절당하는 것은 사소한 일이다. 그러므로 민수기 12장 13절에서 모세는 "오, 하나님! 부디 미리암을 낫게 해 주십시오."라고 기도했다. 그는 개인적인 감정이 없었기 때문에 권위가 되기에 합당한 사람이었다. 우리는 개인적인 감정에서 벗어나도록 하나님께 간구해야 한다. 사람이 일단 개인적인 감정에 얽매이면 하나님의 일은 어려움을 겪게 되고 하나님은 제한을 받게 되신다.

그때 모세는 하나님께 재앙을 내려 달라고 하지 않았을 뿐 아니라 오히려 미리암을 긍휼히 여기시고 치료해 달라고 간구했다. 만일 모세가 긍휼을 입지 못하고 하나님의 은혜를 알지 못했다면, 그는 첫째로 아론에게 "하나님께서 여러분에게도 말씀하신다고 하셨는데, 왜 직접 하나님께 간구하지 않습니까!"라고 말했을 것이고, 둘째로 하나님께 "당신께서 저를 변호해 주지 않으시면, 저는 그만두겠습니다."라고 말했을 것이다. 여기서 하나님은 모세에게 자신을 변호할 기회를 주신 것 같다. 그리고 이 기회는 모세 자신이 구하여 얻은 것이 아니라 저절로 주어진 것이다. 모세는 "하나님께서 침묵하시면 저는 아무것도 할 수 없습니다. 그러나 지금 하나님께서 무언가를 하셨기 때문에, 저는 이 기회를 붙잡아 저의 정당함을 입증하겠습니다."라고 말할 수 있었다. 그러나 모세는 이 기회를 이용하여 변명하지도 보복하지도 않았다. 그는 하나님께 "저의 형과 누나가 저를 비난하고 있습니다. 하나님께서 저를 위해 아무것도 하지 않으시면 저는 그만두겠습니다."라고 말할 수도 있었다. 사람들은 하나님의 변호를 이용하여 쉽게 자신의 억울함을 호소하고 심지어 보복한다. 그러나 모세는 변명도 보복도 하지 않았으며, 하나님의 변호를 이용하지도 않았다. 그는 개인적인 감정이 없었고 자신 안에서 살지 않았다. 그의 눈에는 이러한 일이 아무것도 아닌 것 같다. 우리는 모세의 혈기가 완전히 처리된 것을 볼 수 있다. 모세는 보복하지 않았을 뿐 아니라, 도리어 그리스도께서 십자가에서 자신을 박해하는 사람들을 위해 기도하셨듯이(눅 23:34) 미리암을 치료해 달라고 하나님께 간구했다. 어떤 사람들은 하나님의 권위를 대표하는 사람이 되는 것이 쉬운 일이라고 생각한다. 그러나 하나님의 권위를 대표하는 사람이 되는 것은 쉬운 일이 아니다. 여러분은 자신을 완전히 비워야만 권위를 대표하는 사람이 될 수 있다.

모세는 참으로 하나님을 대표했기 때문에, 참으로 하나님의 아들과 같았고 참으로 하나님의 권위를 대표하는 사람이 될 수 있었다. 그는 육체에 영향을 받지 않았고, 자신을 보호하거나 변명하지도 않았으며, 자신을 공격하는 사람들에게 보복하지도 않았다. 그러므로 하나님의 권위가 그를 통과할 때 조금도 방해받지 않았다. 우리는 모세가 참으로 하나님의 권위를 만난 사람이라고 말할 수 있다. 그는 육체나 혈기나 자아에 전혀 영향을 받지 않았기 때문에, 하나님의 권위를 대표하는 사람이 될 자격이 있었다.

제3장

권위를 대표하는 사람의 품격 — 사람들에게 은혜를 베풂

성경: 민수기 16장

모세는 반역을 어떻게 다루었는가

이스라엘 자손의 반역 중에서 민수기 16장에 기록된 것보다 더 심각한 것은 없다. 레위 지파의 고라가 앞장서서 반역을 주도했고, 르우벤 지파의 다단과 아비람이 가담했으며, 이백오십 명의 인도자들도 이 반역에 가담했다. 그들은 합세하여 아주 강한 말로 모세와 아론을 공격했다. 이것은 아주 큰 반역이었다. 민수기 12장의 비방은 아론과 미리암에게만 국한되었고, 그것은 단지 등 뒤에서 투덜거린 것에 지나지 않았다. 그러나 16장의 반역은 단체적인 것이었고, 모세와 아론을 직접 공격한 것이었다. 그들은 "그대들은 너무 분수에 지나치오. … 그런데 어찌하여 그대들은 여호와의 회중보다 스스로를 높이는 것이오?"(3절)라고 말했다. 그들의 말은 심각하고 대담했다. 우리는 여기서 첫째로 모세라는 사람의 상태와 태도가 어떠했는지, 둘째로 모세가 이러한 상황에 어떻게 대처하고 그들에게 어떻게 답변했는지를 주의해야 한다.

1. 첫 번째 반응 —
얼굴을 땅에 대고 엎드림

민수기 16장 4절은 이러한 상황에 대한 모세의 첫 번째 반응이 얼굴을 땅에 대고 엎드린 것이었다고 말한다. 이것은 실로 하나님의 종이 반드시 가져야 할 태도이다. 그 많은 사람이 서서 말할 때, 오직 모세만이 땅에 엎드렸다. 여기서 우리는 권위를 만난 사람을 본다. 그는 정말로 온유했고 개인적인 감정이 없었으며 자신을 위해 변명하거나 누구와 다투지도 않았다. 그가 첫 번째 한 일은 먼저 땅에 엎드린 것이었다. 5절부터 7절까지에서 모세는 그들에게 이렇게 말하는 것 같다. "여호와께서 누가 그분께 속한 사람이고 거룩한 사람인지, 누가 하나님을 가까이하는 사람인지 모두 알고 계십니다. 우리는 다툴 필요가 없습니다. 아침이 되면 우리는 모든 것을 알게 될 것입니다. 나는 나 자신을 위해 아무 말도 하지 않겠습니다. 누가 하나님께 속한 사람인지를 그분께서 나타내실 것입니다. 여러분이 되든 내가 되든 다 좋습니다. 하나님께서 판명하시도록 합시다. 내일 아침에 우리가 다 하나님 앞에 나아가 향로로 시험받고 주님께서 이 일을 판단하시도록 합시다. 우리는 다툴 필요가 없습니다. 하나님께서 그분께 속한 사람을 선택하시도록 합시다. 우리가 하나님 앞에 나아가 하나님께서 말씀하시도록 합시다." 모세는 땅에 엎드려 온유하게 이러한 말을 했다. 그러나 그의 마지막 몇 마디는 매우 무겁고 담대했다. "레위 자손이여, 여러분이야말로 너무 분수에 지나칩니다."(7절) 이 말은 하나님을 아는 연로한 사람의 탄식이다. 이스라엘 백성은 오랫동안 광야를 떠돌았지만, 아직 가나안 땅에 들어가지 못했다. 모세는 여전히 그들이 살아서 가나안 땅에 들어가기를 바랐다. 그러므로 그는 그들이 회복되기를 바랐다.

2. 권면과 회복

민수기 16장 8절부터 11절까지의 말씀은 모세가 고라를 회복하기 위한 권면의 말이다. 모세는 그들의 공격을 반드시 처리해야 했다. 그러려면 다음 날까지 기다렸다가 결과를 보아야 했다. 그러나 모세는 이 일의 심각성을 알았기 때문에 그들을 위해 염려했다. 단지 탄식하거나 염려하는 것으로는 소용이 없기에, 모세는 그들에게 권면해야 한다고 느꼈다. 모세는 고라에게 이렇게 말하는 것 같다. "하나님께서 여러분 레위 자손을 선택하시어 여호와의 성막에서 봉사하게 하신 것이 작은 일입니까? 거기에 만족하지 않고 이제는 제사장 직분까지 요구합니까? 여러분이 이렇게 하는 것은 나를 거스르는 것이 아니라 여호와를 거스르는 것입니다." 모세는 관대한 사람이었을 뿐 아니라, 자신이 하는 일에 확신이 있었다. 그는 이 일의 심각성을 알았기 때문에, 그들을 염려했고 그들에게 권면했다. 권면은 거만의 표시가 아니라 겸손의 표시이다. 사람들은 모세를 공격하며 곤경에 빠뜨렸다. 사람들이 이 정도로 심하게 잘못된 지경에 이르렀는데도 모세는 여전히 그들에게 권면했다. 이것이 참으로 겸손한 사람의 특징이다. 다른 사람이 계속 잘못하도록 내버려두는 것은 우리의 마음이 완고하여 그들을 회복시키고자 하는 원함이 없다는 것을 증명한다. 권면하지 않는 것은 겸손하지 않기 때문이다. 다른 사람에게 권면하지 않는 것은 여러분이 교만하다는 것을 증명한다. 모세는 반대자들의 공격을 당할 때에도 여전히 그들에게 권면하고 공개적으로 그들을 다루었다. 심지어 그는 그들이 회개하기를 바라면서 그들에게 하룻밤의 시간을 주었다.

모세는 반역한 사람들을 다룰 때, 그들을 나누어서 처리했다. 먼저는 레위인 고라를 처리했고, 그런 다음에 다단과 아비람을 처리했다. 민수기 16장 12절에서 모세가 사람들을 보내어 다단과 아비람을 불렀을 때, 그들은 올라오기를 거절하고 모세와 결별하기로 했다. 여기서 우리는 하나님의 권위를 대표하는 사람은 비록 자신이 거절당할지라도 그들과 결별하기를 바라지 않고 그들이 회복되기를 바라는 것을 본다. 그들은 모세가 자기들을 젖과 꿀이 흐르는 땅에서 이끌어 내었다고 말했다(13절). 이 말은 사실과 정반대되는 말이다. 그들은 이집트에서 벽돌을 굽던 일을 잊어버렸다. 거기에는 젖도 꿀도 없었고 벽돌을 구울 짚조차도 없었다. 이것은 마치 여러분에 의해 구원을 받은 한 청년이 구원받은 후에 오히려 여러분을 원망하면서 여러분 때문에 불 못에 가게 되었다고 말하는 것과 같다. 또한 이것은 가나안 땅의 풍성을 보고도 들어가기 싫어하여 모세에게 불평했던 열 명의 정탐꾼과도 같다. 다단과 아비람의 반역이 극에 달했기 때문에, 그들을 심판하는 것 외에는 다른 방도가 없었다. 모세는 힘을 다해 그들을 회복시키고자 했지만, 그들은 두 번이나 올라가지 않겠다고 선언했다. 이 말을 들은 모세는 몹시 화가 나서 하나님 앞에 나아가 이 일을 처리했다(15절). 그 후 모세는 고라에게 다음과 같이 말했다. "그대와 그대의 무리는 모두 내일 여호와 앞에 나오십시오. 그대와 그대의 무리와 함께 아론도 나올 것입니다. 각자 자기 향로를 가져다가 그 위에 향을 놓고, 각자 자기 향로를 여호와 앞에 바치십시오. 향로는 이백오십 개가 될 것입니다. 그대와 아론도 각자 자기의 향로를 바쳐야 합니다."(16-17절) 그러자 고라의 무리가 회막 입구에 모여 다시 모세와 아론을 대적하려고 할 때, 여호와의 영광이 온 회중에게 나타났다.

하나님은 심판하시기 위해 나타나셨다. 고라는 이러한 반역의 주동자였고, 회중은 추종자들이었다. 하나님은 주동자들을 없애 버리실 뿐 아니라 추종자들까지도 없애 버리려고 하셨다(민 16:21). 그러나 모세는 다시 하나님께 엎드렸다. 처음에 모세는 그의 형제들 앞에서 엎드렸다. 이번에는 하나님 앞에서 엎드렸다. 그는 온 회중을 위해 간구했고, 온 회중이 보존되도록 하나님께 기도했다. 하나님은 그의 간구를 들어주셨고, 회중에게 악한 사람들의 천막에서 물러나라고 명령하셨다(22-24절). 모세는 일어나 다단과 아비람(그들은 르우벤 지파에 속하여 다른 곳에 거주했음)에게 갔다. 그들이 모세에게 오지 않고 모세가 그들에게 간 것이다. 모세는 회중에게 그들에게서 떠나라고 명령했고, 하나님은 고라와 다단과 아비람을 심판하셨다(25-33절).

3. 심판하는 영이 없음

하나님께서 심판을 집행하려고 하실 때, 모세는 "이것을 통해서 여러분은 이 모든 일이 여호와께서 나를 보내시어 하게 하신 것이지, 내가 스스로 한 것이 아니라는 것을 알게 될 것입니다."(민 16:28)라고 말했다. 모세는 온유한 사람으로서 그렇게 하는 것이 그의 뜻이 아니며 하나님께서 그렇게 하도록 명령하신 일임을 설명했다. 모세는 그의 느낌 안에서 반역하는 어떤 사람도 심판할 뜻이 없었다. 그는 하나님께서 그렇게 하시기를 원하셨기 때문에 그렇게 한 것이다. 모세는 자신이 하나님의 종임을 계속 보여 주었다. 모세는 그들이 그에게 죄를 지었다고 말하지 않고 여호와께 죄를 지었다고 말했다. 우리는 모세의 영을 만지기를 배워야 한다. 모세는 심판할 뜻이 전혀 없었다. 모세는 하나님의 종이었기 때문에 다만 하나님께 복종하기를 원했다. 모세에게는 자신의 느낌이 없었다. 그에게는 그들이 그를 보내신 하나님께 죄를 지었다는 느낌이 있을 뿐이었다. 이어서 모세는 하나님께서 그를 보내셨고 이를 입증하는 증거를 보여 주실 것이라고 말했다. 여기서 우리는 모세가 이 부분에서 실패할 수 없다는 것을 깨달아야 한다. 모세가 실패했다면 이스라엘 백성을 이집트에서 나오게 하는 일도 실패로 끝났을 것이다. 사람들이 영원한 생명을 얻도록 하나님께서 그리스도를 보내신 것처럼, 이스라엘 백성을 이집트에서 이끌어 내도록 하나님께서 모세를 보내셨다. 하나님은 반드시 모세를 굳건하게 세우셔야 했다. 하나님의 심판의 결과로 이스라엘의 세 집이 멸망하였고, 이백오십 명의 인도자들이 불에 태워졌다. 하나님은 한 차례의 큰 심판을 집행하심으로 그분의 권위를 대표하는 사람을 견고히 세우셨다. 반역하는 사람들의 길은 음부로 가는 길이다. 반역은 죽음과 연결된다. 권위는 하나님께서 세우시는 것이기 때문에, 사람이 하나님께서 세우신 권위에 죄를 짓는 것은 바로 하나님을 멸시하는 것이다. 여기서 우리는 모세가 권위를 대표하는 사람으로서 어떻게 행동했는지를 본다. 그는 스스로 어떤 판결을 내리지 않았고, 어떤 주장도 하지 않았으며, 그 안에는 심판의 영이 없었다.

4. 중보기도와 속죄

이스라엘 온 회중은 땅이 입을 벌리는 것을 보고 두려워 도망쳤다(민 16:34). 그러나 그들은 심판을 두려워한 것이지 하나님을 두려워한 것이 아니었다. 그들은 여전히 모세를 몰랐고 마음속에 변화가 없었다. 따라서 두려워하는 것으로는 소용이 없었다. 그들은 하룻밤 동안 곰곰이 생각하다가 다음 날 다시 반역했다. 온 회중은 한목소리로 모세와 아론에게 불평하며 "그대들이 여호와의 백성을 죽였소."(41절)라고 말했다. 참으로 하나님의 은혜를 만지지 못한 사람은 어떤 변화도 기대할 수 없다. 그때 하나님은 나서서 온 회중을 순식간에 없애 버리려고 하셨다. 여기서 우리는 권위를 대표하는 사람이 반대에 어떻게 반응했는지를 보아야 한다. 사실 모세는 이스라엘 온 회중이 자신을 공격할 때 "이 일은 분명히 하나님께서 하신 일인데, 여러분은 왜 나를 비난하십니까?"라고 말하며 크게 화를 낼 수도 있었다. 이스라엘 백성은 하나님과 대면하려고 하지 않고 전적으로 권위를 대표하는 사람과 이 문제를 처리하려고 했다. 42절부터 44절까지는 하나님께서 모세와 아론보다 더 빨리 반응하셨음을 우리에게 보여 준다. 그때 하나님의 영광이 갑자기 나타났고 구름이 회막을 덮었다. 하나님은 이스라엘 온 회중을 심판하려고 하셨다. 하나님은 모세와 아론에게 이 회중에게서 물러나라고 명령하셨다. 하나님께서 이렇게 명령하신 것은 마치 모세와 아론에게 "어제 너희의 기도는 잘못되었지만, 나는 너희의 기도를 들어주었다. 오늘 나는 온 회중을 없애 버릴 것이다. 너희가 무슨 할 말이 있겠느냐?"라고 말씀하시는 것 같다. 하나님은 결코 틀리지 않으시지만 긍휼이 가득하시다. 그분은 전날 모세의 기도를 들어주셨다. 그러나 이날 그분은 더 이상 그들의 반역을 용납하지 않으셨다.

그러자 모세와 아론은 세 번째로 얼굴을 땅에 대고 엎드렸다. 모세의 영적인 감각은 매우 예민했다. 그는 이번의 문제가 기도로 해결될 수 없음을 알았다. 왜냐하면 어제의 죄는 분명히 드러나지 않았지만, 오늘의 죄는 완전히 드러났기 때문이다. 그래서 그는 즉시 아론을 시켜 향로를 가지고 회중에게로 가서 그들을 위해 희생 제물을 바쳐 속죄하라고 말했다(민 16:45-47). 우리는 여기서 모세가 참으로 권위를 대표하는 사람으로서의 자격을 갖추고 있었음을 본다. 모세는 이스라엘 백성에게 닥칠 비참한 결과를 알았고, 또한 이스라엘 백성의 모든 손실이 실제로는 하나님의 손실임을 알았다. 그러므로 모세는 하나님께서 여전히 죄들을 용서하시는 은혜를 베푸시기를 바랐다. 그의 마음에는 사랑과 긍휼이 가득했다. 이것이 하나님을 아는 사람의 마음이다. 모세는 제사장이 아니었기에 희생 제물을 드릴 수 없었다. 그러나 그는 상황이 매우 위급하고 더 이상 하나님과 상의할 수 없다는 것을 알았다. 그래서 그는 아론에게 즉시 백성을 위해 희생 제물을 바쳐 속죄하라고 말했다. 이것은 중보기도에 속죄를 더한 것이다. 비록 이미 재앙이 시작되었지만, 아론이 죽은 사람들과 산 사람들 사이에 서자 재앙이 그쳤다. 그때 이 재앙으로 죽은 사람이 만 사천칠백 명이었다(민 16:48-49). 만일 모세와 아론의 반응이 조금만 늦었다면 아마 더 많은 사람이 죽었을 것이다.

여기서 우리는 모세가 어떤 사람이었는지, 그리고 그가 하나님의 권위를 대표하는 사람으로서 어떻게 행동했는지를 본다. 모세의 마음은 속죄에 있었다. 이러한 그의 마음은 주님의 마음처럼 은혜가 가득했다. 그의 마음에는 심판이 아니라 속죄와 용서가 있었다. 그러므로 누가 하나님의 권위를 대표하는 사람이 될 수 있는가? 하나님의 권위를 대표하는 사람은 한편으로 하나님을 대표하고, 다른 한편으로 하나님의 자녀들을 돌보고 어깨에 짊어지는 사람이다. 하나님의 권위를 대표하는 사람은 반드시 하나님의 백성을 돌보아야 하는데, 그는 순종하는 사람뿐만 아니라 반역하고 거역하는 사람도 어깨에 짊어져야 한다. 자신만 관심하고, 다른 사람이 자신을 어떻게 대했는지를 생각하며, 이런 사람을 견딜 수 없고 저런 사람을 참을 수 없다고 불평하는 사람은 권위를 대표하는 사람이 될 자격이 없다. 하나님께서 찾으시는 권위를 대표하는 사람은 하나님 자신께 복종하는 사람일 뿐 아니라, 권위를 대표하는 사람으로 섬기는 중에 다른 사람의 반대에 합당한 태도를 지닐 수 있는 사람이다. 사람들의 반역이나 거스름에 대한 반응은 그 사람이 어떤 사람인지를 드러낸다. 많은 사람이 자신의 체면만 생각하며, 다른 사람들의 비판과 말과 오해와 반대에 매우 신경을 쓴다. 그들의 마음은 자기 자신에게만 사로잡혀 있다. 그들은 자신을 가장 중요한 사람으로 여긴다. 이러한 사람들은 결코 하나님의 권위를 대표하는 사람이 될 수 없다.

권위를 대표하는 사람의 품격 — 사람들에게 은혜를 베풂

우리는 일을 하러 나갈 때 모세에게서 배워야 한다. 그는 자신에 대해 신실한 것이 아니라 하나님의 온 집에 대해 신실했다. 만일 모세가 하나님의 집이 손실을 입도록 내버려두었다면, 그의 육신은 어느 정도 편안했을지 모른다. 그러나 모세가 그렇게 했다면, 그는 신실하지 못했을 것이다. 우리는 우리 개인이 버림받고 멸시받을 수 있지만, 여전히 하나님의 자녀들의 일을 짊어질 수 있어야 하고 하나님의 집에 손실이 없게 해야 한다. 우리는 여기서 모세가 하나님의 온 집에 얼마나 신실했는지를 보여주는 한 폭의 아름다운 그림을 볼 수 있다. 아론이 이스라엘 백성을 위해 희생 제물을 바치는 동안, 모세는 하나님께 엎드려 기도했다. 그는 하나님께서 어떻게 하실지 몰랐다. 그는 아론에게 이스라엘 백성의 속죄를 위해 희생 제물을 바치라고 했다. 이스라엘 백성은 모세를 거슬렀지만, 모세는 그들의 죄들을 짊어지고 그들의 일을 돌보았다. 그들은 모세를 반대하고 거절했지만, 모세는 그들을 위해 중보기도 했다. 그들이 모세에게 죄를 범했지만, 모세는 그들의 죄를 용서해 달라고 구했다. 모세는 비방을 받았지만, 오히려 하나님 앞에서 중보기도 했다. 여기서 우리는 어떤 사람이 하나님의 권위를 대표하는 사람인지를 볼 수 있다. 하나님의 권위를 대표하는 사람은 자신의 느낌에 따라 행해서는 안 되고, 자신을 위하거나 자기중심적인 사람이 되어서는 안 된다.

우리가 권위를 대표하는 사람이 되고자 한다면, 반드시 하나님의 자녀들을 짊어지기를 배워야 한다. 우리는 하나님의 모든 자녀들을 포용하고 짊어질 수 있는 은혜로운 사람이 되게 해 달라고 그분께 간구해야 한다. 우리가 자신의 느낌만 돌본다면, 결코 하나님의 모든 자녀들의 어려움을 짊어질 수 없다. 우리는 자신이 모세와는 달리 너무나 마음이 좁고 완고하다는 것을 자백해야 한다. 하나님 안에는 은혜가 있지만, 그분은 그것을 직접 주기를 원하지 않으신다. 하나님은 그분의 종이 외적으로 그분의 의를 수행하면서 내적으로 그분의 은혜를 구하기를 원하신다. 하나님의 일은 겉으로는 의롭지만, 그분의 마음은 은혜로 충만하다. 하나님은 그분의 모든 종들, 곧 그분의 권위를 대표하는 사람들이 그분의 마음을 가지고 은혜로 충만하기를 원하신다. 하나님은 우리가 사람들에게 은혜를 베풀기를 원하신다. 하나님은 우리가 우리 속에 은혜가 있도록 그분께 구하는 것을 기뻐하신다. 오늘날 마음이 좁고 자기만 돌보는 사람이 어찌 그리 많은지! 그것은 많은 사람이 다른 사람의 비난을 조금도 받지 않으려고 하기 때문이다. 그러나 하나님께서 사람들의 비난을 받으실 수 있다면, 우리도 마땅히 사람들의 비난을 받을 수 있어야 한다.

우리가 참으로 교회와 하나님의 모든 자녀들을 짊어지고 주님 앞에 엎드리는 것을 배운다면, 하나님은 오늘날 이 땅에서 그분의 권위를 대표하는 사람을 찾으실 수 있다. 우리가 은혜를 더 많이 베풀수록 하나님의 권위를 대표하는 사람이 될 수 있는 충분한 자격을 갖추게 된다. 은혜로 사람을 대하는 것이 권위를 대표하는 사람의 품격이다. 무릇 의로 사람을 대하는 사람은 권위를 대표하는 사람이 될 자격이 없다. 이 공과를 잘 배우기 위해 우리는 모든 시간을 기도하는 데 드려야 한다. 여러분은 공격을 받을 때 축복하는 법을 배우고, 거절을 당할 때 중보기도 하는 법을 배우며, 다른 사람이 여러분에게 죄를 범할 때 용서의 기도를 하는 법을 배워야 한다. 하나님의 권위를 대표하는 모든 사람은 은혜를 베푸는 사람이다. 무릇 의만 말하는 사람은 모두 하나님의 긍휼을 구해야 한다. 우리는 오직 하나님만이 모든 일에서 의를 집행하시도록 해야 하고, 우리 자신은 모든 사람에게 은혜를 베풀어야 한다. 이것이 권위를 대표하는 사람의 품격이다.

제4장

권위를 대표하는 사람이 되는 근거 — 부활

성경: 민수기 17장

민수기 17장의 목적은 하나님께서 이스라엘의 반역을 어떻게 다루시는지를 보여 주기 위한 것이다. 16장에는 전례 없던 반역이 나오고, 17장은 그 반역이 어떻게 멈추었는지를 말한다. 이 모든 것은 우리에게 반역과 죽음에서 벗어나는 길을 보여 준다. 하나님은 무엇을 하셨는가? 하나님은 이스라엘 자손에게 그분께서 세우신 대표 권위자가 그분에게서 비롯되었음을 증명하셨고, 또한 권위를 세우신 근거와 이유가 무엇인지를 보여 주셨다. 이러한 근거는 하나님께서 세우신 모든 권위에 없어서는 안 될 항목이다. 어떤 사람에게 이러한 근거가 부족할 때, 그는 권위를 대표하는 사람이 될 수 없다.

하나님은 부활을 권위의 근거로 삼으심

하나님은 열두 인도자들에게 이스라엘 열두 지파에 따라 열두 개의 막대기를 가져다가 회막 안 증거판 앞에 놓아두라고 명령하셨다. 그리고 하나님은 그분께서 선택하신 사람의 막대기에 싹이 날 것이라고 말씀하셨다(민 17:5). 막대기는 나무토막이다. 그것은 잎사귀와 뿌리를 잘라 낸 나무토막이다. 그것은 한때 살아 있었지만, 이제는 죽었다. 나무로부터 진액을 공급받아 꽃을 피우고 열매를 맺을 수 있었지만, 이제는 죽었다. 열두 막대기는 모두 잎사귀와 뿌리가 없는 죽고 마른 것들이다. 하나님은 싹이 난 막대기가 바로 하나님께서 선택하신 막대기라고 말씀하셨다. 여기서 우리는 부활이 하나님의 선택의 근거임을 볼 수 있다. 이같이 권위의 근거는 부활이다.

민수기 16장은 사람이 하나님의 권위를 대표하는 사람을 거스르고 하나님께서 세우신 권위를 반대하는 것에 대해 말한다. 17장은 하나님께서 세우신 권위에 대한 확증을 말한다. 하나님은 부활을 근거로 그분께서 세우신 권위를 확증하셨고, 이로써 사람들의 불평을 멈추게 하셨다. 물론 사람은 애초에 하나님께 이유를 물을 권리가 없었다. 그러나 하나님은 그분 자신을 낮추시어 그분께서 권위로 세우신 이유와 근거를 사람들에게 알려 주셨다. 하나님은 이스라엘 자손이 이의를 제기할 수 없도록 하시기 위해서, 그분께서 세우신 권위의 근거가 부활임을 말씀하셨다.

아론과 이스라엘 자손은 모두 아담의 후손이며 육체에 속한 사람들이다. 본성과 타고난 기질에 따르면, 그들 모두는 진노의 자식들이며 그들 사이에는 아무런 차이가 없었다. 열두 막대기는 모두 잎사귀도 뿌리도 없는, 죽어 있고 생명이 없는 동일한 막대기였다. 이것은 우리에게 봉사의 근거가 우리의 타고난 것에 있지 않다는 것을 보여 준다. 하나님께 받은 부활 생명이 우리에게 권위를 준다. 권위는 사람의 어떠함에 달려 있지 않고 그 사람에게서 부활이 나타나는지에 달려 있다. 아론과 다른 사람들은 별 차이가 없었다. 다만 하나님께서 아론을 선택하시어 그에게 부활 생명을 주신 것에서 다른 사람들과 차이가 있을 뿐이었다. 그러므로 권위의 근거는 바로 부활이다.

마른 막대기에 싹이 난 것은 사람을 겸손하게 함

이 열두 막대기를 증거판 앞에 둔 지 하루가 지난 후, 하나님은 아론의 막대기에 싹이 나고 꽃이 피어 아몬드 열매가 맺히게 하셨다. 하나님께서 마르고 죽은 막대기 안에 생명의 능력을 불어넣으셨다. 모세는 모든 막대기를 가지고 나와서 하나님 앞에서 이스라엘 자손에게 보여 주었다. 아론의 막대기에 싹이 난 것은 어떤 의미가 있는가? 싹이 난 막대기는 막대기의 주인을 겸손하게 하고, 다른 막대기의 주인의 입을 다물게 한다. 만일 우리가 아론이 가진 막대기처럼 죽어서 싹이 날 가망이 전혀 없는 마른 막대기를 가지고 있다고 하자. 그다음 날 우리의 마른 막대기에 싹이 나고 꽃이 피며 열매가 맺힌 것을 본다면, 우리는 어떻게 반응하겠는가? 우리는 눈물을 흘리며 하나님께 "이것은 당신께서 하신 일이지 제가 한 일이 아닙니다. 저의 영광이 아닌 당신의 영광입니다."라고 말할 것이다. 그럴 때 우리는 자연히 하나님 앞에서 겸손해질 것이다. 이것은 참으로 바울이 "그러나 우리는 이 보배를 질그릇 속에 담고 있습니다. 이것은 그 탁월한 능력이 하나님께 속한 것이지 우리에게서 나오는 것이 아니라는 것을 나타내시려는 것입니다."(고후 4:7)라고 말한 것과 같다. 어리석은 사람만이 교만하다. 그러나 은혜를 받은 사람은 하나님 앞에 엎드려 "이것은 당신께서 하신 일이므로 저는 자랑할 것이 없습니다. 이것은 저의 원함이나 달음질에 달려 있지 않고 당신의 긍휼에 달려 있습니다. 제게 있는 모든 것 중에 받지 않은 것이 하나도 없으며, 제가 가진 모든 것은 당신의 선택으로 말미암은 것입니다."라고 말씀드릴 것이다.

여기서 우리는 권위의 근거가 우리 자신에게 달려 있지 않고, 우리 자신과 무관함을 볼 수 있다. 그러한 체험을 한 후, 아론은 다시 권위를 가지고 하나님을 섬기면서 하나님께 이렇게 말씀드렸을 것이다. "저의 막대기는 그들의 막대기처럼 죽어 있었습니다. 저는 당신을 섬길 수 있지만 그들은 섬길 수 없고, 제게는 영적인 권위가 있지만 그들에게는 없습니다. 이것은 막대기에 무슨 차이가 있어서가 아닙니다. 저의 막대기와 그들의 막대기는 똑같이 말라 있었고 똑같이 아무것도 아닙니다. 막대기 자체가 쟁점이나 이유가 아닙니다. 제가 선택된 이유는 오직 하나님의 긍휼 때문입니다. 바로 하나님께서 저를 선택하신 것입니다." 그때부터 아론은 막대기를 의지해 섬기지 않고 싹이 난 것을 의지해 섬겼다.

사역의 표시는 바로 부활임

막대기는 사람의 지위를 상징하고, 싹이 나는 것은 부활 생명을 상징한다. 지위로 말하자면, 열두 지파의 열두 사람은 모두 인도자의 지위를 가지고 있었다. 다른 인도자들이 자기 지파를 대표하듯이 아론은 레위 지파를 대표할 뿐이었다. 아론은 자기의 지위에 근거하여 하나님을 섬길 수 없었다. 왜냐하면 아론의 지위는 다른 지파의 사람들과 동일했기 때문이다. 이것이 다른 지파에서 반대 의견을 낸 이유이다. 그때 하나님은 어떻게 하셨는가? 하나님은 그들에게 열두 막대기를 지성소 안에 있는 증거판 앞에 하룻밤 동안 놓아두라고 말씀하셨다. 그리고 하나님께서 선택하신 사람의 막대기에 싹이 나게 하셨다. 이것이 바로 죽음을 통과한 부활이다. 하나님은 죽고 부활한 이들만을 인정하신다. 하나님은 죽음과 부활을 거친 이들만 그분을 섬기는 종으로 여기신다. 그러므로 사역의 표시는 바로 부활이다. 사람은 자신의 지위를 의지하여 하나님을 섬길 수 없고, 반드시 하나님의 선택을 의지하여 섬겨야 한다. 하나님께서 아론의 막대기에 싹이 나고 꽃이 피며 열매가 맺히게 하신 것을 눈으로 본 후, 다른 지파 사람들은 아무 말도 할 수 없었다.

그러므로 권위는 쟁취해서 얻는 것이 아니라 하나님께서 세우시는 것이다. 권위는 인도자의 지위와는 관계가 없다. 우리가 권위인지 아닌지는 우리가 죽음과 부활을 거쳤는지에 달려 있다. 우리에게 다른 사람들과 차이가 있기 때문에 우리가 영적인 권위가 되는 것이 결코 아니다. 모든 것이 은혜와 선택과 부활에 달려 있다. 칠흑 같은 어둠과 눈멂 가운데 떨어진 사람만이 교만해진다! 우리 자신을 의지해 막대기를 일평생 그곳에 둔다 해도 결코 싹이 나지 않을 것이다. 오늘날의 문제는 땅에 엎드려 자기 자신이 다른 사람들과 같다고 인정하는 사람을 찾기가 어렵다는 것이다.

어리석은 사람만이 교만함

주 예수님께서 어린 나귀를 타고 예루살렘에 들어가셨을 때, 많은 사람이 "호산나! 주님의 이름으로 오시는 분을 찬송하여라!"라고 외쳤다(막 11:8-10). 그때 어린 나귀는 "호산나!"라고 외치는 사람들의 소리를 들었고, 자신이 지나가도록 잎이 무성한 가지를 베어다가 땅에 까는 것을 보았다. 아마 그 나귀가 말을 할 수 있었다면, 주님께 고개를 돌려서 "이것이 주님을 향한 환호입니까, 아니면 저를 향한 환호입니까?"라고 물었을

지도 모른다. 심지어 어미 나귀에게 "제가 어머니보다 낫지 않습니까?"라고 말했을지도 모른다. 그 나귀는 자기 위에 타고 계신 분이 누구이신지 전혀 알아보지 못했다. 하나님의 많은 종들도 종종 이렇게 어리석을 때가 많다. 그 나귀는 다른 나귀와 다를 바 없었다. 차이점은 그 위에 타고 계신 분이 주님이시라는 것이다. 그 나귀가 찬양을 받은 것이 아니라 그 나귀 위에 타신 주님께서 찬양을 받으신 것이다. 사람들이 "호산나!"라고 외친 것이 여러분을 향한 것이 아니고, 땅에 겉옷과 잎이 무성한 가지를 깐 것도 여러분을 위한 것이 아니다. 오직 어리석은 사람만이 자기가 남보다 낫다고 말한다.

아론이 막대기에 싹이 난 것을 보았다면, 가장 먼저 놀라서 눈물을 흘리며 주님께 경배하면서 다음과 같이 말했을 것이다. "저의 막대기에 싹이 난 것은 어찌 된 일입니까? 저의 막대기가 다른 이의 것과 같지 않습니까? 어찌하여 저에게 이와 같은 큰 영광과 능력을 주십니까? 제 자신으로 말미암아서는 저의 막대기에 영원히 싹이 날 수 없습니다." 육체에서 난 것은 영원히 육체이다. 하나님의 모든 백성이 육체라면 아론 또한 그러하다. 이 일을 거친 후에, 다른 사람은 여전히 속을지라도 아론은 결코 그럴 수 없었다. 그는 모든 영적 권위가 하나님에게서 온 것임을 깨달았다. 오늘날 우리도 자신에게는 교만할 만한 아무런 이유도 없다는 것을 깨달아야 한다. 오늘날 우리가 긍휼을 입은 것은 하나님께서 기꺼이 우리에게 긍휼을 주시기를 원하셨기 때문이다. 본래 우리는 이 사역을 감당할 수 없는 사람들이지만, 우리가 감당할 수 있게 된 것은 하나님에게서 난 것이다(고후 3:5). 사람이 하나님 앞에 산다고 말하면서도 겸손하지 않다는 것은 매우 이상한 일이다. 어린 나귀가 그날의 환호가 자기를 위한 것이라고 생각했다면, 그것은 얼마나 어리석고 지나친 자기 확신인가! 어느 날 그 나귀는 그것이 얼마나 부끄러운 일인지를 깨닫게 될 것이다. 설령 우리가 영광을 바라더라도, 우리의 영광은 현재가 아니라 미래에 있다.

모든 젊은 형제자매들은 겸손하기를 배워야 한다. 여러분이 앞에 놓인 길을 갈 수 있는 것은 조금도 여러분 자신에게 달려 있는 것이 아님을 알아야 한다. 우리는 결코 영적인 일을 조금 배웠다고 해서 자신을 남과 다르다고 생각하지 말아야 한다. 모든 것이 하나님께서 주시는 은혜에 달려 있다. 우리 자신은 아무것도 할 수 없다. 아론은 막대기에 싹이 나게 한 일이 하나님께서 하신 일이고, 사람의 타고난 능력을 초월하는 일임을 알았다. 하나님은 막대기에 싹이 나게 하심으로 이스라엘 자손에게뿐 아니라 아론에게도 말씀하신 것이다. 그날 이후로 아론은 모든 봉사가 자신에게서 나온 것이 아니라 싹이 나는 것에 근거한다는 것을 알게 되었다. 오늘날 우리가 하나님을 섬기고자 한다면, 우리는 반드시 우리의 봉사가 부활에 근거하고, 이 부활은 우리 자신이 아닌 하나님께 근거한다는 것을 인식해야 한다.

부활이란 무엇인가

이제 우리는 부활이 무엇인지를 물어야 한다. 부활은 우리의 타고난 생명에서 나오는 것이 아니고, 우리 자신에게서 나오는 것도 아니며, 우리의 능력에 근거한 것도 아니다. 부활은 우리 자신을 초월한 것이고, 우리 자신 안에서 할 수 없는 것이다. 막대기에 색을 칠하고 꽃 모양을 새길 수 있지만 싹이 나게 할 수는 없다. 나는 이 세상에서 사용한 지 십여 년이 지난 막대기에서 싹이 날 수 있다는 것을 들어 본 적이 없다. 그러나 아론의 막대기에는 싹이 나고 꽃이 피었는데, 이것은 하나님께서 하신 일이다. 또한 이 세상에 월경이 끊어진 여자가 아이를 낳는다는 것도 들어 본 적이 없지만 사라는 이삭을 낳았는데, 이것 또한 하나님께서 하신 일이다. 그러므로 사라는 부활을 대표한다. 부활이란 무엇인가? 부활은 바로 자신은 아무것도 할 수 없고 오직 하나님만 하실 수 있다는 것이다. 부활은 우리 자신에 의해서가 아니라 하나님에 의해서라는 것을 의미한다. 여러분이 다른 사람보다 총명하고 말을 잘하는 것은 별로 중요하지 않다. 여러분이 어느 정도 영적이라면, 그 근거는 여러분 자신에게 있지 않고 하나님께서 여러분에게 일하신 것에 있다. 아론이 어리석게도 다른 사람들에게 "나의 막대기는 여러분의 막대기와 다릅니다. 나의 막대기가 더 매끄럽고 더 빛나고 더 곧기 때문에 싹을 낼 수 있었습니다."라고 말한다면, 이것은 얼마나 어리석고 우스운 말이겠는가? 우리가 잠시라도 다른 사람들과 다르다고 생각한다면, 이것은 가장 어리석은 생각이다. 우리에게 다른 점이 조금이라도 있다면, 그것은 주님께서 일하신 결과이다. 부활은 모든 것이 하나님에게서 나왔다는 것을 의미한다.

이삭의 이름의 뜻은 '웃음'이다. 아브라함은 왜 아들의 이름을 '웃음'이라고 지었는가? 여기에는 두 가지 이유가 있다. 첫 번째는 하나님께서 아브라함에게 사라가 아들을 낳을 것이라고 약속하셨을 때, 사라가 듣고 웃었기 때문이다. 사라가 웃은 것은 당연하다. 그녀는 자신의 월경이 끊어지고 태가 닫혔기 때문에, '어떻게 내가 아들을 낳을 수 있겠는가?'라고 자문하며 아이를 낳는 것이 불가능한 일이라고 생각했다. 그래서 하나님께서 그녀가 아이를 낳을 것이라고 말씀하셨을 때 웃은 것이다. 두 번째는 사라가 다음 해에 하나님의 말씀대로 아이를 낳았을 때, 이번에 그녀는 정말 기뻐서 웃었다. 그래서 하나님은 아이의 이름을 '웃음'을 의미하는 이삭이라고 짓게 하셨다(창 18:10-15). 첫 번째는 자신이 할 수 없기 때문에 웃었고, 두 번째는 놀랍게도 그 일이 이루어졌기 때문에 웃었다. 사람에게 첫 번째 웃음이 없다면 두 번째 웃음도 없다. 사람이 자신의 할 수 없음을 깨닫지 못한다면, 결코 하나님의 능력을 체험할 수 없다. 사라는 자신을 알고 있었다. 사라는 자신에 대해 충분히 알고 있었다. 그녀는 자신이 할 수 없다는 것을 알고 있었다. 하지만 하나님께서 이루신 일을 보자 그녀는 기뻐하며 웃을 수 있었다. 그러므로 부활이란 무엇인가? 부활은 하나님께서 우리 안에 없는 것을 우리에게 주셨다는 것을 의미한다. 성경은 사람이 할 수 없다고 거듭 증언하지만, 많은 사람은 여전히 자신이 할 수 있다고 생각한다. 오늘부터 우리는 고개 숙여 정말로 우리 자신은 아무것도 할 수 없음을 철저히 보기 바란다. 만일 어떤 사람이 봉사의 일에 있어서 정말로 자신이 할 수 없다는 것으로 인해 웃는다면, 그는 분명히 "이 일은 내가 할 수 있는 일이 아니다. 나는 나 자신을 철저히 안다. 그러나 주님께서 나를 위해 이 일을 해 주실 것이다."라고 말하며 또 한 번 웃게 될 것이다. 우리에게서 권위가 조금 나타날 때, 우리는 반드시 주님께 "이것은 주님께서 하신 일이지 제가 한 일이 아닙니다."라고 말씀드려야 한다. 부활은 "나는 할 수 없지만 하나님은 모든 것을 하실 수 있다."는 것을 의미한다.

부활은 봉사의 영원한 원칙임

모든 봉사의 원칙은 싹 난 막대기에 달려 있다. 하나님은 열한 개의 다른 막대기들은 각자에게 돌려주시고 오직 아론의 싹 난 막대기만 언약궤 안에 두어 영원한 기념이 되게 하셨다. 이것은 부활이 하나님을 섬기는 영원한 원칙이라는 뜻이다. 하나님을 섬기는 사람은 죽었다가 부활한 사람이다. 하나님은 그분의 백성에게, 그분을 섬기는 권위는 부활에 근거하는 것이지 그들 자신에 근거하는 것이 아님을 거듭 증언하신다. 하나님을 섬기는 일은 반드시 죽음과 부활을 통과해야만 하나님께 기쁘게 받아들여질 수 있다. 부활은 우리 자신이 아닌 하나님이다. 부활은 우리는 할 수 없지만 하나님은 하실 수 있다는 것이다. 부활은 우리가 하는 것이 아니라 하나님께서 하신다는 것이다. 자신을 높이 평가하고 자신에 대해 잘못된 판단을 내리는 모든 사람은 부활이 무엇인지 영원히 알 수 없다. 누구도 스스로 무엇이든 할 수 있다는 착각을 해서는 안 된다. 만일 어떤 사람이 자신은 대단한 사람이고 유능하고 유용한 사람이라고 생각한다면, 그는 부활을 모르는 사람이다. 그러한 사람은 아마 부활의 교리와 이유와 결과는 알지 모르나 부활 자체는 알지 못하는 사람이다. 부활을 아는 사람은 누구나 자신에 대해 절망하는 사람이다. 부활을 아는 사람은 누구나 자신이 할 수 없다는 것을 안다. 천연적인 힘이 남아 있는 한 부활 능력은 나타날 길이 없다. 사라가 아이를 낳을 수 있는 한 이삭은 태어날 수 없다. 우리가 할 수 있는 것은 천연적인 영역에 속하고, 우리가 할 수 없는 것은 부활의 영역에 속한다.

오늘날 하나님의 능력은 창조가 아닌 부활 안에서 나타난다. 하나님의 가장 큰 능력은 창조가 아닌 부활을 통해서 나타난다. 하나님의 능력이 창조로 나타날 때에는 그 앞에 죽음이 필요하지 않지만, 하나님의 능력이 부활로 나타날 때에는 그 앞에 죽음이 필요하다. 무릇 창조된 것은 그 앞에 선행되는 것이 없으나 부활한 모든 것은 그 앞에 선행되는 것이 있다. 그러므로 사람이 창조로 소유하게 된 것에 의존해 산다면 부활을 체험할 수 없다. 사람에게 창조로 얻게 된 능력만 있다면, 그에게는 아직 부활이 없는 것이다. 그의 존재가 창조된 그대로라면 그에게는 부활이 없는 것이다. 또한 사람이 창조로 소유하게 된 것만 가지고 있다면, 그에게는 부활이 없는 것이다. 우리는 반드시 죽은 개와 같이 자신은 아무것도 할 수 없고, 아무것도 아니며, 아무것도 없다는 것을 인정해야 한다. 우리가 이렇게 인정할 때, 여전히 우리 안에 살아 있는 무언가가 있음을 발견하게 된다. 이것이 바로 부활이다. 우리가 창조되기 위해서는 죽음을 알 필요가 없지만, 부활하기 위해서는 반드시 하나님 앞에 엎드려 “저는 아무것도 할 수 없고, 아무것도 아니며, 아무것도 가진 것이 없습니다. 저는 이런 사람입니다. 제가 다른 사람에게 무언가를 줄 수 있다면, 그것은 당신께서 저에게 주셨기 때문입니다. 제가 무언가를 할 수 있다면, 그것은 당신께서 저를 통해 하셨기 때문입니다.”라고 말씀드려야 한다. 우리가 이렇게 주님 앞에 엎드릴 때, 우리는 하나님께서 우리 안에 일하신 것만을 갖게 될 것이다. 오늘 이후로 우리는 다시는 착각하지 말아야 한다. 우리는 죽어 있는 것은 모두 우리에게 속한 것이고, 살아 있는 것은 모두 하나님께 속한 것임을 분명히 알아야 한다. 우리는 우리 자신과 주님을 분명히 구분해야 한다. 죽음과 관련된 모든 것은 우리에게 속한 것이고, 생명과 관련된 모든 것은 주님께 속한 것이다. 우리는 자주 착각하지만 주님은 착각하지 않으신다. 사람은 막바지에 이르러서야 자신이 아무런 쓸모가 없다는 것을 인정하게 된다. 사라가 이삭을 낳았을 때, 그녀는 자신의 힘으로 이삭을 낳았다고 생각할 만큼 어리석지 않았을 것이다. 어린 나귀가 사람들이 “호산나!”라고 외친 것이 자신을 향한 것이라고 착각하는 것은 옳지 않다. 주님께서 우리를 다시는 하나님께 속한 것과 우리에게 속한 것을 혼동하지 않는 지점에까지 이끌어 주시기 바란다.

권위를 대표하는 모든 사람은 마땅히 잘못 생각하지 말아야 한다. 그들은 권위에 대해 오해하지 말아야 한다. 권위는 우리에게서 나온 것이 아니라 하나님에게서 나온 것이다. 우리는 단지 권위를 유지하는 사람에 불과하다. 이것을 본 사람만이 권위를 대표하는 사람이 될 자격이 있다. 그러므로 형제자매들이여, 나는 여러분이 나가서 일을 할 때, 자신에게 권위가 있다고 생각할 정도로 어리석지 않기를 바란다. 언제든지 부활의 원칙을 어길 때 권위는 사라진다. 언제든지 자신의 권위를 내세울 때 권위는 사라진다. 왜냐하면 마른 막대기는 죽음 외에 아무것도 산출할 수 없기 때문이다. 권위는 타고난 생명이 아닌 부활과 함께 있기 때문에, 여러분에게 부활이 있을 때 권위도 있는 것이다. 우리에게 속한 모든 것은 다 타고난 것이다. 그러므로 권위는 우리에게 있지 않고 주님께 있다.

보배와 질그릇

고린도후서 4장 7절의 바울의 말은 여기의 가르침과 일치한다. 나는 종종 바울이 이 장에서 놀라운 한 폭의 그림을 그렸다고 생각해 왔다. 바울은 자기 자신을 질그릇, 곧 흙으로 만들어진 토기로 비유했고, 자신 안에 있는 부활 능력을 보배로 비유했다. 이것은 또한 보배로운 향유를 옥합에 담은 것과 같다. 바울은 자기 자신은 질그릇에 지나지 않지만 자신 안에 있는 보배에는 탁월한 능력이 있음을 인식했다. 이 둘 사이에는 매우 큰 차이가 있다. 바울은 이 부활 능력이 보배이며 동시에 탁월한 능력이라고 말한다. 이것은 정직한 사람의 참된 말이다. 탁월하다고 말했으므로 탁월한 것이다. 이어서 그는 자신이 사방에서 압박을 받아도 보배로 말미암아 짓눌리지 않는다고 말한다. 자신은 나아갈 길을 찾을 수 없어도 보배로 말미암아 나아갈 길이 전혀 없는 것이 아니다. 자신은 박해를 받아도 보배로 말미암아 버림받지 않는다. 자신은 맞아 쓰러져도 보배로 말미암아 멸망하지 않는다. 자신으로 말하자면 사방에서 압박을 받지만, 보배로 말하자면 짓눌리지 않는다. 한편으로 죽음이 있지만 다른 한편으로 생명이 있다. 한편으로 자주 죽음에 넘겨지지만, 다른 한편으로 생명이 산출된다. 한편으로 죽음이 활동하지만 다른 한편으로 생명이 나타난다. 고린도후서 4장과 5장은 바울의 사역의 핵심을 열어 준다. 여기에서 우리는 다른 것이 아닌 죽음과 부활의 원칙을 발견한다. 우리에게 있는 것은 모두 죽음이고, 주님에게 있는 것은 모두 부활이다.

부활이 있을 때
비로소 권위가 있음

만일 우리에게 권위가 있다면 그것은 하나님에게서 나온 것이지 자신에게서 나온 것이 아니다. 우리는 결코 착각하지 말아야 한다. 우리 각 사람은 모든 권위가 주님에게서 나온 것임을 분명히 알아야 한다. 우리는 단지 이 땅에서 주님의 권위를 유지하는 사람일 뿐 자신의 권위를 유지하는 사람이 아니다. 권위는 우리 자신의 것이 아니다. 주님을 의지할 때마다 우리에게서 권위를 볼 수 있다. 그러나 우리가 타고난 생명 안에 있을 때, 즉시 우리는 다른 사람들과 같아지고 우리에게는 어떤 권위도 없게 된다. 오직 부활에서 나온 것만이 권위를 가져온다. 권위는 부활을 근거로 한 것이지 우리 자신을 근거로 한 것이 아니다. 다른 막대기는 하나님 앞에 놓일 수 없다. 오직 부활의 막대기만 하나님 앞에 놓일 수 있다. 더 나아가 부활은 싹 난 막대기에서 발견된다. 이 부활은 일반적인 부활이 아닌 완전한 부활이다. 이 막대기는 부활 생명을 조금 표현하는 데 그치지 않고, 싹을 내고 꽃을 피우며 열매를 맺었다. 이것이 바로 성숙한 부활 생명이다. 부활 생명 안에서 성숙한 사람만이 하나님의 권위를 대표하는 사람이 될 수 있다. 부활 생명이 우리를 통해 더 나타날수록 우리는 더 큰 권위를 갖게 된다.

제5장

권위를 대표하는 사람이 권위를 오용하는 것과 하나님의 행정적인 심판

성경:

민 20:2-3 회중에게 물이 없었다. 그래서 그들은 모여서 모세와 아론을 대적하였다. 백성이 모세와 다투며 말하였다. "우리 형제들이 여호와 앞에서 죽을 때에 차라리 우리도 죽었더라면 좋았을 터인데,

민 20:7-13 여호와께서 모세에게 말씀하셨다. "너는 막대기를 들고, 너의 형 아론과 함께 회중을 불러 모아라. 그리고 그들의 눈앞에서 저 반석을 향해 물을 내라고 말하여라. 너는 그들을 위하여 반석에서 물이 나오게 하고 회중과 그들의 가축이 마시게 하여라." 모세는 여호와께서 명령하신 대로 여호와 앞에서 막대기를 들었다. 모세와 아론은 회중을 반석 앞에 불러 모았다. 모세가 그들에게 말하였다. "이 반역자들이여, 이제 들으시오. 우리가 여러분을 위하여 이 반석에서 물이 나오게 해야겠소?" 모세가 손을 들어 막대기로 그 반석을 두 번 치자 많은 물이 쏟아져 나왔고, 회중과 그들의 가축이 그 물을 마셨다. 여호와께서 모세와 아론에게 말

씀하셨다. "너희는 나를 믿지 않았고 이스라엘 자손이 보는 앞에서 나를 거룩하게 하지 않았다. 그러니 너희는 내가 이 회중에게 준 땅으로 그들을 이끌고 들어가지 못할 것이다." 이스라엘 자손이 여호와와 다투었으므로 이곳을 므리바 샘이라고 하였다. 여호와는 그들 가운데에서 거룩하게 되셨다.

민 20:22-28 이스라엘 자손 온 회중은 가데스를 떠나 호르산에 이르렀다. 여호와께서 에돔 땅 경계의 호르산에서 모세와 아론에게 말씀하셨다. "이제 아론은 자기 백성에게로 돌아갈 것이다. 너희가 므리바 샘에서 나의 말을 거슬렀으니, 아론은 내가 이스라엘 자손에게 준 그 땅으로 들어가지 못할 것이다. 너는 아론과 그의 아들 엘르아살을 데리고 호르산으로 올라가서, 아론의 의복을 벗겨 그의 아들 엘르아살에게 입혀라. 아론이 자기 백성에게로 돌아가리니, 그가 거기서 죽을 것이다." 그리하여 모세는 여호와께서 명령하신 대로 하였다. 그들은 온 회중이 보는 앞에서 호르산으로 올라갔다. 모세는 아론의 의복을 벗겨 그의 아들 엘르아살에게 입혔고, 아론은 그곳 산꼭대기에서 죽었다. 모세와 엘르아살이 산에서 내려왔다.

신 32:48-52 같은 날 여호와께서 모세에게 말씀하셨다. "너는 여리고 맞은편 모압 땅에 있는 아바림 산지의 느보산에 올라, 내가 이스라엘 자손에게 소유지로 주는 가나안 땅을 바라보아라. 네 형 아론이 호르산에서 죽어 자기 백성에게 돌아간 것처럼, 너도 네가 올라가는 그 산에서 죽어 네 백성에게로 돌아가게 될 것이다. 왜냐하면 너희가 친 광야에 있는 므리바가데스 샘에 있을 때, 이스라엘 자손 가운데서 나에게 신실하지 않았고, 이스라엘 자손 가운데서 나를 거룩하게 하지 않았기 때문이다. 그러니 너는 그 땅을 멀리서 바라보기만 하고, 내가 이스라엘 자손에게 주는 그 땅에 들어가지는 못할 것이다."

권위를 대표하는 사람은 하나님을 거룩하시게 해야 함

우리는 민수기 20장에서 이스라엘 자손이 삼십 년 이상 광야에서 방황하고 나서도 지난 시절의 반역을 통해 배운 교훈을 잊어버렸다는 것을 알 수 있다. 그들은 친 광야에서 물이 없어서 또다시 모세와 아론을 대적하며 많은 불평의 말을 했다(2-3절). 아론과 모세는 하나님 앞에서 이미 많은 공과를 배운 사람들이었다. 그러나 이번에 모세는 하나님의 권위를 대표하는 사람으로서 권위를 행사하는 데 있어서 잘못을 범했다. 우리는 권위를 대표하는 사람이 실패했을 때, 하나님께서 그를 어떻게 심판하시는지를 볼 필요가 있다. 이번에 이스라엘 자손이 불평하는 말을 할 때, 하나님은 진노하지 않으시고 모세에게 막대기를 들고 반석을 향해 물을 내라고 말하게 하셨다. 모세가 막대기를 들었는데, 이 막대기는 하나님의 권위를 상징한다. 이것은 모세와 아론이 하나님의 권위를 대표하는 이들임을 보여 준다. 여기서 하나님은 이스라엘 자손을 징벌하시려는 의도가 전혀 없으셨다. 모세와 아론은 나이가 상당히 많았지만, 그들은 권위를 대표하는 사람들로서 권위를 행사하는 데 실패했다. 10절은 모세가 크게 화를 내면서 "이 반역자들이여, 이제 들으시오. 우리가 여러분을 위하여 이 반석에서 물이 나오게 해야겠소?"라고 말했다고 기록한다. '이 반역자들이여'라는 표현은 히브리어뿐만 아니라 영어로도 강한 어조로 쓰인다. 히브리어로는 짧은 표현이지만, 모세는 매우 강한 어조로 말했다. 모세는 몹시 화가 나서, 이 반역적인 사람들이 수십 년 동안 문제를 일으켰으면서도 여전히 지금 또 문제를 일으킨다고 생각했을지도 모른다. 이때 그는 하나님의 명령을 잊어버리고 막대기로 반석을 두 번 쳤다. 비록 모세가 잘못했음에도 불구하고 물은 여전히 전과 동일하게 흘러나왔다(민 20:11).

이 일 때문에 하나님은 그분의 종을 책망하셨다. 하나님은 "너희는 나를 믿지 않았고 이스라엘 자손이 보는 앞에서 나를 거룩하게 하지 않았다."(민 20:12상)라고 말씀하셨다. 이 말은 모세와 아론이 하나님을 거룩하신 분으로 분별시켜 드리지 못했다는 것을 의미한다. 곧 하나님을 그들 자신과 구별되시게 해 드리지 못했다. 모세는 말을 잘못했고 반석도 잘못 쳤다. 그의 영은 완전히 틀렸고 하나님을 잘못 대표했다. 우리는 성경을 읽을 때 반드시 성경의 영을 만져야 한다. 하나님은 "나는 내 백성이 목마른 것을 보고 그들에게 물을 주려고 하는데, 너는 왜 그들을 책망하느냐?" 라고 말씀하시는 것 같다. 하나님은 모세와 아론에게 그들이 그분을 거룩하시게 하지 않았다고 말씀하셨다. 곧 그들은 하나님을 거룩하신 분으로 분별시켜 드리지 못했다. 하나님은 "너희가 나를 너희의 잘못에 연루되게 했다."라고 말씀하시는 것 같다. 사람의 말은 그의 태도와 관련이 있다. 모세의 말은 하나님을 거룩하신 분으로 분별시켜 드리지 못했다. 모세의 태도는 하나님의 태도와 달랐고, 모세의 느낌은 하나님의 느낌과 달랐다. 하나님은 이스라엘 자손을 책망하지 않으셨는데 모세는 그들을 책망했기 때문에, 이스라엘 자손이 하나님을 무서운 분으로, 즉 은혜는 없이 책망을 퍼부으시는 분으로 오해하도록 했다.

권위를 대표하는 사람은 반드시 하나님을 올바로 대표해야 한다. 화를 내든 긍휼히 여기든, 그는 언제나 하나님과 같아야 한다. 만일 우리가 잘못을 했다면 잘못을 인정해야 하고, 결코 하나님을 우리의 잘못 안으로 끌어들여서는 안 된다. 하나님을 끌어들인다면 심판을 자초하는 것이다. 하나님을 우리의 잘못 안으로 끌어들이는 것은 매우 엄중한 일이므로 반드시 주의해야 한다. 모세는 수십 년 동안 권위를 대표하는 사람으로 있었지만, 여기서 그는 하나님을 자신의 잘못 안으로 끌어들이는 실수를 범했다. 결국 모세가 하나님을 잘못 대표했기 때문에 하나님께서 그를 심판하셨다. 권위를 대표하는 사람이 잘못을 범하고도 그 잘못을 인정하지 않는다면, 하나님은 자신을 변호하기 위해 나서실 것이다. 하나님께서 모세와 아론을 심판하지 않으셨다면, 하나님은 옳지 않으신 것이다. 하나님께서 모세와 아론을 다루신 것은 그 일이 그분께서 하신 것이 아니라 모세와 아론이 한 것임을 나타낸다. 이스라엘 자손이 한 불평은 그 태도만 그러할 뿐 그들의 영은 그렇지 않았기 때문에 하나님은 그들을 심판하지 않으셨다. 하나님께서 그들을 심판하지 않으셨는데, 모세가 성급하게 그들을 심판해서는 안 되었다. 그는 제한받지 않고 자기 생각대로 함부로 말해서는 안 되었다. 모세가 이스라엘 자손을 책망한 것은 모세의 태도와 분노일 뿐이다. 그러나 이스라엘 자손은 그것을 하나님의 태도와 분노라고 착각할 가능성이 있었다. 사람의 분노는 하나님의 의를 이룰 수 없다. 그러므로 하나님은 이것을 변호하시고 그분 자신을 모세와 아론과 구별시키심으로써, 그 일이 모세가 한 것이지 하나님께서 하신 것이 아니고, 그 말이 모세가 한 말이지 하나님께서 하신 말씀이 아님을 온 세상 사람들에게 나타내 보이셔야 했다. 우리는 하나님을 자신의 잘못 안으로 끌어들이거나 개인의 실패 안으로 끌어들임으로써, 다른 사람들에게 우리의 태도가 하나님께서 그분의 권위를 대표하는 사람을 통해 표현하시는 태도라는 인상을 주어서는 결코 안 된다. 그렇게 한다면, 하나님은 자신을 변호하셔야 할 것이다. 권위를 대표하는 사람은 하나님을 대표하여 일을 처리하는 사람이다. 우리가 잘못 화를 냈다면, 그 일은 우리가 화를 내고 행한 것이지 하나님께서 화를 내고 행하신 것이 아님을 인정하여, 이 두 가지의 차이를 구분해 주어야 한다. 우리는 사람이 자신의 잘못을 인정하지 않고 도리어 자신의 행위를 하나님의 일과 연관시킬 정도로 대담한 것을 가장 두려워한다.

우리는 너무나 쉽게 잘못을 범한다. 일단 잘못했다면 우리는 잘못을 인정해야 한다. 이것은 한편으로 하나님을 잘못 대표하여 악한 자의 올무에 걸리는 것을 막아 주고, 다른 한편으로 우리 자신이 어둠에 빠지는 것을 막아 준다. 우리가 자신의 잘못을 먼저 인정한다면, 하나님은 자신을 변호하실 필요가 없을 것이다. 그러나 자신의 잘못을 인정하지 않으면, 우리는 하나님의 행정적인 손에 떨어지게 될 것이다.

권위를 대표하는 사람이 되는 것은 엄중한 일임

이 일은 결과적으로 하나님의 심판을 초래했다. 하나님은 모세와 아론이 그분을 잘못 대표했기 때문에, 이 두 사람이 가나안에 들어가지 못하리라고 말씀하셨다(민 20:12하). 사람이 자기 멋대로 말하고 행동함으로 하나님을 거룩하시게 하지 않을 때, 하나님께서 친히 자신을 변호하실 것이다. 이렇게 되면 사람은 더 이상 하나님께 용서를 구할 수 없게 된다. 여기서 우리가 주의해야 할 또 한 가지가 있는데, 그것은 하나님의 권위를 행사하고 하나님의 일을 처리할 때마다 반드시 두려워하고 떠는 것을 배워야 한다는 것이다. 사람이 나이가 들었다고 해서 아무렇게나 행동하거나 담대할 수 있다고 생각해서는 안 된다. 전에 모세가 화를 내면서 하나님께서 친히 쓰신 율법의 돌판들을 던져 깨뜨렸을 때, 하나님은 그를 심판하지 않으셨다. 왜냐하면 그때 모세는 하나님의 질투하는 마음을 만졌기 때문이다. 그가 하나님을 위해 질투했을 때, 하나님은 그를 책망하지 않으셨다. 그가 화를 낸 것은 옳은 일이었다. 그러나 그는 오랜 세월 동안 하나님을 따랐지만, 하나님의 명령을 따르지 않고 반석을 두 번 치며 성급하게 난폭한 말을 함으로써 하나님을 잘못 대표했다. 모세는 하나님을 자신의 잘못과 실패 안으로 끌어들였다. 그는 사람들이 그가 말한 것을 하나님께서 말씀하신 것으로, 그가 결정한 것을 하나님께서 결정하신 것으로 여기게 했다. 이것은 중대한 잘못이다. 그러므로 하나님을 섬길 때, 우리는 반드시 하나님을 거룩하시게 해야 하며, 함부로 하나님을 끌어들여서는 안 된다. 그러지 않으면 하나님께서 자신을 변호하실 때, 우리는 심각한 심판을 받게 될 것이다. 모세는 이 한 번의 잘못으로 인해 가나안에 들어갈 권리를 잃었다.

하나님의 행정적인 심판

이스라엘 자손은 여러 번 반역했기 때문에 가나안에 들어갈 수 없었다. 그러나 모세와 아론은 이 한 번의 잘못으로 인해 가나안에 들어갈 수 없었다. 그러므로 권위를 대표하는 사람이 되는 것은 매우 엄중한 일이다. 또한 권위를 대표하는 사람에 대한 하나님의 형벌도 매우 엄중하다. 민수기 18장에서 여호와는 아론에게 "너를 비롯하여 너와 함께 있는 네 아들들과 네 집안은 성소와 관련된 죄악을 짊어져야 하며"(1절)라고 말씀하셨다. 하나님의 권위를 더 많이 대표하는 사람일수록 하나님은 그를 더 주목하시고 놓아주지 않으신다. 누가복음 12장에서도 주님은 "많이 준 사람에게는 많이 요구할 것이고, 많이 맡긴 사람에게는 더 많이 요구할 것입니다."(48절)라고 말씀하셨다.

민수기 20장에는 아론이 이 심판으로 인해 호르산에서 죽은 일이 기록되어 있다. 우리는 여기서 세 사람, 곧 모세와 아론과 아론의 아들 엘르아살이 함께 호르산에 올라가는 한 폭의 아름다운 그림을 본다(25-27절). 그들 세 사람은 모두 복종하는 이들로서 기꺼이 하나님의 심판을 받아들였다. 그들은 참으로 하나님을 아는 사람들이었다. 그러므로 그들은 기도조차 하지 않았다. 아론은 자신의 임종이 이르렀음을 알았고, 모세도 자신의 장래가 어떻게 될지를 알았다. 이것은 마치 아브라함이 이삭을 데리고 모리야산에 오를 때, 이삭의 장래가 어떻게 될지를 안 것과 같았다. 하나님은 모세에게 아론과 엘르아살을 데리고 산에 올라가라고 말씀하셨다. 왜냐하면 모세가 므리바 샘에서 일어난 사건의 주역이었기 때문이다. 모세는 산에서 아론이 가야 할 길을 찾았고, 자신이 가야 할 길도 찾았다.

아론의 거룩한 의복이 벗겨지자 그는 즉시 죽었다(민 20:28). 보통 사람은 의복을 벗어도 죽지 않는다. 그러나 아론의 거룩한 의복이 벗겨지자 그는 즉시 죽었다. 이것은 그의 생명이 그의 봉사에서 유래되었음을 의미한다. 주님의 종이 그의 봉사를 멈추면 그의 생명도 멈춘다. 참되게 봉사하지 않는 많은 사람은 소위 그들의 봉사를 중단해도 그들의 생명은 여전히 지속된다. 여기서 우리는 아론이 하나님을 참되게 섬긴 사람이었음을 본다.

신명기 32장은 하나님의 심판이 시간이 지나도 사라지지 않는다는 것을 보여 준다. 하나님은 아론을 대하신 것과 같은 방식으로 모세를 대하셨는데, 그분은 모세를 느보산으로 올라가게 하시어 거기서 죽게 하셨다(48-52절). 그 기간 동안 모세는 신실했다. 신명기 32장과 33장은 모세가 죽기 전에 이스라엘 자손이 듣는 데서 노래하고 그들을 축복한 것을 보여 준다. 그는 하나님께 자신에 대한 심판을 면제해 달라고 기도하거나 간구하지 않았다. 그는 겸손하고 온유하게 하나님의 손 아래 복종했다. 모세는 하나님의 권위를 대표하는 사람으로서 일생 하나님께 순종했지만, 한 번 하나님을 잘못 대표하는 바람에 가나안 땅에 들어갈 수 없었다. 이것은 얼마나 큰 손실인가! 모세는 느보산의 비스가 꼭대기에 올라갔다. 느보산은 고원이었고 비스가는 산꼭대기였다. 그곳에서 하나님은 모세에게 "이것이 내가 아브라함과 이삭과 야곱에게 '너의 씨에게 주겠다.'라고 맹세한 땅이다. 내가 그 땅을 네 눈으로 보게는 하였으나, 네가 그곳으로 건너가지는 못할 것이다."(신 34:4)라고 말씀하셨다. 하나님의 약속은 아브라함 시대부터 오백 년 동안 지속되었지만, 모세는 므리바 샘에서 하나님의 권위를 잘못 대표했기 때문에 그 땅을 볼 수 있었을 뿐 상속받을 수 없었다. 그가 겪은 손실은 얼마나 큰가!

나는 여러분과 나누고 싶은 매우 무거운 부담이 있다. 그것은 권위를 잘못 대표하는 것보다 더 심각하고 엄중한 일은 없다는 것이다. 나는 젊은 형제들이 하나님의 권위를 잘못 대표할까 봐 두렵다. 우리는 한 번 잘못할 수 있지만, 그 한 번의 잘못이 하나님의 심판을 초래할 수 있다. 우리가 하나님의 권위를 행사할 때마다 우리는 하나님과 연합되기를 구해야 한다. 일단 잘못을 범했다면 하나님을 우리에게서 구별시키기를 배워야 한다. 그러지 않으면 우리는 하나님의 심판을 초래하게 된다. 어떤 일을 결정할 때, 우리는 그것이 하나님의 뜻인지를 물어야 한다. 하나님의 뜻임을 확실히 알 때에만 우리는 주님의 이름으로 한 것이라고 말할 수 있다. 모세는 므리바 물가에서 이스라엘 자손을 책망하고 반석을 쳤다. 그는 자신이 주님의 이름으로 행했다고 말할 수 없었다. 그때 모세는 "이것은 내가 한 것입니다."라고 말했어야 했다. 그러지 않았기 때문에, 그는 심판을 자초하게 된 것이다. 나는 여러분이 어리석은 사람이 되지 않고 하나님 앞에서 두려워하고 떠는 것을 배우기 바란다. 함부로 주님의 이름으로 행하지 말고, 함부로 결정을 내리거나 주장을 내세우지 말며, 자신의 영과 입을 제한해야 한다. 특히 화가 났을 때 입을 열지 말아야 한다. 여러분이 하나님의 권위를 대표하는 사람으로서 권위를 행사할 때, 여러분은 잘 대표하기도 하고 하나님을 여러분의 잘못 안으로 끌어들이기도 할 것이다. 이것은 엄중한 일이다. 하나님을 아는 사람일수록 더욱 조심한다. 하나님의 행정적인 손에 떨어질 때, 용서를 받는 경우도 있지만 그러지 못한 경우도 있다. 우리는 결코 하나님의 행정을 만지거나 거스르지 말아야 한다. 우리는 이 길에 대해 분명히 알아야 한다. 우리는 권위를 대표하는 올바른 길을 본 후에야 권위를 대표하는 사람이 될 수 있다.

권위를 대표하는 사람은 한 번의 실수도 해서는 안 됨

사람이 자신을 의지하여 섬길 때 결코 하나님을 기쁘시게 해 드릴 수 없으며, 사실상 자신을 의지하여 한 일들은 봉사로 여겨질 수 없다. 오직 부활의 위치에 서서 섬겨야만 그의 봉사가 인정을 받을 수 있다. 주님은 우리가 권위가 하나님이 아닌 어떤 사람에게서 온다고 착각하지 않기를 바라신다. 우리는 결코 권위가 아니며 다만 권위를 대표할 뿐이기에, 육체는 지위가 있을 수 없다. 또한 우리는 모든 악한 것은 우리에게서 오고 모든 선한 것은 하나님에게서 온다고 말해야 한다. 우리는 사람을 대하고 일을 결정할 때마다 자신을 신뢰하지 않고 주님의 뜻을 분명히 알아야 한다는 것을 기억해야 한다. 우리는 마음대로 나서서 함부로 주장하거나 함부로 결정을 내려서는 안 된다. 권위는 우리에게 있지 않으며, 우리는 권위를 대표할 뿐이다. 우리가 자신의 뜻대로 행동하면 큰 문제를 일으킬 것이다. 교회 안에 권위가 없는 것도 두려운 일이지만, 잘못된 권위가 있는 것도 두려운 일이다. 하나님의 뜻은 오직 하나, 곧 그분 자신의 권위를 세우시는 것이다.

교회 안에서 권위에 복종하는 것은 절대적인 일이다. 또한 권위를 대표하는 사람이 두려워하고 떠는 것도 절대적인 일이다. 복종이 없이는 교회가 있을 수 없다. 동시에 권위를 대표하는 사람은 함부로 주장하거나 결정을 내리거나 말하거나 다른 사람의 길을 지시해서는 안 된다. 함부로 형제를 심판하거나 함부로 성경을 해석하는 것은 모두 잘못된 것이다. 우리의 복종은 절대적이어야 하며, 권위를 나타내는 것 또한 절대적이어야 한다. 오늘날 교회 가운데 두 가지 문제가 있는데, 하나는 절대적인 복종이 없는 것이고, 다른 하나는 권위를 잘못 대표하는 것이다. 우리는 함부로 말하거나 함부로 주장하지 않는 것을 배워야 하고, 우리의 영은 항상 주님께 열려 있어야 하며, 그분의 빛 비춤을 앙망해야 한다. 그러지 않으면 우리는 우리의 잘못 안으로 하나님을 끌어들이게 될 것이다. 심지어 우리는 그 일을 주님의 이름으로 한 것이고 주님을 대표하여 한 것이라고 말할지도 모른다. 그러나 실지로는 주님에게서 나온 것이 아니다. 우리는 한편으로 복종하기를 배워야 하고, 다른 한편으로 하나님을 대표하기를 배워야 한다. 이 때문에 십자가와 부활을 아는 것이 필수적이다. 교회가 앞으로 나아갈 길이 있는지의 여부는 우리가 이 교훈을 배웠는지에 달려 있다.

권위는 사역에 근거하고
사역은 부활에 근거함

사람의 권위는 그의 사역에 근거하고, 그의 사역은 부활에 근거한다. 그러므로 부활이 없으면 사역이 없고, 사역이 없으면 권위도 없다. 부활이 없이는 아론도 섬길 수 없었다. 그러므로 아론의 사역은 부활에 근거했고, 사람 앞에서의 그의 권위도 부활에 근거했다. 부활은 우리가 하나님 앞에서 섬길 수 있게 하고, 사람 앞에서 권위가 되게 한다. 하나님은 결코 사역이 없는 사람을 권위로 세우지 않으신다.

오늘날 모든 권위는 결코 위치의 문제가 아니다. 영적인 봉사가 없다면, 어떤 위치적인 권위도 있을 수 없다. 하나님 앞에서 영적인 봉사가 있는 사람만이 사람 앞에서 권위가 있을 수 있다. 바꾸어 말하면, 여러분에게 영적인 사역이 있을 때 하나님의 자녀들 가운데서 권위가 있게 된다는 것이다. 그러므로 권위는 하나님 앞에서의 사역에 근거하고, 사역은 부활에 근거한다. 사역은 다툴 필요가 없는 것이기 때문에 권위 또한 다툴 필요가 없는 것이다. 사역은 하나님께서 주신 것이고, 권위 또한 하나님께서 정하신 것이다. 만일 하나님께서 여러분에게 사역을 주지 않으셨다면, 여러분에게 권위가 부여되지 않은 것이다. 모든 권위는 봉사에 근거한다. 봉사가 없으면 권위도 없다. 아론에게 권위가 있었던 것은 하나님 앞에서 그에게 봉사가 있었기 때문이다. 아론의 향로는 속죄를 이루고 재앙을 멈추게 할 수 있었지만, 다른 이백오십 명의 인도자들의 향로는 하나님의 저주를 받았다. 민수기 16장의 반역은 권위에 대한 반역일 뿐 아니라 사역에 대한 반역이기도 하다. 아론은 부활 안에 있었기 때문에 영적인 사역이 있었고, 이러한 사역이 있었기 때문에 권위를 가질 수 있었다.

우리는 우리의 사역의 범위를 넘어서는 어떤 권위도 가져서는 안 된다. 어떤 사람의 권위도 그의 사역의 한계를 넘을 수 없다. 우리는 우리의 사역 밖의 어떤 권위도 자랑해서는 안 된다. 우리는 하나님 앞에서 사역에 신실해야 하고, 사람 앞에서 권위에 신실해야 한다. 우리는 우리의 한계를 넘어서는 일이나 우리와 무관한 일에 관여하지 않겠다는 태도를 가져야 한다. 우리는 하나님 앞에서 우리의 몫에 신실해야 한다. 많은 사람이 자기 마음대로 권위를 사용할 수 있다는 잘못된 생각을 갖고 있다. 그들은 사역에서 나오는 어떤 권위도 우리의 봉사의 영역을 넘어서서 하나님의 자녀들을 주관해서는 안 된다는 것을 모른다. 사람 앞에서 여러분의 권위는 하나님 앞에서의 여러분의 사역과 일치해야 한다. 하나님 앞에서의 여러분의 봉사가 어느 정도라면 사람 앞에서의 여러분의 권위도 그 정도여야 한다. 권위가 사역을 넘어설 때, 그 권위는 영적인 권위가 아닌 위치적인 권위가 되어 버린다.

권위는 사역에서 나오며, 다른 사람들 안으로 흘러갈 때 하나님의 임재를 가져온다. 사역은 부활 안에서 자라며 하나님께 뿌리를 두고 있다. 만일 사역자가 권위를 잘못 대표한다면, 모세와 아론의 사역이 중단되었던 것처럼 그의 사역도 중단될 것이다. 우리는 주님의 권위를 유지하고 함부로 말하지 않기를 배워야 한다. 그러지 않으면 우리는 하나님의 심판을 받게 될 것이다.

하나님의 변호

권위를 대표하는 사람이 잘못하면 하나님은 심판하러 오시는데, 그분의 심판은 그분의 변호이다. 하나님의 변호는 하나님의 행정의 가장 큰 원칙이다. 하나님께서 우리에게 그분의 이름을 사용하도록 맡기신 것은 마치 어떤 사람이 우리가 사용하도록 그의 도장을 맡긴 것과 같다. 그러므로 우리가 하나님을 잘못 대표한다면, 그분은 반드시 나오셔서 변호하셔야 한다. 하나님은 그 잘못이 그분에 의해 일어난 일이 아니고 우리에 의해 일어난 일임을 사람들에게 보여 주셔야 한다.

모세와 아론은 한 번 잘못 대표함으로 엄중한 심판을 받았고, 결과적으로 아론도 죽고 모세도 죽었다. 하지만 더 엄중한 손실은 그들 모두가 가나안 땅에 들어가지 못한 것이다. 그들 두 사람은 하나님의 변호가 그들이 가나안 땅에 들어가는 것보다 더 중요하다는 것을 알았기 때문에, 하나님과 다투지 않았다. 그들 자신은 가나안 땅에 들어가지 못할지언정 기꺼이 하나님께서 변호하시도록 했다. 신명기 32장에서 모세는 특별히 이스라엘 자손에게 잘못이 그에게 있고 하나님께 있지 않다고 말했다. 그러므로 우리는 반드시 진리의 절대성을 유지해야 하고 편한 길을 구해서는 안 된다. 신실하게 주님을 섬기는 사람은 값싼 방법을 구해서는 안 된다.

하나님의 변호는 사람의 체면이나 선호나 여러 해 동안 기도하고 소망했던 것보다 더 중요하다. 모세와 아론은 온유하게 하나님의 손에 복종했다. 그들에게도 이유가 있었지만 그들은 하나님과 다투지 않았고, 죽을지언정 자신들을 위해 기도하지 않았다. 그들은 이스라엘 자손을 위해 여러 번 기도했지만, 자신들을 위해서는 기도하지 않았다. 이러한 침묵은 매우 귀한 것이다. 그들은 하나님께서 그분 자신을 변호하시도록 했고, 그들 자신은 기꺼이 수치를 짊어졌다. 모세는 그의 책에 이 일을 기록하면서 잘못이 그에게 있다고 말했다. 우리는 자신을 심판할 줄 알고 하나님께서 그분 자신을 변호하시도록 허락해 드릴 줄 아는 이러한 종이 있는 것에 주님께 감사드린다. 그는 심판 앞에서 변론하지 않았다. 그는 함부로 주장하지 않았고, 다른 사람들을 통제하려고 하지 않았다. 그는 겸손하고 은혜로우며 하나님을 경외하는 사람이었다. 그는 참으로 하나님을 섬기는 우리의 본이다.

하나님 앞에서 가르침을 받는 사람이 될 수 있도록 주님께서 우리에게 은혜를 주시기 바란다. 이 마지막 시대에 주님께서 그분의 교회에게 은혜를 베푸시기 바란다. 우리는 이렇게 기도할 필요가 있다. "주님, 당신의 권위가 교회 가운데 나타나게 하시고, 모든 형제자매들이 권위가 무엇인지 알게 해 주십시오. 각 지방에 있는 교회 안에서 권위가 나타나게 하시고, 대표 권위도 사람을 통해 나타나게 하십시오." 교회의 책임 형제들이 권위에 관하여 어떤 실수도 하지 않기를 바라고, 명령을 듣는 이들도 어떤 실수도 하지 않기를 바란다. 모든 사람이 자기가 서야 할 위치를 앎으로, 주님께서 자유롭게 나아가실 수 있기를 바란다.

제6장

권위를 대표하는 사람은 반드시 권위에 복종하는 사람이어야 함

성경:

삼상 24:1-6 사울이 블레셋 족속을 쫓아내고 돌아오자 누군가가 그에게 말하였다. "다윗이 지금 엔게디 광야에 있습니다." 그러자 사울은 온 이스라엘 가운데서 뛰어난 병사 삼천 명을 선발하여 다윗과 그의 부하들을 잡으려고 '들염소 바위'로 갔다. 사울이 길가에 양 우리들이 있는 곳에 이르렀는데, 그곳에 동굴이 있었다. 사울이 용변을 보려고 그곳으로 들어갔다. 마침 다윗과 그의 부하들이 그 동굴 안쪽 깊숙한 곳에 앉아 있었다. 다윗의 부하들이 다윗에게 말하였다. "오늘이야말로 여호와께서 '내가 장차 너의 원수를 네 손에 넘겨주겠다. 그러니 네가 보기에 좋은 대로 그를 처리하여라.'라고 말씀하셨던 바로 그날입니다." 그러자 다윗이 일어나 사울의 겉옷 자락을 몰래 잘랐다. 그러나 다윗은 사울의 겉옷 자락을 자른 것 때문에 곧바로 마음에 가책을 느꼈다. 그래서 다윗이 자기 부하들에게 말하였다. "여호와의 기름부음 받은 나의 주께 손을 대는 그러한 일은 여호와께서 금지하시는 일이오. 그분은 여호와의 기름부음 받은 분이시오."

삼상 26:7-12 다윗과 아비새가 밤에 적진으로 들어갔는데, 사울은 머리맡에 자신의 창을 꽂아 놓은 채 진지 안에서 자고 있었다. 아브넬과 군사들도 그 주위에 누워 있었다. 아비새가 다윗에게 말하였다. "오늘 하나님께서 장군님의 원수를 장군님의 손에 넘겨주셨습니다. 그러니 이제 제가 두 번도 필요 없이 단번에 창으로 그를 땅에 박아 버리겠습니다." 그러나 다윗이 아비새에게 말하였다. "왕을 죽이지 마시오. 여호와의 기름부음 받은 분에게 손을 대고도 죄가 없는 사람이 누가 있겠소?" 다윗이 또 말하였다. "여호와께서 살아 계신 것을 두고 맹세하는데, 여호와께서 왕을 치시거나 왕이 죽는 날이 오거나 왕이 싸우러 나갔다가 죽게 될 것이오. 그러나 내가 여호와의 기름부음 받은 분에게 손을 대는 것은 여호와께서 금지하셨소. 그러니 이제 왕의 머리맡에 있는 창과 물병만 가지고 떠납시다." 그리하여 다윗은 사울의 머리맡에 있는 창과 물병만 가지고 떠났다. 이것을 보거나 아는 사람이 아무도 없었으며, 깨어 있는 사람도 아무도 없었다. 왜냐하면 여호와께서 깊은 잠이 들게 하시어 그들 모두가 자고 있었기 때문이다.

삼하 1:5-15 다윗이 이 소식을 전한 젊은이에게 물었다. "사울왕과 그 아들 요나단이 죽었다는 것을 그대가 어떻게 알았소?" 이 소식을 전한 젊은이가 대답하였다. "제가 우연히 길보아산에 올라갔는데, 마침 사울왕이 자신의 창에 기대어 서 있었고 병거와 기병들이 사울왕을 바짝 뒤쫓고 있었습니다. 사울왕이 뒤를 돌아보다가 저를 보고서 부르기에, 제가 '예, 여기에 있습니다.'라고 대답하였습니다. 사울왕은 저에게 '너는 누구냐?'라고 물었습니다. 제가 '아말렉 사람입니다.'라고 대답하자, 사울왕이 저에게 말하였습니다. '내 곁으로 다가와서 나를 죽여 다오. 아직도 목숨이 온전히 남아 있어 고통스럽구나.' 그래서 제가 사울왕 곁으로 다가가서 왕을 죽였습니다. 왜냐하면 사울왕이 쓰러진 후에는 살아나지 못할 것을 알았기 때문입니다. 그러고는 제가 사울왕 머리에 있던 왕관과 팔에 있던 팔찌를 벗겨서, 여기 내 주께 가져왔습니다." 그러자 다윗이 자신의 옷을 잡아 찢었고, 그와 함께 있던 사람들도 모두 그렇게 하였다. 이들은 사울과 그의 아들 요나단과 여호와의 백성과 이스라엘 집을 위하여 저녁까지 애도하고 울며 금식하였다. 왜냐하면 그들이 칼에 쓰러졌기 때문이다. 다윗이 이 소식을 전한 그 젊은이에게 "그대는 어디 사람이오?"라고 묻자, 그가 대답하였다. "저는 나그네로 살고 있는 아말렉 사람의 아들입니다." 다윗이 그에게 말하였다. "어찌하여 그대가 겁도 없이 손을 뻗어 여호와의 기름부음 받은 분을 죽였단 말이오?" 그러고 나서 다윗이 젊은 부하들 중 하나를 불러 말하였다. "가까이 가서 저자를 쳐라." 그 부하가 그 사람을 치자 그가 죽었다.

삼하 2:1 이 일이 있은 후에 다윗이 여호와께 여쭈었다. "제가 유다의 성들 중 하나로 올라가는 것이 좋겠습니까?" 그러자 여호와께서 다윗에게 대답하셨다. "올라가거라." 다윗이 다시 여쭈었다. "제가 어디로 올라가는 것이 좋겠습니까?" 그러자 여호와께서 대답하셨다. "헤브론으로 올라가거라."

삼하 4:5-5:3 브에롯 사람 림몬의 아들들인 레갑과 바아나가 이스보셋의 궁전을 향해 떠나, 날이 더운 한낮쯤에 도착하였다. 이스보셋은 마침 낮잠을 자고 있었다. 그들은 밀을 가져가는 척하면서 궁전 안으로 들어가 이스보셋의 배를 찔렀다. 그러고 나서 레갑과 그의 형제 바아나는 도망하였다. 그들이 궁전 안으로 들어갔을 때, 이스보셋은 침실에서 침상에 누워 있었다. 그들은 이스보셋을 쳐 죽이고는 목을 베어 그 머리를 들고 아라바 길을 따라 밤새 걸어갔다. 그들은 이스보셋의 머리를 가지고 헤브론에 있는 다윗에게 갔다. 그들이 왕에게 말하였다. "왕의 목숨을 노리던 왕의 원수 사울의 아들 이스보셋의 머리가 여기에 있습니다. 오늘 여호와께서 사울과 그의 씨에게 저의 주군이신 왕의 복수를 하셨습니다." 그러자 다윗이 브에롯 사람 림몬의 아들들인 레갑과 그의 형제 바아나에게 대답하였다. "나의 혼을 모든 곤경에서 구속하신 여호와께서 살아 계신 것을 두고 맹세하오. 전에 어떤 사람이 좋은 소식을 가져왔다고 생각하며 나에게 '사울이 죽었습니다!'라고 말하기에, 내가 그를 잡아 시글락에서 죽였소. 그것이 그 소식을 전한 그가 나에게서 받은 보상이었소. 하물며 사악한 이들이 자기 집 침상에 누워 있는 의인을 죽였다면 어떠하겠소! 이제 내가 그대들이 손에 묻힌 그의 핏값을 치르도록 그대들을 이 땅에서 없애 버려야 하지 않겠소?" 다윗이 부하들에게 명령하자 그들이 그 둘을 죽이고 그 손과 발을 잘라 헤브론 못가에 매달았다. 그러나 이스보셋의 머리는 가져다가 헤브론에 있는 아브넬의 묘지에 장사하였다. 이스라엘의 모든 지파가 헤브론에 있는 다윗에게 와서 말하였다. "보십시오, 우리는 왕의 골육입니다. 심지어 전에 사울왕이 우리를 다스릴 때에도 이스라엘을 이끌고 나가기도 하시고 들어오기도 하신 이는 바로 왕이셨습니다. 그리고 여호와는 왕에게 말씀하셨습니다. '너는 나의 백성 이스라엘을 목양할 것이요, 이스라엘을 다스리는 통치자가 될 것이다.' " 이스라엘의 모든 장로가 헤브론에 있는 왕에게 나아오자, 다윗왕은 헤브론에서 여호와 앞에서 그들과 언약을 맺었다. 그들은 다윗에게 기름을 부어 이스라엘의 왕으로 삼았다.

삼하 6:16-23 여호와의 궤가 다윗성에 이르렀을 때, 사울의 딸 미갈이 창문으로 내려다보다가 다윗왕이 여호와 앞에서 기뻐 뛰며 춤추는 것을 보고, 마음속으로 다윗을 멸시하였다. 그들이 여호와의 궤를 가지고 와서 다윗이 궤를 두려고 친 천막 가운데에 마련해 놓은 자리에 들였다. 그러자 다윗이 여호와 앞에서 번제물과 화목제물을 바쳤다. 다윗은 번제물과 화목제물을 다 바치고 나서 만군의 여호와의 이름으로 백성을 축복하였다. 그리고 온 백성 곧 이스라엘 회중 전체에게, 남자나 여자 할 것 없이 각 사람에게

떡 한 덩이와 고기 한 덩이와 건포도 한 덩이를 주었다. 그 뒤 온 백성은 각자 자신의 집으로 돌아갔다. 다윗이 자기 집안 식구를 축복하려고 돌아오자, 사울의 딸 미갈이 다윗을 맞으러 나오며 말하였다. "이스라엘의 왕께서 오늘 어찌나 존귀하게 되셨는지 모르겠습니다. 마치 불량배들이 부끄러운 줄도 모르고 벌거벗은 것처럼, 왕이 오늘 신하들의 여종들이 보는 앞에서 벌거벗으셨으니 말입니다." 그러자 다윗이 미갈에게 말하였다. "여호와 앞에서 그리한 것이오. 그분은 그대의 아버지와 온 집안 대신 나를 선택하시고 여호와의 백성 이스라엘의 통치자로 임명하셨소. 그래서 내가 여호와 앞에서 흥겨워한 것이오. 내가 이보다 더 얕보이고 나 자신이 보기에도 비천하게 될지라도 그대가 말한 여종들에게는 존귀를 얻을 것이오." 그리하여 사울의 딸 미갈은 죽는 날까지 자녀가 없었다.

삼하 7:18 그러자 다윗왕이 나아가 여호와 앞에 앉아 말하였다. "오, 주 여호와님! 제가 누구라고, 또 제 집이 무엇이라고 주님께서 저를 여기까지 이끌어 주셨습니까?"

삼하 15:19-20 그때 왕이 가드 사람 잇대에게 말하였다. "어찌하여 그대도 우리와 함께 가려는 것이오? 그대는 돌아가서 왕과 함께 머무시오. 그대는 본국에서 쫓겨난 몸이자 외국인이 아니오. 그대가 온 지 얼마 되지도 않았는데, 내가 정처 없이 떠돌게 되었다고 해서 오늘 내가 그대를 우리와 함께 방랑하게 해서야 되겠소? 그대는 돌아가고 그대의 형제들도 데리고 가시오. 자애와 진리가 그대와 함께하기를 바라오."

삼하 15:24-26 그곳에는 사독과 그와 함께하는 모든 레위인이 하나님의 언약궤를 메고 나와 있었다. 그들이 하나님의 궤를 내려놓았고, 아비아달도 온 백성이 성에서 나와 다 건너갈 때까지 그곳에 있었다. 왕이 사독에게 말하였다. "하나님의 궤를 다시 성으로 가지고 가시오. 만일 내가 여호와 앞에 은총을 입는다면, 그분께서 나를 다시 돌아오게 하실 것이고 궤와 그분의 처소를 다시 보여 주실 것이오. 그러나 만일 그분께서 '나는 네가 마음에 들지 않는다.'라고 말씀하시면, 그분께서 보시기에 좋을 대로 나에게 하실 것이오."

삼하 16:5-14 다윗왕이 바후림에 이르렀을 때 사울의 집안 식구 중 한 사람이 그곳에 나왔는데, 그는 게라의 아들이며 이름은 시므이였다. 그는 나오면서 계속 저주를 퍼부었다. 그리고 다윗과 다윗왕의 모든 신하에게 돌을 던졌는데, 그때 온 백성과 모든 용사가 다윗의 좌우에 있었다. 시므이는 저주하면서 이렇게 말하였다. "꺼져라, 꺼져, 피를 흘리게 한 이 불량한 자야. 네가 사울 대신 다스렸으나 여호와께서 사울 집안의 모든 피를 너에게 돌리셨다. 여호와께서 왕국을 너의 아들 압살롬의 손에 넘기셨다. 네가 피를 흘리게 하였으니 이제는 네가 자초한 화에 빠졌구나." 그러자 스루야의 아들 아비새가 왕에게 말하였다. "어찌하여 이 죽은 개가 저의 주군이신 왕을 저주하는 것을 내버려두십니까? 제가 건너가서 그의 목을 베겠습니다." 그러나 왕이 말하였다. "스루야의 아들들이여, 내가 그대들과 무슨 상관이 있소? 만일 여호와께서 그에게 다윗을 저주하라고 하신 것이면, 그가 저주한들 누가 '그대는 왜 이렇게 하였소?'라고 말할 수 있겠소?" 다윗이 아비새와 자신의 모든 신하에게 말하였다. "내 몸에서 나온 나의 아들도 지금 나의 목숨을 노리고 있는데, 이 베냐민 사람이야 얼마나 더 그리하겠소. 여호와께서 그에게 그렇게 하라고 하신 것이니 그가 저주하도록 내버려두시오. 어쩌면 여호와께서 내가 당한 억울함을 살펴보시고, 그가 오늘 나를 저주한 것에 대해 선으로 나에게 갚아 주실지도 모르지 않소?" 다윗과 그의 부하들은 갈 길을 갔다. 시므이는 다윗의 맞은편에 있는 언덕을 따라 걸어오면서 계속 저주하였고, 또 다윗에게 돌을 던지며 먼지를 뿌렸다. 왕과 그를 따르는 모든 백성은 지친 채 한곳에 도착하였다. 왕은 그곳에 서 숨을 돌렸다.

삼하 19:9-15 이스라엘 모든 지파 가운데서 온 백성이 서로 논쟁하며 말하였다. "왕은 우리를 원수들의 손에서 건져 내셨고 블레셋 족속의 손에서 구하셨습니다. 그런데 지금은 압살롬 때문에 이 땅을 떠나 도피해 계십니다. 그러나 우리가 기름을 부어 우리를 다스리는 왕으로 삼은 압살롬은 싸움터에서 죽었습니다. 그런데 이제 여러분은 왕을 다시 모셔 오는 일에 대해 왜 아무 말도 하지 않습니까?" 다윗왕이 제사장인 사독과 아비아달에게 전갈을 보내어 말하였다. "유다의 장로들에게 말하여 주시오. '어찌하여 여러분은 온 이스라엘의 말이 왕에게 들어간 것을 보고서도 왕을 다시 궁전으로 모시는 일에 가장 뒤처지려고 하십니까? 여러분은 나의 형제들이며 나의 골육입니다. 그런데 어찌하여 여러분은 왕을 다시 모시는 일에 가장 뒤처지려는 것입니까?' 그리고 아마사에게 말하시오. '그대는 나의 골육이 아니오? 그대가 요압 대신 항상 내 앞에서 군대 대장이 되는 일이 없다면, 하나님께서 나에게 벌을 내리시고 더 내리시기를 바라오.' " 다윗이 온 유다 사람의 마음을 한사람의 마음처럼 만들자, 그들이 왕에게 전갈을 보내어 말하였다. "왕과 그 모든 신하는 돌아오십시오." 그리하여 왕이 돌아와 요단강에 이르렀는데, 유다 사람들이 왕을 맞이하여 요단강을 건너게 하려고 길갈에 와 있었다.

구약에서 다윗은 하나님에 의해 세워진 두 번째 왕이었다. 다윗 이전에 있던 사울 역시 하나님에 의해 세워진 왕이었다. 다윗은 하나님께서 세우신 최신의 권위였고 현재 하나님께 기름부음 받은 이인 반면에, 사울은 하나님께서 폐하신 권위였고 과거에 기름부음 받은 이였다. 하나님의 영이 이미 사울을 떠났지만 그는 여전히 보좌에 있었다. 다윗은 이미 왕으로 세워졌지만 사울은 물러나지 않았다. 이럴 경우 다윗은 어떻게 해야 하는가? 여기서 우리는 다윗이 어떻게 권위에 복종했는지, 그리고 어떻게 자신의 권위를 세우지 않았는지를 볼 수 있다. 다윗은 하나님의 마음에 맞는 사람이었다. 그는 참으로 권위에 복종하는 사람이었기 때문에 권위를 대표하는 사람이 될 수 있었다.

하나님께서 자신의 권위를 세워 주실 때까지 기다림

사무엘기상 24장은 엔게디 광야에서 있었던 사건을 말한다. 사울이 다윗을 죽이려고 추격할 때 다윗은 한 동굴에 숨어 있었는데, 마침 사울도 용변을 보려고 그 동굴에 들어갔다. 다윗은 동굴 안쪽 깊숙한 곳에 숨어 있다가 사울의 겉옷 자락을 몰래 잘랐는데, 곧바로 마음에 가책을 느꼈다(4하-5절). 그의 양심은 매우 예리하고 예민했다. 26장은 다윗이 또 한 번 사울을 죽일 기회가 있었지만, 이번에는 사울의 머리맡에 있는 창과 물병만 가지고 떠났다고 말한다(12상절). 다윗은 사울의 겉옷 자락을 잘랐고, 사울의 창과 물병만 가져갔다. 다윗은 이것들을 증거로 삼아 사울에게 자랑하며 말할 수도 있었다. 그러나 이것은 법률가의 길이지 그리스도인의 길이 아니다. 법률가는 이유나 증거만을 말하지만, 그리스도인은 이유가 아닌 느낌을, 증거가 아닌 사실을 말한다. 다윗은 그리스도인의 감각과 느낌을 가지고 있었기 때문에, 사울의 겉옷 자락을 잘랐을 때 마음에 가책을 느꼈다. 하나님 앞에서 우리는 정치하는 사람들이 아니라 사실에 주의하는 사람들이다. 그러므로 우리는 단지 절차에만 주의를 기울여서는 안 된다. 상하이(上海)와 푸저우에서 나는 절차와 증거만 중시하는 형제들을 보았다. 그러나 여기에 사울의 겉옷 자락을 잘랐을 때 잘못되었음을 느낀 한 사람이 있었다. 그리스도인은 밖의 증거를 말하는 사람이 아니라 안의 느낌을 말하는 사람이다. 세상 사람들은 증거를 말한다. 다윗은 사울의 겉옷 자락을 자르고 창과 물병만 가지고 떠난 것에 대해 큰 소리로 자랑할 수도 있었지만, 그 마음에는 여전히 가책이 있었다. 다윗은 권위에 복종할 수 있는 사람이었다. 그는 사울의 권위를 무너뜨리지 않았고, 하나님께서 자신의 권위를 세워 주실 때까지 기다렸다. 그는 사울이 일찍 죽도록 하여 하나님을 '도우려고' 하지 않았다. 하나님의 권위를 대표하는 사람은 자신의 권위를 세우지 않고 오히려 자신 위에 있는 권위를 세우기를 반드시 배워야 한다.

하나님의 선택뿐만 아니라
교회의 선택도 있어야 함

사무엘기하 1장은 한 사람이 다윗에게 와서 자신이 사울을 죽였다고 보고한 것에 대해 말한다. 그는 상을 받을 것이라고 생각했지만, 다윗은 오히려 그를 죽였다. 왜냐하면 그 사람이 하나님의 권위를 범하는 잘못을 저질렀기 때문이다(10-15절). 그 사람은 다윗의 권위를 범하지 않았지만, 다윗은 그가 사울의 권위를 범한 것을 잘못이라고 느꼈다. 다윗은 어떤 권위라도 그것을 범하는 사람을 심판했다.

사울이 죽은 후에 다윗은 하나님께 어느 성으로 가야 하는지 여쭈었다. 그 당시에 왕궁은 기브아에 있었다. 이스라엘 사람들 중에 다윗을 모르는 사람이 있었겠는가? 다윗은 사울의 죽음을 알게 되자마자 군대를 이끌고 수도로 가야 했다. 인간적으로 말해서 다윗은 자신의 군대를 거느리고 왕궁이 있는 기브아로 서둘러 가야 했다. 이러한 기회를 만나기도 어려운데 어찌 잃어버릴 수 있겠는가? 상식적으로 볼 때, 그는 기브아로 가야 했다. 그가 그동안 복종한 것만으로도 충분하다. 다윗이 용사인 것을 누가 모르겠는가? 그러나 다윗은 매우 특별하게 행동했다. 그는 하나님께 여쭈었고, 하나님은 그에게 헤브론으로 가라고 말씀하셨다(삼하 2:1). 헤브론은 작고 중요하지 않은 성이었다. 그때 유다 사람들이 와서 그곳에서 다윗에게 기름을 부어 유다 집의 왕으로 삼았다. 이것은 다윗이 스스로 권위를 차지하지 않았음을 보여 준다. 그는 하나님의 백성이 그에게 기름을 부을 수 있도록 맡겼다(4절). 사무엘이 그에게 기름을 부은 것은 하나님께서 그를 선택하셨다는 것을 말하고, 유다 사람들이 그에게 기름을 부은 것은 교회를 예표하는 하나님의 백성이 그를 선택했다는 것을 말한다. 다윗은 유다 사람들이 그에게 기름을 붓는 것을 반대하거나 거절할 수 없었다. 그는 "나는 이미 하나님께 기름부음을 받았는데, 왜 여러분에게 기름부음을 받아야 합니까?"라고 말하지 않았다. 하나님께 기름부음을 받는 것과 하나님의 백성에게 기름부음을 받는 것은 별개의 일이다. 권위를 대표하는 사람은 하나님의 선택뿐만 아니라 교회의 선택도 있어야 한다. 그러므로 어느 누구도 자신의 권위를 다른 사람들에게 강요할 수 없다. 그는 하나님의 자녀들이 그를 권위로 선택할 때까지 기다려야 한다.

다윗은 기브아에 올라가지 않았다. 오히려 그는 헤브론에서 하나님의 백성이 자신에게 오기를 칠 년 육 개월 동안 기다렸다. 칠 년 육 개월은 짧은 시간이 아니었지만, 다윗은 서두르지 않았다. 나는 하나님께서 자아로 충만하고 자기 영광을 구하는 사람을 선택하여 권위로 세우시는 것을 한 번도 본 적이 없다. 하나님은 다윗에게 기름을 부으셔서 유다 집의 왕이 되게 하셨을 뿐 아니라 이스라엘 왕국의 왕이 되게 하셨다. 그러나 하나님의 백성이 아직 받아들이지 않을 때, 그는 나서지 않았다. 오직 유다 집만이 그에게 기름을 부었을 때, 그는 유다 집의 왕이 되는 것으로 만족했다. 그는 서두르지 않고 기다릴 수 있었다.

칠 년 육 개월 후에, 이스라엘 모든 지파가 헤브론에 와서 다윗에게 "보십시오, 우리는 왕의 골육입니다. 심지어 전에 사울왕이 우리를 다스릴 때에도 이스라엘을 이끌고 나가기도 하시고 들어오기도 하신 이는 바로 왕이셨습니다. 그리고 여호와는 왕에게 말씀하셨습니다. '너는 나의 백성 이스라엘을 목양할 것이요, 이스라엘을 다스리는 통치자가 될 것이다.'" (삼하 5:1-2)라고 말했다. 유다 지파가 헤브론에서 다윗을 왕으로 받아들인 지 칠 년 육 개월 후에, 이스라엘 모든 지파의 장로들이 비로소 와서 그에게 기름을 부어 그를 왕으로 세웠다. 그때부터 다윗은 예루살렘에서 삼십삼 년간 왕으로서 다스렸다. 우리는 다윗에게서 권위는 스스로 세우는 것도 아니고, 사람들에게 억지로 복종하라고 하는 것도 아니며, 하나님께서 세우시고 사람들이 기름을 붓는 것임을 본다. 권위를 대표하는 사람은 자기 스스로 왕이 되는 것이 아니다. 또한 하나님께서 세우신 것만으로도 왕이 되지 못한다. 권위를 대표하는 사람이 되는 것은 하나님의 선택에 더하여 하나님의 백성의 인정이 있어야 한다. 그런 면에서 다윗은 진정한 왕이었다. 그러므로 신약성경에서 다윗은 '다윗왕'(마 1:6)으로 언급되지만, 솔로몬은 왕으로 언급되지 않는다. 신약성경은 특별히 다윗을 왕으로 인정하는데, 그것은 그가 자신을 신뢰하지 않았기 때문이다. 그는 하나님의 기름부음을 받았고, 하나님의 백성 곧 교회의 기름부음을 기다렸다.

그러므로 우리는 주님의 기름부음이 있어야 할 뿐 아니라, 더욱 교회의 기름부음이 있어야만 하나님의 자녀들 가운데서 권위가 될 수 있다. 다윗은 서른 살부터 서른일곱 살까지 기다렸다. 그는 한 번도 '만일 이스라엘 백성이 내게 기름을 붓지 않으면 어떻게 하지?'라고 의심하지 않았다. 다윗은 하나님의 손 아래에서 겸손했다. 하나님을 아는 사람은 누구나 기다릴 수 있다. 하나님을 아는 사람은 스스로를 돕기 위해 손가락 하나 움직일 필요가 없다. 만일 여러분의 상태가 올바르다면, 주님께서 여러분을 그분의 권위를 대표하는 사람으로 인정하실 뿐 아니라 교회도 여러분을 그분의 권위를 대표하는 사람으로 인정할 것이다. 나는 여러분이 하나님의 기름부음을 얻을 뿐 아니라 교회의 기름부음도 얻기 바란다. 결코 육체로 발버둥 치거나 여러분의 손가락을 움직이려고 하지 말아야 한다. 육체는 여기서 지위가 없다. 어느 누구도 일어서서 "나는 하나님께서 세우신 권위이기 때문에, 여러분은 나에게 순종해야 합니다."라고 말할 수 없다. 우리는 먼저 주님 앞에서 영적인 사역을 갖기를 배우고 하나님의 때를 기다려야 하나님의 자녀들 가운데서 그분을 섬길 수 있다.

권위가 되는 사람일수록
더욱 권위를 지킬 줄 앎

다윗은 무엇 때문에 헤브론에서 칠 년 육 개월 동안 기다렸는가? 그것은 사울이 죽은 후에도 그의 아들 이스보셋이 마하나임에서 계속 왕으로 있었기 때문이다(삼하 2:8-9). 그 후 레갑과 바아나가 이스보셋을 죽여 그의 머리를 헤브론에 있는 다윗에게 가지고 왔다. 그들은 다윗에게 좋은 소식을 전한다고 생각했지만, 다윗은 오히려 그들을 죽였다(4:5-12). 여기서 다윗은 권위를 범하는 사람을 심판했다. 이것은 권위가 되는 사람일수록 더욱 권위를 지키려고 한다는 것을 보여 준다. 우리는 결코 자신의 권위를 세우기 위해 다른 사람의 권위가 손상받게 해서는 안 된다. 사람이 권위를 추구하지 않을수록 하나님은 그에게 권위를 더 주신다. 만일 사람이 권위를 거슬렀다면, 그 거스름이 여러분의 권위에 대한 거스름이 아닐지라도 그 사람을 심판해야 한다. 다윗은 이렇게 했기 때문에 하나님의 백성의 호의를 얻었다. 그 결과 사무엘기하 5장에서 열한 지파의 대표들이 다윗을 찾아왔다. 하나님의 권위를 아는 사람은 권위에 복종한다.

이러한 사람만이 권위가 될 자격이 있다. 어떤 사람이 여러분의 권위를 손상했다고 해서 그를 처리하려고 하지 말라. 여러분은 반드시 하나님의 자녀들이 와서 여러분을 권위를 대표하는 사람으로 기름을 부을 때까지 기다려야 한다. 하나님의 자녀들이 여러분에게 기름을 붓기 전에 어떤 불평이나 원망을 한다면, 그것은 잘못된 것이다.

하나님 앞에서는 권위가 없음

사무엘기하 6장에서 다윗은 하나님의 언약궤를 다윗성에 다시 가져왔을 때 언약궤 앞에서 온 힘을 다하여 춤을 추었다. 당시 다윗은 이스라엘 왕국의 왕이었다. 그때 사울의 딸 미갈이 다윗이 춤을 추는 것을 보고 마음속으로 그를 멸시했다(14-16절). 미갈은 다윗이 왕이므로 자기 아버지 사울처럼 이스라엘 백성 가운데 자신을 거룩히 분별하고 함부로 행동해서는 안 된다고 생각했는데, 이것은 당연히 틀린 생각이 아니다. 그러나 다윗은 그가 하나님 앞에서 권위가 없고 비천하며 무가치하다고 생각했는데, 이것 또한 틀린 생각이 아니다. 미갈의 잘못은 그녀의 아버지의 잘못과 동일했다. 사울은 가장 좋은 소들과 양들을 남겨 둠으로써 하나님의 명령을 어겼고 하나님께 버림받았다. 그런데도 그는 자기 체면을 지키려고 했고, 사무엘이 이스라엘 백성 앞에서 자기를 존귀하게 대해 주기를 바랐다(참조 삼상 15:1-30). 미갈이 알았던 길은 다윗이 알았던 길과 완전히 달랐다. 하나님은 다윗을 기쁘게 받아들이시고 미갈을 심판하셨다. 그러므로 미갈은 죽는 날까지 자녀가 없었다(삼하 6:23). 이것은 하나님께서 그러한 사람의 후손을 끊어 버리셨다는 것을 의미한다. 그분은 그러한 사람이 존속되는 것을 허락하지 않으셨다.

다윗은 하나님 앞에 나아갈 때, 자신을 다른 사람과 똑같이 비천한 사람으로 여기고 자신을 높이지 않았다. 권위를 대표하는 사람도 하나님 앞에서는 하나님의 모든 백성과 똑같이 비천한 존재이다. 그러므로 그는 자신을 높이거나 사람들 가운데서 자신의 권위를 지키려고 해서는 안 된다. 다윗은 보좌 앞에서는 왕이었지만, 하나님의 언약궤 앞에서는 이스라엘 백성과 똑같은 백성이었다. 미갈은 자신의 길을 지키려고 했다. 그녀는 다윗이 하나님 앞에서도 왕으로 있어야 한다고 생각했다. 미갈은 다윗의 행동이 눈에 거슬렸기 때문에, 다윗에게 "이스라엘의 왕께서 오늘 어찌나 존귀하게 되셨는지 모르겠습니다."(삼하 6:20)라고 말했다. 그러나 하나님은 다윗의 길을 받아들이셨고, 미갈의 길은 심판하셨다. 모세는 하나님 앞에 나아갈 때 이스라엘 백성과 같았고, 다윗도 하나님 앞에 나아갈 때 이스라엘 백성과 같았다. 우리는 교회 안에서는 권위일지 모르지만, 하나님 앞에 나아갈 때는 다른 모든 사람과 완전히 똑같다. 이것이 바로 권위가 되는 근거이자 비결이다. 권위를 대표하는 사람도 하나님 앞에 나아갈 때 모든 형제와 똑같다.

권위는 있지만
권위 의식이 없음

사무엘기하 7장 18절에는 내가 특별히 좋아하는 한 문장이 있다. "다윗왕이 나아가 여호와 앞에 앉아". 이때는 성전이 아직 건축되지 않았기 때문에, 언약궤가 장막 안에 있었고 다윗은 바닥에 앉았다. 하나님은 거기서 다윗과 언약을 세우셨고, 다윗은 하나님께 놀라운 기도를 드렸다. 여기서 우리는 다윗의 부드럽고 예민한 영을 만진다. 그는 왕이 되기 전에 용사였고, 아무도 그 앞에 설 수 없었다. 그러나 이제 왕이 되고 그의 왕국이 강성해졌는데도, 다윗은 언약궤 앞 바닥에 앉을 정도로 온유했다. 그는 겸손을 유지하는 사람이었고, 매우 단순한 방식으로 기도할 수 있었다. 이것이 권위를 대표하는 사람의 모습이다.

왕궁에서 태어난 미갈은 자기 아버지처럼 위엄을 주의했다. 그러나 그녀는 사람이 하나님 앞에 나아가는 것과 하나님의 보내심을 받는 것의 차이를 알지 못했다. 여러분이 하나님의 보내심을 받을 때는 하나님을 대표하여 말하고 행동할 수 있는 어느 정도의 권위를 가질 수 있다. 그러나 일단 하나님 앞에 나아가면 그분의 발 앞에 엎드려야 하고 자신이 어떤 사람인지를 알아야 한다. 다윗은 진실로 하나님께서 세우신 왕으로서 하나님께서 주신 권위를 가지고 있었다. 사울을 계산에 넣지 않는다면, 다윗은 하나님께서 세우신 첫 번째 왕이다. 그리스도는 아브라함의 자손이실 뿐 아니라 다윗의 자손이시기도 하다. 성경 전체에 기록된 마지막 이름은 다윗이다(계 22:16). 그러나 놀라운 것은 다윗은 왕이었지만 자신이 왕이라는 의식이 없었다는 것이다. 그는 하나님 앞에서 자신이 아무것도 아닌 존재임을 알았다. 무릇 자신이 권위라고 느끼거나 생각하는 사람은 권위가 될 자격이 없다. 권위가 되려면 반드시 자신을 아는 사람이 되어야 한다. 권위가 있는 사람일수록 권위 의식이 없다. 하나님의 권위를 대표하는 사람이 권위는 있지만 권위 의식이 없다면, 그것은 참으로 큰 축복이다.

권위는 스스로 지킬 필요가 없음

사무엘기하 15장에 기록된 압살롬의 반역은 이중의 반역이다. 한편으로는 아들이 아버지를 반역한 것이고, 다른 한편으로는 백성이 왕을 반역한 것이다. 이것은 다윗이 만난 가장 큰 반역으로서 그의 아들이 이 반역에 앞장섰다. 그때 압살롬을 따르는 사람들이 날로 많아져서 다윗은 왕궁을 떠나 도망쳐야 했다. 다윗에게는 그를 따르는 사람들이 절실히 필요했다. 그러나 가드 사람 잇대가 그를 따르려고 할 때, 다윗은 잇대에게 "그대는 돌아가서 왕(압살롬)과 함께 머무시오."(19하절)라고 말할 수 있었다. 다윗은 참으로 온유했다. 그의 영은 참으로 부드러웠다. 그는 "내가 왕이니 모든 사람은 나를 따라야 한다."라고 말하지 않았다. 그는 잇대에게 "그대는 그대의 길을 가도 좋습니다. 나는 많은 사람을 나의 고난에 끌어들이고 싶지 않습니다. 설령 그대가 새 왕에게 가기로 선택하더라도 나는 괜찮습니다."라고 말했다. 다윗은 고난 가운데 있을 때에도 누구를 데려가려고 하지 않았다. 사람이 왕궁에 있을 때는 그 사람을 알기가 쉽지 않지만, 시련 가운데 있을 때 비로소 그가 어떤 사람인지 드러난다. 다윗은 그러한 때에 경솔하거나 부주의하지 않았고 여전히 온유하고 복종적이었다.

다윗이 기드론 시내를 지나 광야로 갈 때, 제사장 사독이 제사장들과 레위인들과 함께 와서 언약궤를 메고 그를 따르기를 원한다고 말했다. 언약궤가 성을 떠난다면, 많은 이스라엘 사람들도 언약궤를 따라 갔을 것이다. 사독과 레위인들의 태도는 옳았다. 반역의 일이 일어났으므로 언약궤를 옮겨야 했다. 그러나 그때 다윗은 그렇게 하는 것이 매우 좋고 언약궤를 반역자에게 맡겨 둘 수 없다고 말하지 않았다. 다윗은 언약궤가 예루살렘성을 떠나면 많은 이스라엘 사람들이 혼란에 빠질 것이라고 생각했다. 다윗은 높은 영역에 있는 사람이었다. 그는 언약궤가 자신과 함께 가는 것을 허락하지 않았다. 그는 기꺼이 자신을 하나님의 다루심에 맡겼다. 다윗의 태도는 모세처럼 절대적으로 하나님의 권능의 손 아래에서 자신을 겸손히 낮추는 것이었다. 모세와 다윗은 반역자들보다 높은 곳에 있었다. 다윗은 자신이 여호와 앞에 은총을 입는다면 그분께서 반드시 자신을 돌아오게 하셔서 언약궤와 그분의 처소를 다시 보게 하실 것이라고 말했다. 만일 그가 여호와 앞에 은총을 입지 않는다면 언약궤가 그를 따라온다 해도 아무 소용이 없었을 것이다(삼하 15:24-26). 그래서 다윗은 제사장 사독과 언약궤를 메었던 레위인들에게 돌아가라고 권했다. 이러한 말을 하기는 쉬워도 막상 도망가야 하는 상황에서 이렇게 하기는 정말 쉽지 않다. 도망 나온 사람은 많지 않았고, 예루살렘은 반역한 사람들로 가득했다. 그러나 다윗은 그의 좋은 친구들을 돌려보냈다. 다윗의 영은 얼마나 순수한지! 여기서 다윗은 모세처럼 하나님 앞에 온유하게 자신을 낮추었다.

사무엘기하 15장 27절에서 다윗은 사독에게, 사독이 제사장이고 선견자이니 제사장들을 이끌고 언약궤를 메고 돌아가라고 말했다. 그렇게 하여 세 번째 무리도 떠났다. 우리는 이 부분을 읽을 때 다윗의 영을 만져야 한다. 그의 영은 "사람들과 다툴 필요가 어디 있는가? 내가 왕으로 남을지 아닐지는 하나님께 달려 있다. 많은 사람이 따를 필요도 없고 언약궤가 함께할 필요도 없다."라고 말하고 있었다. 그는 권위가 되는 것은 하나님의 일이며 스스로 권위를 지킬 필요가 없다고 느꼈다. 다윗은 눈물을 흘리며 머리를 가리고 맨발로 올리브산으로 올라갔다(30절). 그는 참으로 겸허하고 온화하고 부드러운 사람이었다! 이것이 반역을 당했을 때 다윗이 한 일이었다. 그는 자신의 권위를 붙잡지 않았다. 이것이 하나님께서 세우신 대표 권위자에게 있어야 할 올바른 태도이다.

권위는 모욕을 견딜 수 있어야 함

반역의 영은 전염성이 있다. 사무엘기하 16장에서 시므이는 길에 나와 다윗에게 돌을 던지고 저주하며 "여호와께서 사울 집안의 모든 피를 너에게 돌리셨다."(8절)라고 말했다. 다윗의 신하들도 그와 함께 고난을 받았다. 이것보다 더 억울한 상황은 없을 것이다. 왜냐하면 사울 집안의 피를 흘리게 하지 않은 사람이 있다면, 그 사람은 바로 다윗이었기 때문이다. 시므이의 말 중에서 다윗이 사울을 대신하여 다스렸고, 다윗이 어려움을 피해 도망쳤다는 것은 사실이다. 그러나 다윗이 사울 집안의 피를 흘리게 했다고 말하는 것은 엄청난 거짓말이었다. 그러나 다윗은 반박하거나 자신을 변호하거나 어떤 것도 부인하지 않았다. 당시 다윗의 주변에는 용사들이 있었기 때문에, 이런 사람을 제거하는 것은 쉬운 일이었다. 그러나 그는 그렇게 하지 않았다. 시므이가 길을 따라오면서 다윗을 저주했기 때문에, 다윗을 따르는 사람들은 이것을 견딜 수 없었다. 그러나 다윗은 여전히 용사들에게 그를 죽이지 말라고 권고하면서 "여호와께서 그에게 그렇게 하라고 하신 것이니 그가 저주하도록 내버려두시오."(11절)라고 말했다. 그는 참으로 파쇄된 사람이었고 온유한 사람이었다. 그는 더 높은 권위자에게 복종하는 법을 배우고 있었다. 다윗은 하나님께서 시므이에게 자기를 저주하라고 하신 것이라고 말했다. 성경의 이 부분을 읽을 때, 우리는 다윗의 영을 만져야 한다. 그때 다윗은 궁지에 몰려 난처한 상황이었기 때문에, 시므이에게 한을 시원하게 풀 수 있었지만 그렇게 하지 않았다. 다윗은 절대적으로 복종하는 사람이었다. 그는 하나님께 절대적으로 복종했고, 하나님께서 그에게 행하신 모든 것을 받아들였다.

형제자매들이여, 여러분은 하나님께서 세우신 권위는 모욕을 견딜 수 있고, 마음을 상하게 하는 것을 감당할 수 있는 사람임을 깨달아야 한다. 만일 여러분이 얻은 권위를 누구도 범할 수 없다고 생각한다면, 여러분은 결코 권위를 대표하는 사람이 될 수 없다. 하나님께서 여러분을 권위로 안배하셨다고 해서 권위를 함부로 쓸 수 있다고 생각하지 말라. 복종하는 것을 배운 사람만이 권위가 될 수 있다. 사무엘기하 16장 13절에서 시므이는 계속해서 다윗을 저주했다. 그러나 다윗은 참으로 복종하는 사람이었다. 이런 사람이라야 비로소 권위가 될 자격이 있다. 여기 하나님 앞에 참으로 온유한 사람이 있다. 다윗과 그를 따르는 사람들은 피곤하여 한곳에서 휴식을 취했다. 압살롬이 반역할 때도 다윗은 여전히 올바른 태도를 유지할 수 있었다. 그는 비록 구약의 사람이었지만 신약의 은혜로 충만했다. 그는 그러한 영을 가질 정도로 파쇄된 사람이었다. 다윗은 참으로 권위가 될 자격이 있는 사람이었다.

하나님의 권능의 손 아래에서
겸손해지는 것을 배움

사무엘기하 19장에서 압살롬이 패배하여 죽은 후, 이스라엘 백성은 다윗이 성문에 앉아 있다는 소식을 듣고 모두 자신의 천막으로 도망하였다(8절). 그때 다윗은 위세를 떨치며 즉시 왕궁으로 돌아오지 않았다. 압살롬도 기름부음 받은 왕이었기 때문에, 그는 기다려야 했다. 먼저 열한 지파가 와서 그에게 왕궁으로 돌아오라고 하고 유독 유다 지파만 그렇게 하지 않았을 때, 다윗은 유다 지파를 회복하기 위해 사람을 그들에게 보냈다(9-12절). 다윗은 유다 지파에 속했고 유다 지파에 의해 쫓겨났기 때문에, 그들이 그에게 돌아오라고 할 때까지 기다려야 했다. 다윗은 하나님께서 세우신 대표 권위자였지만 시련을 겪는 동안 하나님의 권능의 손 아래에서 겸손해지는 것을 배웠다. 그는 자신의 권위를 세우려고 하지 않았다. 그는 계속해서 환경 가운데 안배된 것을 받아들였고 하나님의 권능의 손 아래에서 겸손히 자신을 낮추었다. 그는 서두르지 않았고, 위대한 용사였지만 자신을 위해 싸우지 않았다. 그는 하나님의 백성만을 위해 싸웠다. 이전에 하나님의 백성은 그에게 기름을 부어 왕으로 삼았다. 이제 다시 돌아와서 왕이 되려고 할 때에도 하나님의 백성이 그에게 다시 기름 붓기를 기다렸다.

그러므로 하나님께서 대표 권위자로 쓰시는 사람은 모두 다윗의 영을 가져야 한다. 우리는 자신을 위해 어떤 변명의 말도 하지 말아야 한다. 우리는 자신을 위해 일하지 말아야 한다. 우리는 자신이 하나님께 선택받은 사람이라는 것을 증명하기 위해 작은 손가락 하나 움직일 필요가 없다. 우리는 믿을 수 있어야 하고, 기다릴 수 있어야 하며, 겸손할 수 있어야 한다. 하나님은 그분께서 하고자 하시는 일을 반드시 하시기 때문에, 우리는 하나님의 때를 기다려야 한다. 우리가 더 복종할수록 권위를 대표하는 사람이 되는 법을 더 배우게 될 것이다. 우리가 하나님 앞에 더 많이 엎드릴수록 그분은 우리를 더 많이 변호하실 것이다. 그러나 우리가 자신을 위해 말하고 자신을 위해 불평하고 원망한다면, 우리는 하나님의 일을 망칠 것이다. 우리는 반드시 하나님의 권능의 손 아래에서 자신을 겸손히 낮추는 것을 배워야 한다. 우리가 스스로 권위가 되려고 하면 할수록 더 잘못된 길로 가게 될 것이다. 우리 앞에는 분명한 길이 있다. 구약에서 가장 뛰어난 대표 권위자는 모세였고, 모든 왕 중에서 가장 뛰어난 대표 권위자는 다윗이었다. 이 두 사람은 권위를 대표하는 사람으로서 똑같이 행동했다. 우리는 반드시 그들의 영을 만져야 하며, 그럴 때 비로소 하나님의 권위를 유지할 수 있다.

제7장

권위를 대표하는 사람이 반드시 가져야 할 생활과 마음가짐

성경:

막 10:35-45 세베대의 아들들인 야고보와 요한이 예수님께 가까이 가서 "선생님, 우리가 무엇을 구하든지 우리를 위해 해 주시기를 원합니다."라고 하니, 예수님께서 그들에게 말씀하셨다. "내가 여러분을 위해 무엇을 해 주기를 원하십니까?" 그들이 "주님께서 영광을 얻으실 때, 우리 중 한 사람은 주님의 오른편에, 한 사람은 왼편에 앉게 해 주십시오."라고 하자, 예수님께서 말씀하셨다. "여러분은 자신이 무엇을 구하고 있는지도 모르십니다. 내가 마시는 잔을 여러분이 마실 수 있으며, 내가 받는 침례를 여러분이 받을 수 있습니까?" 그러자 그들이 "할 수 있습니다."라고 하니, 예수님께서 말씀하셨다. "내가 마시는 잔을 여러분이 마실 것이며, 내가 받는 침례를 여러분이 받을 것입니다. 그러나 내 오른편이나 왼편에 앉는 것은 내가 주는 것이 아니고, 내 아버지께서 예비하신 사람들에게 주시는 것입니다." 열 제자가 듣고 야고보와 요한에 대하여 분개하자, 예수님께서 그들을 가까이 부르셔서 말씀하셨다. "이방인의 통치자라 하는 이들은 백성 위에 군림하고 고관들은 권세를 부리는 것을 여러분이 알고 있습니다. 그러나 여러분 사이에서는 그렇게 해서는 안 됩니다. 누구든지 크게 되기를 원하는 사람은 여러분의 종이 되어야 하고, 으뜸이 되기를 원하는 사람은 모든 사람의 노예가 되어야 합니다. 사람의 아들도 섬김을 받으려고 온 것이 아니라 도리어 섬기려 하고, 많은 사람을 위해 자기 생명을 속전으로 주려고 온 것입니다."

주님의 잔을 마시고 주님의 침례를 받아야 함

주님은 이 땅에 계실 때 어떻게 권위를 대표하는 사람이 되는지를 거의 가르치지 않으셨다. 왜냐하면 이 세상에 계실 때 그분의 목적이 사람들 가운데서 권위를 세우는 것이 아니었기 때문이다. 다만 마가복음 10장의 몇 절에서 주님은 어떻게 권위를 대표하는 사람이 되는지를 분명하게 가르치셨다. 그러므로 권위를 대표하는 사람이 되는 길을 알고자 하는 사람은 반드시 이 부분의 성경을 읽어야 한다. 왜냐하면 이 부분은 주님께서 친히 가르치신 것이기 때문이다. 여기서 주님은 우리에게 권위를 대표하는 사람이 되는 길을 보여 주신다. 우리가 알듯이, 이 일은 야고보와 요한에게서 시작되었다. 그들은 주님께서 영광을 얻으실 때 주님의 오른편과 왼편에 앉고 싶어 했다. 그러나 그들은 이러한 요구가 합당하지 않은 것임을 알았기 때문에, 직접 주님께 말씀드리기가 겸연쩍어서 먼저 그분께 "선생님, 우리가 무엇을 구하든지 우리를 위해 해 주시기를 원합니다."(35절)라고 말했다. 그들이 이렇게 말한 것은 먼저 주님의 승낙을 얻기 위해서였다. 그러나 주님은 즉시 답변하지 않으시고 "내가 여러분을 위해 무엇을 해 주기를 원하십니까?"라고 물으셨다. 주님의 말씀은 그들이 주님에게서 무엇을 원하는지 모르시기에 아무것도 약속해 주실 수 없다는 것이다. 이때 비로소 그들은 주님께서 영광을 얻으실 때 한 사람은 주님의 오른편에, 한 사람은 주님의 왼편에 앉게 해 달라고 말했다(37절). 이 요구는 두 가지를 암시한다. 하나는 주님을 가까이하고자 하는 것이고, 다른 하나는 영광 안에서의 권위를 갖고자 하는 것이다. 그들이 주님을 가까이하기를 원하는 것은 합당한 일이었다. 그러나 그것이 그들이 원하는 전부가 아니었다. 그들은 영광 안에서의 권위도 얻기 원했다. 그들은 다른 열 제자보다 위에 서기를 원했다. 주님은 그들에게 무엇이라고 말씀하셨는가? 먼저 주님은 그들이 자신에게 무엇을 해 주기를 원하는지 모른다고 말씀하셨고, 이어서 그분은 그들 스스로도 무엇을 구하고 있는지 모른다고 말씀하셨다(38상절).

그들은 주님의 오른편과 왼편에 앉는 것을 주님께서 허락하시거나 나누어 주실 수 있는 것으로 생각했다. 그러나 주님은 이 일이 그렇게 간단한 일이 아니라고 말씀하셨다. 그들은 주님을 가까이하고 권위를 얻기 원했다. 주님은 그들의 요구가 잘못되었다고 말씀하지 않으셨고, 그분의 오른편과 왼편에 앉기를 원하는 것도 잘못되었다고 말씀하지 않으셨다. 주님은 그들에게 그분의 오른편과 왼편에 앉기를 원한다면, 그분께서 마시는 잔을 마셔야 하고, 그분께서 받는 침례를 받아야 한다고 말씀하셨다. 야고보와 요한은 그저 구하기만 하면 얻을 수 있다고 생각했다. 그러나 주님은 그것은 구하는 문제가 아니라 잔을 마시고 침례를 받는 문제라고 말씀하셨다. 이것은 기도하는 문제가 아니고, 주님의 오른편과 왼편에 앉으려고 노력하는 문제도 아니다. 만일 여러분이 주님의 잔을 마시지 않고 주님의 침례를 받지 않는다면, 여러분이 구하는 것은 헛된 것이다. 그러므로 주님의 잔을 마시지 않고 주님의 침례를 받지 않는 사람은 주님을 가까이할 수 없고 어떤 권위도 얻을 수 없다. 주님은 아무에게나 지위와 권위를 주지 않으신다. 주님은 그분의 잔을 마시고 그분의 침례를 받는 사람에게만 지위와 권위를 주신다. 주님의 잔을 마시고 주님의 침례를 받는 것이 기초이다. 기초가 잘못되면 결과를 얻을 수 없다. 예를 들어, 어린아이가 산에 올라가 꽃을 꺾었다가 다시 그 꽃을 땅에 심었다고 하자. 그 아이는 그곳이 금방 꽃밭이 되리라고 생각할지도 모른다. 그러나 그 꽃에는 뿌리가 없다. 야고보와 요한은 기초가 잘못되었다. 그들이 주님을 가까이하고 영광 안에서의 권위를 얻으려면 주님의 잔을 마시고 주님의 침례를 받아야 했다. 제자들이 주님의 잔을 마시지 않고 주님의 침례를 받지 않는다면, 그들은 주님을 가까이할 수 없고 지위와 권위도 얻을 수 없다. 제자들은 머지않아 이것을 깨닫게 될 것이다. 이것은 단지 장래와 관계있는 일만이 아니라 오늘날과도 관계있는 일이다.

주님의 잔은 무엇인가

주님의 잔은 무엇인가? 주님의 잔은 단 하나의 의미만 지닌다. 주님께서 겟세마네 동산에 계셨을 때, 그분 앞에는 잔이 있었다. 이것은 주님께서 마셔야 할 하나님의 의의 잔이었다. 주님은 아버지께 "나의 아버지, 하실 수만 있으시다면, 이 잔을 나에게서 지나가게 해 주십시오. 그러나 나의 뜻대로 하지 마시고 아버지 뜻대로 하십시오."(마 26:39)라고 기도하셨다. 이때 우리는 잔과 하나님의 뜻이 아직 일치하지 않은 것을 분명히 볼 수 있다. 즉 그때 잔은 잔이고 하나님의 뜻은 하나님의 뜻으로 둘이 아직 하나가 되지 않았다. 잔은 바뀔 수 있었지만, 하나님의 뜻은 결코 바뀔 수 없었다. 주님은 잔을 지나가게 해 달라고 요청하셨을 뿐 아버지의 뜻을 지나가게 해 달라고 요청하지 않으셨다. 주님은 잔을 마시지 않으실 수 있었지만, 하나님의 뜻에는 절대적으로 복종하셔야 했다.

잔은 필수적이거나 항구적인 것이 아니라 일시적인 것이다. 잔이 하나님의 뜻이 아니라면, 그분은 마시지 않으실 수 있다. 그러나 잔이 하나님의 뜻이라면, 그분은 반드시 마시셔야 한다. 주님의 태도는 하나님의 뜻이라면 잔을 마시고, 하나님의 뜻이 아니라면 마시지 않겠다는 것이다. 주님의 말씀은 참으로 우리가 그분께 경배하도록 한다. 주님은 결코 그분의 말씀의 순서를 바꾸지 않으셨다. 만일 바꾸어 구하셨다면 옳지 않았을 것이다. 바꾸어 말해서, 주님은 겟세마네 동산에서 마지막 순간까지도 이 잔이 하나님의 뜻인지를 알고자 하셨다. 잔과 하나님의 뜻이 일치할 때까지 주님은 기도하셨다. 주님은 이것을 위해 세 차례 기도하신 후(44절)에 잔과 하나님의 뜻이 하나라는 것을 아시고 나서, 동산 밖에 있던 베드로에게 "아버지께서 주신 이 잔을 내가 마셔야 하지 않겠습니까?"(요 18:11)라고 말씀하셨다. 동산 안에서는 아직 잔과 하나님의 뜻이 하나가 되지 않았으므로 주님은 그 잔을 지나가게 해 달라고 간구하실 수 있었지만, 동산 밖에서는 잔과 하나님의 뜻이 하나가 되었다. 이 잔은 이전과 달리 아버지께서 그분에게 주신 것이 되었다. 그래서 주님은 "아버지께서 주신 이 잔을 내가 마셔야 하지 않겠습니까?"라고 말씀하신 것이다.

이것은 가장 깊고도 영적인 공과이다. 주님은 십자가에 가려고 하실 때에도 서두르지 않으셨다. 그분의 유일한 원함은 하나님의 뜻을 행하는 것이었다. 그분은 십자가에 못 박히시기 위해 보냄을 받으신 것이 아니다. 물론 십자가에 못 박히는 것은 너무나 중요한 일이지만, 이것이 하나님의 뜻을 대치할 수 없다. 주님께서 십자가에 못 박히시는 것이 비록 중요한 일이었지만, 그분은 여전히 하나님의 뜻 아래 계셨다. 주님은 많은 사람을 죄들에서 구속하시기 위해 오셨고 이를 위해 십자가에 못 박히셔야 하셨지만, 이 십자가조차도 하나님의 뜻을 능가할 수 없다. 주님은 십자가가 사람들을 구원하기에 가장 좋고 필요하기 때문에 십자가로 가신 것이 아니다. 주님은 십자가에 못 박히시기 위해 오신 것이 아니라 하나님의 뜻을 행하기 위해 오셨다. 하나님의 뜻이 십자가에 못 박히는 것이므로 그분은 십자가에 못 박히셨다. 그분께서 십자가에 못 박히신 것은 하나님의 뜻 때문이었지 십자가 자체에 있지 않았다. 하나님의 뜻이 십자가보다 더 높다. 그러므로 주님께서 십자가에 못 박히신 것은 십자가 자체에 있지 않았고 하나님의 뜻을 행하시는 데 있었다. 아버지께서 십자가에 못 박히기를 원하셨기에 주님께서 십자가에 못 박히신 것이다.

여러분은 여기서 잔은 유동적이지만 하나님의 뜻은 확고함을 볼 수 있다. 주님은 하나님의 뜻이 자신에게서 떠나가기를 구하지 않으셨다. 주님은 십자가와 직접적인 관계를 맺지 않으셨다. 그것은 단지 간접적인 관계일 뿐이었다. 그러나 주님과 하나님의 뜻은 직접적인 관계가 있었다. 그래서 주님은 겟세마네 동산에서 기도하실 때, 이 잔이 그분에게서 지나가게 하실 수 있는지 여쭈신 것이다. 그분은 하나님의 뜻에 따라 행하셨다. 주님은 하나님의 뜻을 선택하신 것이지 십자가를 선택하신 것이 아니었다. 그러므로 주님께서 마시신 잔은 하나님의 최고의 권위에 대한 그분의 복종을 의미한다. 그분은 엎드려 하나님의 뜻을 선택하셨다. 그분의 유일한 갈망은 하나님의 뜻을 이루시는 것이었다. 그러므로 주님은 "내가 마시는 잔을 여러분(야고보와 요한)이 마실 수 있습니까?"라고 물으셨다. 바꾸어 말해서 주님은 "나는 하나님 앞에 엎드려 하나님의 뜻을 선택했는데, 여러분도 똑같이 엎드려 하나님의 뜻을 선택할 수 있습니까?"라고 물으신 것이다.

이것은 내가 이전에 언급하였듯이 아브라함이 이삭을 제물로 바친 것과 같다. 결국 아브라함은 이삭을 되돌려받았다. 아마도 많은 사람이 그들의 이삭을 바쳤을 것이다. 그러나 그들은 하나님께 이삭을 되돌려받는 것이 어렵다고 느낀다. 그것은 그들에게 체면을 잃어버리는 것처럼 보이기 때문이다. 많은 사람이 헌신과 직접적인 관계를 갖는다. 또 많은 사람이 고난을 받는 것과 직접적인 관계를 갖는다. 또 많은 사람이 주님의 일과 직접적인 관계를 갖는다. 우리는 반드시 오직 하나님의 뜻과만 직접적인 관계를 가져야 한다. 주님의 잔을 마신다는 것은 어떤 것과도 직접적인 관계를 가져서는 안 됨을 의미한다. 만일 하나님의 뜻이 아니라면 잔은 마시지 않을 수 있다. 비록 모든 사람이 주님께서 십자가로 가실 것임을 알았지만, 주님은 마지막까지 기도하시면서 십자가가 하나님의 뜻인지를 여쭈셨다. 그러므로 모든 것은 하나님의 뜻에 달린 것이지 자신에게 달린 것이 아니다. 많은 사람이 일 자체를 위해 일한다. 그들은 일단 일을 시작하면 다른 어떤 것도 할 수 없다. 그들은 일에만 얽매이고 일에만 빠져든다. 더 이상 하나님의 뜻을 고려할 시간이 없다. 그들은 끝까지 자기 일을 하겠다고 고집한다. 이것은 하나님의 뜻을 위해 일하는 것이 아니라 일 자체를 위해 일하는 것이다. 그러나 주님은 하나님의 뜻을 위해 십자가를 포기하실 만큼 하나님의 뜻을 위해 일하셨다. 하나님의 뜻이 십자가에 못 박히는 것임을 아셨을 때, 그분은 십자가의 고통을 개의치 않으시고 그것을 받아들이셨다. 잔을 마신다는 것은 우리 자신의 뜻을 부인하고 하나님의 뜻에 복종하는 것이다. 주님은 "내가 항복한 것처럼 여러분도 하나님의 뜻에 항복할 수 있습니까?"라고 말씀하신 것이다. 이것이 주님의 잔이다. 주님을 가까이하고 영광을 얻으려고 하는 사람은 하나님의 뜻에 순종해야 한다.

하나님의 뜻에 순종하는 것은 중요한 문제이다. 만일 어떤 사람이 아주 가볍게 "나는 하나님의 뜻에 순종할 것입니다."라고 말한다면, 이 사람은 아마도 아직 하나님의 뜻의 위대한 의미를 보지 못한 것이다. 하나님의 뜻에 순종하는 것은 하나님의 뜻과 직접적인 관계를 갖는 것을 의미한다. 다른 모든 것은 변할 수 있다. 심지어 하나님의 진노의 잔인 십자가조차도 변할 수 있다. 그러나 하나님의 뜻은 결코 변할 수 없다. 사람은 반드시 하나님의 권위에 복종해야만 비로소 하나님의 뜻에 순종할 수 있다. 여러분은 겟세마네 동산에서의 기도에 대해 읽을 때 반드시 이러한 영을 만져야 한다. 겟세마네 동산은 이 땅에서 주님의 복종의 최고봉을 보여 준다. 그분은 잔에 하나님의 뜻을 억지로 부여하지 않으셨다. 여기에는 심오한 원칙이 있다. 오직 하나님의 뜻만이 그분께서 복종하시는 대상이었고, 하나님의 잔은 그분께서 복종하시는 대상이 아니었다. 첫날부터 마지막 날까지 그리스도께서 붙잡으셨던 것은 하나님의 뜻이었다. 그분은 하나님의 뜻에 끝까지 순종하셨다. 이것이 그분께는 다른 어떤 것보다 더 중요했다. 나는 주님께서 겟세마네 동산에서 겪으신 이 땅에서의 체험에 가장 심오한 계시가 있다고 믿는다. 우리는 그러한 심오한 체험을 통해 그리스도 자신을 알아야 한다. 그분은 십자가에 달리시기 몇 시간 전까지 십자가의 일이 아닌 하나님의 뜻에 순종하는 일에 전념하고 계셨다. 그러므로 가장 중요한 것은 일이나 고난받는 것이나 십자가가 아니라 하나님의 뜻이다. 이 때문에 주님은 야고보와 요한에게 "내가 마시는 잔을 여러분이 마실 수 있습니까?"라고 말씀하셨다. 여기서 주님은 이렇게 말씀하시는 것 같다. "만일 누구든지 나를 가까이하고 영광 안에서의 지위를 얻으며 하나님의 다른 자녀들보다 뛰어나고자 한다면, 반드시 나처럼 하나님의 뜻에 순종하고 하나님의 뜻을 유일한 목표로 삼아야 합니다. 오직 그러한 사람만이 나를 가까이할 수 있고 내 오른편이나 왼편에 앉을 수 있습니다." 그러므로 주님을 가까이하고 그분의 오른편이나 왼편에 앉으려고 한다면, 주님의 잔을 마실 수 있어야 하고 하나님의 뜻에 절대적으로 순종할 수 있어야 한다.

주님의 침례란 무엇인가

그렇다면 주님의 침례란 무엇인가? 여기에서 주님께서 언급하신 침례는 요단강의 침례를 가리키는 것이 아님이 분명하다. 그것은 이미 지나간 것이기 때문이다. 주님께서 받으실 침례는 다가올 침례로서 그분께서 십자가에서 죽으시는 것을 가리킨다. 누가복음 12장 50절에서 주님은 "그러나 나에게는 받아야 할 침례가 있는데, 그것이 성취되기까지 내가 얼마나 답답하겠습니까!"라고 말씀하셨다. 오스틴 스팍스(T. Austin-Sparks)는 〈주님의 해방(The Release of the Lord)〉이라는 책에서 "이것은 그분 자신을 해방하시려는 주님의 갈망을 의미한다."라고 말했다. 주님의 갈망은 그분 자신을 해방하시는 것이었다. 이 절의 답답함은 '갇힘'이나 '억압받음'으로 번역할 수도 있다. 그리스도는 하나님의 모든 풍성을 지니신 거룩한 몸을 가지셨다. 그러나 이 하나님의 영광의 풍성이 육체 안에 갇혀 있었으니, 얼마나 답답하셨겠는가! 그러나 이 풍성이 해방된다면 얼마나 좋아하시겠는가! 주님은 하나님의 생명이 그분 안에 너무 갇혀 있고 억압받고 있어서, 그 생명이 해방된다면 얼마나 좋을까 하고 말씀하시는 듯하다. 그러므로 십자가는 한 면으로 죄들에서 구속하기 위한 것이었고, 다른 한 면으로 생명을 해방하기 위한 것이었다. 하나님은 십자가를 통해 그분의 생명을 해방하시고 세차게 흘러나오게 하셨다. 주님은 이 생명이 해방되기를 원하셨다. 그러나 십자가에 못 박히시기 전에는 이 생명이 그분 안에 갇혀 있었다. 그러므로 이 침례의 주된 의미는 생명의 해방이다.

주님은 또한 하나님의 생명이 해방될 때, 이 생명이 이 땅에서 불처럼 타오를 것이라고 말씀하셨다. 이 침례의 결과는 무엇인가? 이 침례는 땅에 화평이 아닌 불과 같은 분쟁이라는 결과를 가져올 것이다(눅 12:51). 불은 무언가에 닿으면 모든 것을 태운다. 이 집과 저 집에 분쟁이 일어나게 하고, 믿는 이와 믿지 않는 이 사이에 분쟁이 일어나게 하며, 생명이 있는 이와 없는 이 사이에 분쟁이 일어나게 하고, 불이 타고 있는 이와 불이 타고 있지 않은 이 사이에 분쟁이 일어나게 한다. 이것이 바로 주님의 침례를 받는다는 말의 의미이다. 이 생명이 해방되고 나아가고 세차게 흘러 나가는 곳마다 분쟁이 있을 것이다. 이 생명이 이르는 곳에는 화평이 없고 분쟁이 있다. 주님을 아는 사람과 알지 못하는 사람 사이에 분쟁이 있다. 이 생명이 어떤 집에 들어가면 그 집에 분쟁이 있을 것이다. 이 침례를 받은 이들은 받지 않은 이들과 즉시 구분이 생긴다. 주님은 "내가 십자가에 가는 것은 생명을 해방하고, 사람들에게 분쟁을 일으키기 위한 것입니다. 여러분은 이렇게 할 수 있습니까? 여러분은 이것을 좋아하십니까?"라고 물으시는 것 같다. 죽음이 먼저이고 생명의 해방이 나중인데, 이것이 바로 침례이다. 그리고 침례의 결과는 사람들에게 분쟁을 가져다주는 것이다. 죽은 사람은 분쟁할 수 없고 오직 생명이 있는 사람만 분쟁할 수 있다. 여기서 주님의 말씀은 죽음은 우리 안에서 활동하고 생명은 다른 사람 안에서 활동한다는 것을 언급하신 것이다(고후 4:12). 주님의 침례는 죽음을 통해 껍질이 깨어져 생명이 해방되는 것이다. 오늘날 우리도 마찬가지이다. 겉사람이 파쇄되어야 안에 있는 생명이 흘러나올 수 있다.

푸저우의 하이관(海關)항에 있을 때, 나는 겉사람이 파쇄되지 않으면 생명이 흘러나올 수 없다고 말했다. 우리의 겉사람은 생명을 에워싸서 나오지 못하게 한다. 겉사람이 파쇄되지 않으면 생명이 흘러나올 수 없다는 것을 깨달아야 한다. 겉껍질이 깨어진 사람은 가까이하기가 아주 쉽고, 생명이 쉽게 흘러나온다. 겉껍질이 깨어지지 않으면 생명이 안에 갇히게 되므로 사람의 영은 쉽게 흘러나오지 못하고 남에게 생명을 분배할 수 없다. 고린도후서 4장 12절을 설명하는 것과 사람에게 생명을 만지게 하는 것은 전혀 다른 두 가지 일이다. 많은 사람이 이 절을 단지 하나의 가르침으로 생각한다. 내가 다시 말하거니와 여러분의 겉사람이 파쇄되지 않으면 생명을 흘려 보낼 수 없다. 사람의 겉껍질이 깨어지면 그 사람을 가까이하기가 쉽다. 이것은 마치 밀알이 땅에 떨어져 죽어야만 생명이 자연스럽게 흘러나오는 것과 같다. 그래서 요한복음 12장 24절에서 주님은 "한 알의 밀이 땅에 떨어져 죽지 않으면 한 알 그대로 남아 있지만, 죽으면 많은 열매를 맺습니다."라고 말씀하신 것이다. 밀알이 땅에 떨어져 죽을 때 생명이 나오게 된다. 주님은 이어서 이렇게 말씀하신다. "자기 혼생명을 사랑하는 사람은 혼생명을 잃을 것이고, 이 세상에서 자기 혼생명을 미워하는 사람은 영원한 생명에 이르도록 혼생명을 보존할 것입니다. 누구든지 나를 섬기려면 나를 따르십시오. 내가 있는 그곳에 나를 섬기는 사람도 있을 것이며, 누구든지 나를 섬기면 내 아버지께서 그를 귀하게 여기실 것입니다."(25-26절) 사람이 자신의 겉껍질을 보존한다면 생명을 산출할 수 없다. 겉껍질을 잃을 때 많은 열매를 산출할 수 있다.

십자가에는 구속하는 방면과 생명을 해방하는 방면, 이 두 방면이 있다. 주님은 죽는 것을 언급하지 않으시고 침례 받는 것을 언급하셨다. 그것은 사람들이 야고보와 요한이 그분의 구속의 일에 참여한다고 오해하지 않도록 하시려는 것이었다. 구속의 일은 우리의 대제사장이신 그리스도 외에는 이룰 수 있는 사람이 없고, 여기에 참여할 수 있는 사람도 없다. 우리는 십자가에서 주님께서 이루신 그분의 죽음의 구속하는 방면에는 참여할 수 없지만 생명을 해방하는 방면에는 참여할 수 있다. 이것이 주님께서 십자가에 대해 말씀하실 때, 침례와 관련된 죽음의 방면만 언급하신 이유이다. 이 죽음은 그분의 생명을 해방하는 것과 관련이 있으며, 구속과는 아무런 관련이 없다. 주님은 침례를 받으러 가신다고 말씀하셨다. 이것은 한 알의 밀이 껍질이 깨어져 많은 열매를 맺는 것처럼 주님의 겉껍질이 깨어져 생명이 해방될 것임을 의미하는 것이다. 그러므로 주님의 침례를 받는다는 말의 의미는 사람이 하나님 앞에서 깨어지고 파쇄됨으로 안에 있는 생명을 흘러나오게 한다는 것이다. 주님의 생명이 흘러나오려고 해도 겉사람이 파쇄되지 않으면 주님의 생명은 해방되기가 매우 어렵다. 여러분 안에 있는 생명이 흘러나올 수 없다면, 비록 여러분이 다른 사람과 아주 가까이 앉아 있을지라도, 여러분 안에 있는 생명은 밖으로 나오거나 그를 만질 수 없다.

침례의 결과는 불과 분쟁이다. 일단 이 생명이 흘러나오면 이 땅에는 화평이 없게 되고 오히려 분쟁이 있게 된다. 많은 사람이 이 생명에 의해 나누어진다. 주님을 따르는 이와 따르지 않는 이, 주님께 속한 이와 속하지 않은 이 사이에는 큰 차이가 있다. 사람은 그리스도의 생명을 만지자마자 즉시 다른 길을 취하게 된다. 그러므로 주님이 있는 이와 없는 이, 하나님을 아는 이와 모르는 이, 대가를 지불한 이와 지불하지 않은 이, 신실한 이와 신실하지 않은 이, 시련을 거친 이와 거치지 않은 이 사이에는 많은 어려움이 발생하게 된다. 주님은 이렇게 말씀하시는 것 같다. “나의 침례를 받은 결과를 여러분이 감당할 수 있습니까? 여러분이 나의 오른편과 왼편에 앉아 다른 사람과 다르게 되고자 하지만, 여러분은 오늘 내가 받는 침례의 결과를 받아들이고, 그것 때문에 하나님의 다른 자녀들과 다르게 되는 것을 감당할 수 있습니까? 나의 오른편과 왼편에 앉아 영광 안에서의 지위를 얻으려면 나의 잔과 나의 침례를 받아야 합니다.” 주님의 오른편과 왼편에 앉고 영광 안에서의 자리를 얻으려면, 우리는 주님의 잔을 마시고 주님의 침례를 받아야 한다. 즉 다른 모든 것보다 하나님의 뜻을 인정해야 하고, 겉사람이 파쇄되어야 하며, 생명이 해방되어야 한다. 이런 사람만이 주님의 오른편과 왼편에 앉는 것이 무엇인지를 안다. 이것이 바로 그리스도인의 길이다.

주님께서 야고보와 요한에게 하신 말씀은 사실상 “여러분은 먼저 나의 잔을 마시고 나의 침례를 받아야 비로소 영광 안에서 나의 오른편과 왼편에 앉을 수 있습니다. 여러분이 이 잔을 마시고 이 침례를 받을 수 있습니까?"였다. 그들은 즉시 "할 수 있습니다."(막 10:39)라고 대답했다. 그들 두 사람은 주님께 구했지만, 이 일이 얼마나 중대한지를 알지 못했다. 사실 그들 두 사람뿐만 아니라 아담의 족속은 모두 똑같다. 주님은 조건을 말씀하셨고, 그들은 할 수 있다고 대답했다. 주님은 그분의 오른편과 왼편에 앉으려면 반드시 주님의 잔을 마시고 주님의 침례를 받아야 한다는 사실을 말씀하셨다. 그렇지만 주님은 아직도 그들에게 오른편과 왼편에 앉을 수 있다고 대답하지 않으셨다. 주님의 말씀은 사람이 그분의 잔을 마시지 않고 그분의 침례를 받지 않으면 그분의 오른편과 왼편에 앉을 수 없지만, 설령 잔을 마시고 침례를 받는다 할지라도 반드시 그분의 오른편과 왼편에 앉을 수 있는 것은 아니라는 것이다. 왜냐하면 그것은 하나님께서 예비하시는 것에 달려 있기 때문이다(40절). 만일 사람이 주님의 잔을 마시지 않고 그분의 침례를 받지 않는다면, 그는 결코 주님의 오른편과 왼편에 앉을 수 없다. 그러나 주님의 잔을 마시고 주님의 침례를 받는다고 해서 반드시 주님의 오른편과 왼편에 앉을 수 있는 것은 아니다. 주님의 잔을 마시지 않고 주님의 침례를 받지 않은 사람은 당연히 주님의 오른편과 왼편에 앉지 못한다. 그러나 주님의 잔을 마시고 주님의 침례를 받은 사람이라고 해서 반드시 주님의 오른편과 왼편에 앉을 수 있는 것은 아니다. 아마도 야고보와 요한은 "그렇다면 우리가 무슨 할 말이 더 있겠습니까?"라고 물었을 것이다. 누구든지 잔을 마시지 않고 침례를 받지 않는다면, 그는 확실히 주님의 오른편과 왼편에 앉을 자격이 없다. 그리고 누구든지 잔을 마시고 침례를 받으면 자격을 갖출 수 있지만, 그것은 여전히 하나님께서 어떻게 예비하셨는지에 달려 있다. 야고보와 요한의 요청은 정확하지 않을 수 있지만, 주님은 정확하지 않은 대답을 하실 수 없었다. 만일 주님께서 그분의 오른편과 왼편의 자리를 야고보와 요한에게 주셨다면, 이 두 자리는 지난 이천 년의 교회 역사 동안 사라졌을 것이다. 다른 자리가 아직 남아 있을지 모르지만, 이 두 자리는 야고보와 요한이 차지했을 것이다. 이 두 자리는 두 제자를 위한 예약된 자리가 되었을 것이고, 다른 사람들은 아무도 주님의 이 길을 가려고 하지 않을 것이다. 그러나 주님께서 그들에게 대답하지 않으셨기 때문에, 이 두 자리가 아직도 빈자리로 남아 있어서 우리 중 어떤 사람이 그 자리에 앉을 수 있다. 그러므로 이 공과는 여전히 우리에게 적용된다. 그러나 지금까지 논한 것은 이 단락의 주된 요점이 아니며 이제 앞으로 그 요점을 말할 것이다.

권위가 되는 것은 지배하거나 통제하는 것이 아니라 자신을 낮추어 섬기는 것임

주님은 이어서 권위의 문제를 말씀하셨다. 마가복음 10장 41절에 따르면, 다른 열 제자는 야고보와 요한의 요청을 듣고 그들에 대하여 분개하였다. 야고보와 요한이 주님께 몰래 물었지만, 나중에 열 제자가 알게 되었다. 그 후 주님은 그들에게 한 가지 가르침을 주셨는데, 여기에 전체 단락의 중점이 있다. 주님은 제자들을 모아 그들에게 장래 영광에 관한 여러 일들을 가르치셨다. 주님은 이렇게 말씀하셨다. “이방인의 통치자라 하는 이들은 백성 위에 군림하고 고관들은 권세를 부리는 것을 여러분이 알고 있습니다. 그러나 여러분 사이에서는 그렇게 해서는 안 됩니다. 누구든지 크게 되기를 원하는 사람은 여러분의 종이 되어야 하고, 으뜸이 되기를 원하는 사람은 모든 사람의 노예가 되어야 합니다. 사람의 아들도 섬김을 받으려고 온 것이 아니라 도리어 섬기려 하고, 많은 사람을 위해 자기 생명을 속전으로 주려고 온 것입니다."(막 10:42-45) 두 제자의 질문은 권위의 문제를 이끌어 냈다. 주님은 여기서 이것이 장래의 일이 아니라 지금 이 시대의 일이라고 말씀하셨다. 이 주제에 담긴 영은 장래의 영광에 적용될 수 있을 뿐 아니라 오늘날에도 적용될 수 있다. 주님은 그 당시부터 현재까지 적용될 수 있는 그러한 영을 소개하셨다. 여기에 보좌에 앉아서 다른 사람을 다스리기 원하는 두 사람이 있었다. 주님은 그들에게 이방인의 통치자들과 고관들이 권세를 부린다는 것을 보여 주셨다. 이방인들 가운데에는 권세에 대한 갈급함이 있다. 이방인들은 통치자가 되어 다른 사람 위에 군림하기를 바라고, 고관이 되어 권세를 부리기를 바란다. 그러나 제자들 사이에서는 그렇게 해서는 안 된다고 말씀하셨다. 우리 가운데 어떤 사람들이 장래의 영광을 추구하는 것은 좋은 일이지만, 그런 사람들은 오늘날 하나님의 자녀들 위에 군림하려는 생각을 가져서는 안 되며, 다른 사람들을 지배하거나 통제하려는 생각을 가져서도 안 된다.

주님의 오른편과 왼편에 앉기를 바라는 것이 잘못된 것은 아니지만, 하나님의 자녀들 가운데서 큰 사람이 되려고 다투어서는 안 되고, 권력을 쟁취하려는 사상이 있어서도 안 되며, 다른 사람을 통제하려는 의도가 있어서도 안 된다. 만일 우리가 이러한 것을 추구한다면, 이방인들과 동일한 상태로 타락하게 될 것이다. 권위가 되려고 애쓰는 것보다 더 추악한 것은 없다. 외적으로 다른 이들을 통제하려고 하는 것은 가장 추한 일이다. 권위가 되려는 야심을 갖거나 거물이 되고자 하는 것은 이방인들이 추구하는 것이다. 우리는 이러한 영을 교회에서 쫓아내야 한다. 주님은 오직 그분의 잔을 알고 그분의 침례를 받기 원하는 이들을 쓰신다. 여러분이 주님의 잔을 마시고 주님의 침례를 받는다면, 권위는 자연스럽게 여러분의 손에 있게 된다. 이것이 하나님께서 정하신 길이며, 모든 것의 뿌리이다. 여러분이 이 길을 취하지 않고 목적지에 이르려고 하거나 뿌리도 없는데 열매를 얻으려고 한다면, 그것은 헛된 일이다. 우리는 반드시 각 방면에서 하나님의 뜻을 알고 파쇄를 거침으로써 안에 있는 생명이 해방되게 해야 한다. 하나님 앞에서의 우리의 위치는 하나님께서 예비하시는 것에 달려 있다. 만일 어떤 사람이 하나님의 다른 자녀들보다 높아지려고 하거나 지배하고 통제하려고 한다면, 나는 그를 이방인이라고 말할 것이다. 우리는 먼저 이러한 이방인의 영을 우리 가운데서 몰아내야 한다. 우리는 우리 가운데서 이방인의 영을 용납해서는 안 된다. 우리는 하나님께서 쓰실 수 있는 사람이 되기를 갈망하는 것이지 다른 사람을 지배하는 사람이 되기를 갈망하는 것이 아니다. 이러한 이방인의 영을 우리 안에서 완전히 몰아내야 한다. 그러지 않으면 구링산에서 내려간 후에 우리는 다른 사람들을 인도할 수 없고, 일의 필요도 채우지 못할 것이다.

무릇 권위를 얻으려고 하고 큰 사람이 되려고 하는 사람에게는 더더욱 권위를 맡길 수가 없다. 하나님은 권위를 얻으려는 사람에게 권위를 주신 적이 없다. 어떤 사람에게 이방인의 영이 있을수록 하나님은 그를 더욱 쓰실 수 없다. 나는 우리 가운데서 다른 사람들을 통제하여 그들이 말하지 못하게 하고 자기 혼자만 명령을 내리는 정치가가 한 명도 없기를 바란다. 우리는 이렇게 해서는 안 된다. 자신이 형편없다고 느끼는 사람에게 하나님은 오히려 권위를 더 주신다. 이것이 주님께서 사람을 선택하시는 방식이기 때문에, 우리 또한 이러한 길을 취해야 한다. 우리는 절대로 정치적인 수완을 쓰는 정치가가 되어서는 안 된다. 우리는 이 사람에게 어떤 직책을 주지 않으면 반역을 일으킬까 봐 염려가 된다고 말해서는 안 된다. 여러분은 사람을 이런 식으로 대해서는 안 된다. 하나님의 집에서 우리는 영에 속한 원칙에 따라 영에 속한 길을 갈 수 있을 뿐 정치가의 길을 갈 수 없다. 나는 여러분이 신실할 수 있기를 바란다. 여러분의 태도는 온유하고 부드러워야 하며, 주님 앞에서 신실해야 한다. 사람은 하나님 앞에서 엎드러져야 비로소 하나님께 쓰임받을 수 있다. 사람이 꼿꼿이 서 있는 한, 하나님은 결코 그를 쓰실 수 없다.

마가복음 10장 42절과 43절에서 주님은 이방인들 가운데에는 통치자들이 백성 위에 군림하고 고관들이 권세를 부리지만, '여러분 사이에서는' 그렇게 해서는 안 된다고 말씀하셨다. 나는 '여러분 사이에서는'이라는 이 어구를 좋아한다. 이것은 이방인들 가운데서 권위를 세우는 일과 교회 안에서 권위를 세우는 일에 얼마나 큰 차이가 있는지를 말한다. 우리가 이 문제를 주의하지 않으면 교회 안에서 나아갈 길이 없게 된다. 이방인들은 지위에 근거하여 사람을 다스리지만, 교회는 영적 생명에 근거하여 사람을 섬긴다. 교회에 그러한 이방인의 관행이 있게 되면, 교회는 완전히 파괴된다. 그러므로 교회는 이방인과의 분별을 엄격하게 지켜야 한다. 이방인들은 서로 권력과 이익을 얻으려고 다툰다. 우리 가운데서는 자신이 권위라고 생각하는 사람일수록 권위가 될 자격이 없다. 자신이 자격이 있다고 생각하는 사람일수록 자격이 없는 것이다. 우리는 항상 이러한 태도를 유지해야 한다.

누구든지 크게 되기를 원하는 사람은 종이 되어야 하고 으뜸이 되기를 원하는 사람은 노예가 되어야 함

주님은 '여러분 사이에서는'이라는 표현을 세 번이나 사용하셨다.* 주님은 교회 안에 권위를 세우기 원하신다. 교회 안에서 크게 되기를 원하

* 원문에서는 세 번 언급됨. "그러나 여러분 사이에서는 그렇게 해서는 안 됩니다. 여러분 사이에서는 누구든지 크게 되기를 원하는 사람은 여러분의 종이 되어야 하고, 여러분 사이에서는 으뜸이 되기를 원하는 사람은 모든 사람의 노예가 되어야 합니다."(원문 직역)—역자 주

는 사람, 즉 주님에 의해 큰 사람으로 세워지기를 원하는 사람은 섬기는 사람, 즉 모든 사람의 종이 되어야 한다. 크게 되기를 원하는 사람은 종이 되어야 하고, 으뜸이 되기를 원하는 사람은 노예가 되어야 한다. 이것이 교회 안에 있는 권위이다. 여기서 우리는 하나님의 권위를 대표하는 사람으로 세워지기 위한 두 가지 중요한 요건을 볼 수 있다. 첫째는 잔(절대적으로 하나님의 뜻에 순종하는 것)을 마시는 것과 침례(생명을 해방하기 위해 죽음을 받아들이는 것)를 받는 것이다. 둘째는 권력에 대한 야심이 없이 다만 모든 사람의 종이 되고 노예가 되는 것이다. 바꾸어 말해서, 한 면으로는 영적인 근거를 가져야 한다. 즉 하나님의 뜻을 모든 것 가운데 중심이자 가장 높은 것으로 삼고, 주님의 생명이 흘러나올 수 있게 하는 것이다. 다른 한 면으로는 형제자매들 사이에서 권위가 되기를 원하지 않고 다만 종이 되고 노예가 되는 것이다. 이러한 사람을 하나님께서 권위로 사용하실 수 있다. 주님은 기꺼이 종이 되기 원하는 사람을 큰 사람으로 세우실 것이고, 그에게 권위를 맡기실 것이다. 주님은 기꺼이 노예가 되고자 하는 사람, 즉 형제자매들을 섬기고자 하는 사람을 으뜸으로 세우실 것이다. 바꾸어 말해서 사람이 권위가 되려면 한 면으로는 영적인 근거를 가져야 하고, 다른 한 면으로는 권위에 대하여 올바른 태도와 관점을 가져야 하고 권위가 되기를 열망해서는 안 된다. 오직 이러한 사람만이 하나님의 권위가 될 수 있다.

나는 오늘 이 두 가지 요점을 형제자매들 앞에 내놓았다. 여러분이 첫 번째 요점인 영적인 근거가 없다면, 두 번째 요점인 겸손이 있어도 쓸모가 없다. 아무리 겸손해진다 해도 여전히 쓸모가 없다. 그러므로 주님께서 야고보와 요한에게 대답하실 때, 먼저 첫 번째 근거로 그들을 다루셨다. 그러나 영적인 근거를 가졌다고 해서 그들이 주님의 오른편과 왼편에 앉을 수 있는 것은 아니다. 주님은 아버지께서 예비하신 사람에게 그 자리가 주어질 것이라고 말씀하셨다. 그러므로 첫 번째 자격뿐 아니라 여전히 두 번째 조건이 있어야 한다. 즉 형제자매들 사이에서 종이 되고 노예가 되어야 한다. 이 두 조건을 충족하는 이들, 즉 그들 자신은 형편없고 역량이 없다고 여기는 이들이 권위가 될 자격이 있는 이들이다. 주님께서 원하시는 사람은 자신이 자격이 없다고 생각하고, 자신을 다른 사람들의 종과 노예로 생각하는 사람이다. 주님은 그러한 사람을 큰 사람과 으뜸으로 세우실 것이다. 권위가 되고자 한다면 잔을 마시고 침례를 받아야 한다. 그러지 않으면 모든 것이 헛되다. 이에 더하여 그는 진정으로 겸손해야 하며, 자신은 형편없고 여러 사람을 섬기는 사람이 되기에만 적합하다고 여겨야 한다(이것은 단지 말로만이 아닌 속에서 그렇게 느껴야 한다). 주님은 이러한 사람이 큰 사람이 될 수 있다고 말씀하셨다. 우리에게 단지 말로만 자신을 남에게 겸손하게 보이도록 하는 사람이 있을까 봐 두렵다. 겸손은 반드시 마음속에서 우러나오는 것이어야 한다.

그러므로 권위를 대표하는 사람이 되려면 반드시 영적인 조건과 겸손이라는 조건을 모두 충족해야 한다. 권위가 되는 조건은 자신이 자격이 없고 형편없다고 느끼는 것이다. 한 가지 확실한 것은 신구약에서 하나님께서 쓰신 사람 가운데 교만한 사람이 한 명도 없다는 것이다. 내가 참으로 솔직히 말할 수 있는 것은 사람이 교만해지는 즉시 하나님께서 그 사람을 제쳐 놓으신다는 것이다. 이십여 년 이상 일하는 동안, 나는 하나님께서 교만한 사람을 쓰시는 것을 본 적이 없다. 어떤 사람이 남몰래 교만을 품었다면 조만간 그의 말에서 교만이 표현될 것이다. 왜냐하면 사람의 말은 항상 그의 마음속 깊은 곳을 드러내기 때문이다. 겸손한 사람조차도 장래에 하나님의 심판대 앞에서 크게 놀라고 두려워할 것이다. 그러할진대 교만한 사람은 겸손한 사람보다 얼마나 더 놀라고 두려워하겠는가! 하나님은 무익한 노예들을 쓰시기 때문에, 우리는 반드시 자신이 무익하다는 느낌을 가져야 한다. 이것은 우리가 겸손한 척하는 것이 아니라 우리 자신이 참으로 무익한 노예임을 인식하는 것이다. 우리가 양을 치고 밭을 갈았을지라도, 일하고 돌아왔을 때 우리는 여전히 자신이 무익한 노예라고 말해야 하며 노예의 위치에 서 있어야 한다(눅 17:10). 하나님은 결코 자신이 쓸 만하다고 하는 사람이나 자신이 괜찮다고 하는 사람에게 권위를 맡기지 않으신다. 우리는 교만을 거절하고 겸손하고 온유하기를 배워야 한다. 또한 우리는 자신을 위해 말하지 않아야 하며, 하나님의 안목을 갖는 것과 자기 자신을 알기를 배워야 한다.

마지막으로, 주님은 "사람의 아들도 섬김을 받으려고 온 것이 아니라 도리어 섬기려 하고, 많은 사람을 위해 자기 생명을 속전으로 주려고 온 것입니다."(막 10:45)라고 말씀하셨다. 주님은 권위가 되기 위해 오신 것이 아니라 사람들을 섬기기 위해 오셨다. 야심이 없고 주님 앞에 자신을 겸손히 낮추는 사람일수록 주님께서 보시기에 더 유용하다. 반면에 자기 자신을 높이 평가하고 남보다 뛰어나다고 생각하는 사람일수록 주님의 손에 쓸모가 없다. 주님은 노예의 모습을 취하셨고 모든 사람의 노예가 되셨다. 주님은 한 번도 권세를 부리지 않으셨다. 그분의 모든 권위는 하나님께서 주신 것이다. 주님은 낮은 곳에서 지극히 높은 곳으로 높이 올려지셨다. 이것이 바로 주님의 원칙이다. 우리는 육체의 손을 내밀어 어떤 육체의 권위도 붙잡지 말아야 한다. 우리는 모든 사람의 노예가 되어야 한다. 그러면 하나님께서 어느 날 우리에게 어떤 책임을 맡기실 때, 우리는 그분을 대표하는 법을 배우게 될 것이다. 권위의 근거는 사역이다. 부활이 있는 곳에 사역이 있고, 사역이 있어야 섬김이 있으며, 섬김이 있어야 권위가 있다. 주님께서 우리를 교만한 생각에서 구원해 주시기를 바란다.

육체의 손으로 하나님의 권위를 강탈하려는 사람은 엄중한 심판을 받을 것이다. 우리는 불 못을 두려워하듯이 권위도 두려워해야 한다. 하나님을 대표하는 것은 쉬운 일이 아니다. 이것은 너무나 큰일이고 사람이 헤아릴 수 없는 일이므로 함부로 만져서는 안 된다. 우리는 복종의 바른길을 걸어야 한다. 우리의 길은 권위의 길이 아니라 복종의 길이다. 큰 사람이 되는 것이 아니라 종이 되는 것이다. 으뜸이 되는 것이 아니라 노예가 되는 것이다. 모세나 다윗은 가장 큰 권위를 가진 사람들이었지만, 그들 중 누구도 스스로 권위를 세우지 않았다. 이것이 오늘날 권위를 대표하는 사람으로서 섬기는 사람들의 길이어야 한다. 우리는 권위를 행사할 때 두려움으로 떨어야 한다. 하나님께서 우리를 긍휼히 여기시기를 바란다.

제8장

권위를 대표하는 사람은 반드시 자신을 거룩히 분별해야 함

성경:

요 17:19 내가 그들을 위하여 나 자신을 거룩하게 하는 것은 그들도 진리로 거룩하게 되도록 하려는 것입니다.

우리는 영적 권위가 영적인 방면에서 그 사람이 받은 온전하게 함에 달려 있다고 말한 적이 있다. 권위는 사람에 의해 세워지는 것이 아니며, 심지어 하나님에 의해서만 세워지는 것도 아니다. 권위는 한 면으로 영적인 방면에서 온전하게 된 정도에 달려 있고, 다른 한 면으로 하나님 앞에서 겸손하고 순종하는 태도에 달려 있다. 오늘 우리는 권위가 되는 사람은 모든 사람에게서 분별되어야 한다는 것에 대해 조금 더 말할 것이다. 우리 주님은 하나님께 보내심을 받아 하나님과 끊임없이 교통하신 분이셨지만, 요한복음 17장에서 "내가 그들을 위하여 나 자신을 거룩하게 하는 것은 그들도 진리로 거룩하게 되도록 하려는 것입니다."(19절)라고 말씀하셨다. 그러므로 권위를 대표하는 사람은 반드시 다른 사람들을 위해 자신을 거룩히 분별해야 한다.

주님께서 그분 자신을 거룩하게 하신다는 것은 무슨 뜻인가

주님께서 그분 자신을 거룩하게 하신다는 것은 무슨 뜻인가? 이것은 주 예수님께서 합법적으로 하실 수 있는 많은 일이 있었지만 제자들을 위해 하지 않으셨다는 뜻이다. 그분은 많은 것을 하실 수 있었고, 많은 말을 하실 수 있었으며, 여러 가지 태도를 취하실 수 있었고, 여러 가지 옷을 입으실 수 있었으며, 여러 가지 음식을 드실 수 있었지만, 그분의 제자들을 위해 그렇게 하지 않으셨다. 주 예수님은 하나님의 아들이시며 죄를 알지 못하신다. 그분은 이 땅에 계실 때 우리보다 몇 배로 자유롭게 어떤 일을 하실 수 있었다. 우리는 문제가 있는 사람들이기 때문에 할 수 없는 일들이 많고, 더러운 사람들이기 때문에 할 수 없는 말이 많다. 그러나 주님은 거룩하셨기 때문에 그분께는 이러한 어려움이 없었다. 우리는 천성적으로 교만하기 때문에 겸손할 필요가 있지만, 주님은 교만이 없으시기 때문에 겸손하실 필요가 없었다. 이와 마찬가지로 우리는 성질이 급하기 때문에 인내할 필요가 있지만, 주님은 성질이 급하지 않으시므로 인내하실 필요가 없었다. 주님은 죄가 조금도 없으셨기 때문에 많은 속박을 받으실 필요도 없었다. 그러므로 주 예수님이 사람으로 계실 때, 우리 같은 더러운 사람들이 없었다면 훨씬 더 큰 자유를 누리실 수 있었을 것이다. 심지어 그분은 화를 내실 때조차도 죄가 없으셨고 거룩하셨다. 그러나 주님은 제자들을 위해 그분 자신을 거룩하게 하셨다고 말씀하셨다. 그분은 기꺼이 많은 제한을 받으셨다.

주님은 하나님 앞에서 거룩하신 것만이 아니라 그분 자신 안에서도 거룩하셨다. 주님은 성품과 관련하여 죄가 없으셨지만, 제자들 가운데 계실 때 자신을 거룩히 분별하셔야 했다. 우리가 거룩하게 되기 위해서는 해서는 안 될 많은 일이 있다. 그러나 주 예수님은 본성이 거룩하시기 때문에 우리보다 훨씬 많은 일을 하실 수 있다. 누구든지 자신이 선하다고 말하는 것은 매우 잘못된 일이다. 그러나 주 예수님이 자신을 선하다고 말씀하시는 것은 전적으로 옳다. 그분은 많은 말을 하실 수 있지만 우리는 할 수 없다. 왜냐하면 주 예수님은 안과 밖으로 죄가 조금도 없으시기 때문이다. 그러므로 주님은 우리보다 더 많은 자유가 있으시다. 그러나 주님은 기꺼이 제한을 받으셨다. 주님 자신은 거룩하시지만, 그분은 사람의 방식으로 스스로를 거룩하게 하셨다. 우리가 거룩하게 되려면 세상 사람들과 분별이 있어야 한다. 그렇기 때문에 우리는 많은 일을 할 수 없는 것이다.

주님은 거룩하시지만 우리에게 거룩함을 더하셔야 했기 때문에 그분 자신을 거룩히 분별하셨다. 그분은 우리를 위해 기꺼이 제한을 받으셨다. 사람들은 자기의 죄악된 기준에 따라 말하고 판단한다. 만일 주님께서 그분의 거룩하심의 기준에 따라 행하고 말씀하셨다면, 사람들은 자신의 죄악된 생각에 따라 그분을 비난했을 것이다. 이것이 바로 그분께서 기꺼이 자신을 제한 아래 두신 이유이다. 우리는 죄 때문에 많은 일을 할 수 없지만, 주님은 거룩함 때문에 많은 일을 하지 않으시고 자신을 제한시키셨다. 우리는 할 수 없기 때문에 하지 않는 반면에, 그분은 하실 수 있지만 하지 않으셨다. 우리는 해서는 안 되기 때문에 하지 않았지만, 그분은 하셔도 되지만 하지 않으셨다. 주님은 하실 수 있었던 많은 일을 하나님의 권위를 위해 하지 않으셨다. 주님은 그분 자신을 세상과 분별하기를 원하셨다. 이것이 바로 주님께서 자신을 거룩하게 하셨다는 것의 의미이다.

권위를 대표하는 사람의 외로움

우리가 권위를 대표하는 사람이 되기를 배우려면 형제자매들과 분별되는 법을 배워야 한다. 할 수 있는 많은 일을 하지 말아야 하고, 할 수 있는 많은 말을 하지 말아야 한다. 말에서뿐만 아니라 감정에 있어서도 분별되어야 한다. 자신만 생각한다면 어떤 태도를 취할 수 있겠지만, 형제자매들과 함께 있을 때는 분별되어야 한다. 우리는 형제자매들과 교통할 때 어느 선에서 멈추어야 하고, 제멋대로 행동하지 않아야 하며, 누구와도 희희낙락하지 말아야 한다. 우리는 자유를 포기하고 기꺼이 외로움을 견뎌야 한다. 외로움은 권위를 대표하는 사람의 표시이다. 무릇 형제자매들 가운데서 경솔하게 말하고 행하는 사람은 권위를 대표하는 사람이 될 수 없다. 이것은 교만이 아니다. 이것은 하나님의 권위를 대표하기 위해 형제자매들과의 교통에 어느 정도 제한을 두어야 한다는 것을 의미한다. 우리는 너무 느슨하거나 제멋대로 행하지 않아야 한다. 참새들은 무리 지어 날지만 독수리는 홀로 난다. 우리가 낮게만 날 수 있고 높이 날 때의 외로움을 견딜 수 없다면 결코 권위를 대표하는 사람이 될 수 없다. 권위를 대표하는 사람이 되려면 제한을 받아야 하고 스스로를 분별해야 한다. 다른 사람이 할 수 있는 것을 여러분은 할 수 없고, 다른 사람이 할 수 있는 말을 여러분은 할 수 없다. 우리는 반드시 주님의 영께 복종해야 한다. 그럴 때 우리 안에 계신 성령께서 우리를 가르치실 것이다. 이것은 우리를 외롭게 만들고 우리에게서 즐거움을 빼앗아 갈 것이다. 우리는 더 이상 형제자매들과 농담을 하지 못할 것이다. 이것은 권위를 대표하는 사람이 지불해야 할 대가이다. 우리는 반드시 주 예수님처럼 자신을 분별해야만 권위를 대표하는 사람이 될 수 있다.

몸 안의 한 지체로서 권위를 대표하는 사람은 몸의 교통을 유지하기 위해 두드러지지 않고 형제자매들과 동일해야 한다. 그러나 하나님을 대표할 때에는 하나님에 의해 제한을 받고 자신을 거룩히 분별하여 모든 형제자매들의 본이 되어야 한다. 그러나 지체로서는 모든 사람과 함께 동역하여 섬겨야 하며 결코 스스로를 특별한 위치에 두어서는 안 된다.

권위를 대표하는 사람은 감정을 자제해야 함

레위기 10장 1절부터 7절까지는 나답과 아비후가 하나님의 심판을 받은 이유가 아버지인 아론의 권위 아래 복종하지 않았기 때문이라고 말한다. 아론은 그의 네 아들과 함께 같은 날에 거룩한 곳에서 제사장으로 기름부음을 받았다. 그러나 네 아들은 단독적인 사람들이 되어서는 안 되고 아버지를 도와서 하나님을 섬겨야 했다. 그러므로 그들은 어떤 것도 자기 스스로 할 수 없었다. 그러나 어느 날 나답과 아비후는 아버지의 허락도 없이 자기 뜻대로 다른 불을 바쳐서, 하나님의 심판을 받고 불에 타 죽었다. 모세는 "여호와께서 이렇게 말씀하셨습니다. / '나는 내게 가까이 오는 사람들 가운데서 거룩하게 되며"(3절)라고 말했다. 이것은 하나님께 가까이 오는 사람은 결코 함부로 행동할 수 없다는 것을 나타낸다. 권위를 대표하는 사람에 대한 하나님의 징계는 일반 백성을 징계하는 것보다 더 심각하고 엄격한 것이었다.

나답과 아비후가 같은 날에 죽었는데, 이제 그들의 아버지인 아론은 어떻게 해야 하는가? 그는 하나님 앞에서는 대제사장이었지만 집에서는 가장인 이중 신분을 지니고 있었다. 하나님께 그토록 헌신적인 사람이라고 해서 자기 아들들의 죽음을 외면해야 하는가? 이스라엘의 풍습에 의하면, 집안의 누군가가 죽으면 모든 가족은 머리를 풀고 옷을 찢어야 했다. 그러나 모세는 사람들을 시켜 시체를 옮기라고 했을 뿐이다. 그는 아론과 그의 아들들이 머리를 풀고 옷을 찢는 것을 허락하지 않았다.

사람이 죽음을 애통해하는 것은 인지상정이며 지극히 당연한 일이다. 그러나 여기서 하나님을 섬기는 사람은 그의 슬픔을 표현할 수 없었다. 그러지 않으면 그도 죽음을 당했을 것이다. 이것은 매우 엄중한 일이다. 하나님을 섬기는 사람이 받는 심판은 이스라엘 백성이 받는 심판과 다르다. 하나님을 섬기는 사람은 모든 이스라엘 백성이 할 수 있는 일도 할 수 없다. 아버지가 아들에 대해 슬퍼하고 동생이 형에 대해 슬퍼하는 것은 당연하고 정당한 것이다. 그러나 하나님의 기름부음이 있는 사람은 거룩히 분별될 필요가 있다. 이것은 죄의 문제가 아니라 거룩히 분별되는 문제이다. 죄가 없고 정당하다고 해서 다 할 수 있는 것은 아니다. 문제는 죄가 있는지 없는지에 있지 않고 분별되었는지 그렇지 않은지에 있다. 다른 사람이 하는 일이 설령 옳을지라도 하나님을 섬기는 사람은 거룩히 분별되어야 하기 때문에 할 수 없다.

거룩함과 반대되는 것은 속됨이다. 거룩함은 다른 모든 사람이 할 수 있는 일일지라도 나는 하지 않는 것이다. 제자들은 할 수 있었지만 주님은 하지 않으셨다. 다른 형제들은 할 수 있지만 권위를 대표하는 사람은 할 수 없다. 대제사장은 정당한 감정조차도 드러내서는 안 되었다. 함부로 드러내면 죽음에 이르게 된다. 이스라엘 백성은 범죄 때문에 죽음을 당했지만, 대제사장은 분별되지 않았기 때문에 죽음을 당했다. 이스라엘 백성 가운데서 살인한 사람은 죽음을 당하게 되지만, 아론은 죽은 아들들을 위해 울면 죽음을 당하게 된다. 이것은 어떠한 차이인가! 권위를 대표하는 사람은 반드시 대가를 지불해야 한다.

아론은 회막 밖에도 나갈 수 없었기 때문에 다른 사람들에게 죽은 아들들을 장사하도록 하였다. 이스라엘 백성은 회막에서 살 필요가 전혀 없었지만, 아론과 그의 아들들은 회막 문조차 나갈 수 없었다. 그들은 하나님께서 맡기신 것을 소중히 지켜야 했다. 기름부음은 우리를 분별시킬 뿐 아니라 행위로부터 우리를 분별시킨다. 우리는 하나님께서 우리에게 주신 기름부음을 존중해야 한다. 그러므로 우리는 하나님 앞에 나아가서 우리를 다른 사람들과 분별시켜 달라고 간구해야 한다. 세상 사람들과 형제자매들은 가족 간의 애정을 유지할 수 있지만, 권위를 대표하는 사람은 하나님의 영광을 지키기 위해 따로 세워졌다. 그는 안락을 추구할 수 없고, 감정에 얽매일 수 없으며, 거역하거나 함부로 행해서도 안 된다. 그 대신 하나님의 영광을 위해 그분을 높여야 한다.

하나님을 섬기는 사람은 하나님의 기름부음이 있는 사람이므로, 그는 자신의 감정을 희생해야 하고 정당한 감정까지도 버려야 한다. 그럴 때 권위를 대표하는 사람이 될 수 있다. 무릇 하나님의 권위를 지키려는 사람은 반드시 자신의 느낌을 거절할 수 있어야 한다. 어떤 대가를 지불해서라도 자신에게 있는 가장 깊은 감정, 즉 가족애, 우정, 애정 등을 내려놓아야 한다. 이러한 것들에 얽매이면 하나님을 섬길 수 없다. 하나님의 요구는 엄격하다. 자신의 감정을 내려놓을 수 없는 사람은 하나님을 섬길 수 없다. 하나님의 종에게는 분별이 있지만 일반 백성에게는 분별이 없다. 하나님의 종은 하나님의 백성을 위해 자신을 거룩하게 분별해야 한다.

권위를 대표하는 사람은 생활과 누림에 있어서 자신을 거룩히 분별해야 함

나답과 아비후는 무슨 이유로 다른 불을 바쳤는가? 레위기 10장 9절에 따르면, 그들이 죽은 후에 하나님은 아론에게 "너나 너와 함께한 너의 아들들이 회막에 들어올 때에는 포도주나 독한 술을 마셔서는 안 된다." 라고 말씀하셨다. 성경을 아는 사람은 이 두 사람이 술에 취한 후에 다른 불을 바쳤다는 것을 감지해 낼 것이다. 또한 5절의 기록에 따르면, 그들은 아마 성소 안에서 벌거벗고 있었을 것이다. 그러므로 그들이 죽은 후에 사람들이 그들에게 옷을 입혀 주었을 것이다. 술 취한 사람이 자신의 몸을 드러내기는 쉽다. 이스라엘 백성은 포도주나 독한 술을 마실 수 있겠지만, 제사장은 마실 수 없다. 이것은 누림의 문제이다. 우리는 다른 사람이 누리는 것을 누릴 수 없고, 다른 사람이 즐기는 것(포도주는 즐거움을 의미함)을 즐길 수 없다. 하나님을 섬기는 사람은 언제나 제한을 받아야 한다. 그는 거룩한 것과 속된 것, 정결한 것과 부정한 것을 분별해야 한다. 우리는 몸 안에서 모든 형제자매들과 교통을 유지해야 하지만, 특별한 봉사를 감당해야 하므로 함부로 행동해서는 안 된다. 우리는 모든 제한을 벗어 버리게 하는 어떤 일에도 관여해서는 안 된다.

레위기 21장에는 하나님을 섬기는 제사장이 거룩하게 되도록 충족해야 할 몇 가지 요구 사항이 특별히 기록되어 있다.

(1) 제사장 중에 어느 누구도 백성 가운데 죽은 사람 때문에 자기 자신을 더럽혀서는 안 된다. 다만 자기의 혈육은 예외이다(1-4절). 이것은 일반적인 요구이다.

(2) 제사장들은 의복과 몸가짐에서 거룩해야 한다(5-6절). 그들은 머리를 밀어서는 안 되고, 턱수염 언저리를 밀어서도 안 된다(이것은 이집트 사람들이 태양신을 섬길 때 행했던 일이다). 또한 그들은 몸에 상처를 내서도 안 된다(이것은 아프리카인들이 하던 일이다).

(3) 제사장들은 결혼에 있어서 거룩해야 한다(7-9절).

(4) 대제사장에 대한 하나님의 요구는 항상 한층 더 높다. 그는 죽은 시체를 가까이해서는 안 되고, 부모의 죽음으로 인해서도 자신을 더럽히

지 말아야 한다(10-15절). 그러므로 하나님을 섬기는 위치가 높을수록 그에 대한 하나님의 요구 또한 높아진다. 하나님은 그분을 섬기는 사람이 자신을 얼마나 분별했는지를 주의하신다. 우리가 하나님과 가까운 정도가 바로 하나님께서 우리에게 요구하시는 정도이다. 하나님께서 어떤 사람에게 자신을 더 많이 맡기실수록, 그분은 그 사람에게 더 많은 것을 요구하신다. 하나님은 그분을 섬기는 사람의 거룩함을 매우 주의하신다.

권위는 분별에 근거를 둠

권위는 분별에 근거를 둔다. 분별이 없으면 권위도 없다. 만일 여러분이 보통 사람들과 같은 생활을 하기 좋아한다면, 여러분은 결코 권위를 대표하는 사람이 될 수 없다. 만일 여러분이 다른 사람들과 매우 느슨한 방식으로 왕래한다면, 여러분은 결코 하나님을 대표하는 사람이 될 수 없다. 권위가 높을수록 더 많이 분별되어야 한다. 하나님은 가장 높은 권위이시기 때문에 하나님께서 갖고 계신 거룩함은 가장 높다. 우리 모두는 거룩하지 않은 일에 있어서 다른 사람들과 분별되기를 배워야 한다. 주 예수님은 어떤 일도 원하시는 대로 하실 수 있었지만, 제자들을 위해 그분 자신을 거룩하게 하셨다. 즉 그분은 그분 자신을 분별하시어 거룩함의 편에 서셨다. 우리는 기꺼이 하나님의 기쁨을 구해야 하고 더 깊은 분별을 추구해야 한다. 이것은 거룩하지 않은 것에서 분별되라는 뜻이지 결코 하나님의 자녀와 차별을 두고 특별한 사람이 되라는 뜻이 아니다. 거룩히 분별되고 하나님의 제한을 받으며 하나님의 권위 아래 복종하는 사람일수록 더 권위를 대표하는 사람이 될 수 있다. 권위가 있는 사람들이 올바르게 행동하지 않는다면, 교회 안에서 순종이 유지될 수 없다. 권위의 문제가 해결되지 않으면 교회 안에는 항상 혼란이 있을 것이다.

권위를 대표하는 사람은 권위를 쟁취하지 않는다. 권위를 대표하는 사람은 하나님을 섬기는 사람이고, 환영받는 것을 피하기 위해 어떤 대가도 지불하는 사람이며, 외로움을 두려워하지 않고 높은 곳에 머물며 분별된 사람이다. 우리는 하나님의 권위를 회복하기 위해 기꺼이 대가를 지불하기 바란다. 이것이 오늘날 교회 가운데서 주님께서 가고자 하시는 길이다.

제9장
권위를 대표하는 사람의 조건

성경:

엡 5:22 아내 여러분, 주님께 하듯이, 자기 남편에게 복종하십시오.

엡 5:25 남편 여러분, 그리스도께서 교회를 사랑하시고 교회를 위하여 자신을 주신 것과 같이, 아내를 사랑하십시오.

엡 5:28 이와 같이 남편들도 자기 아내를 자기 몸처럼 사랑해야 합니다. 자기 아내를 사랑하는 것은 자기 자신을 사랑하는 것입니다.

엡 5:33 그러므로 여러분도 각각 이렇게 자기 아내를 자신처럼 사랑하고, 아내도 자기 남편을 경외해야 합니다.

엡 6:1 자녀들이여, 주님 안에서 여러분의 부모님께 순종하십시오. 이것이 옳은 일입니다.

엡 6:4 아버지들이여, 여러분의 자녀를 화나게 하지 말고, 주님의 훈계와 권고로 양육하십시오.

엡 6:9 주인들이여, 여러분도 노예들에게 그와 같이 대해 주고 위협하지 마십시오. 노예들의 주인이자 여러분의 주인이신 분께서 하늘들에 계시며, 그분은 사람을 외모로 판단하지 않으신다는 것을 알아야 합니다.

시 82:1-2 하나님은 하나님의 회중 가운데 서시며 / 신들 한가운데서 재판하신다네. / "언제까지 너희는 부당하게 재판하며 / 악인들을 두둔하려느냐? 셀라

딤전 4:12 아무도 그대가 젊다고 해서 그대를 얕보지 못하게 하십시오. 오히려 말과 행동과 사랑과 믿음과 순수함에 있어서 믿는 이들에게 본이 되십시오.

딤전 3:4-6 자기 가정을 잘 다스리고, 매사에 정중함을 지녀 자기 자녀들을 복종하게 하는 사람이어야 합니다. (사람이 자기 가정을 다스릴 줄 모른다면, 어떻게 하나님의 교회를 돌볼 수 있겠습니까?) 믿은 지 얼마 안 된 사람은 감독이 될 수 없습니다. 이것은 그가 교만으로 눈이 멀어 마귀가 받은 심판에 빠질지 모르기 때문입니다.

딛 2:15 그대는 이것들을 말하고, 모든 권위로 권유하며 가책받게 하십시오. 아무도 그대를 업신여기지 못하게 하십시오.

딛 1:6-8 장로는 책망받을 것이 없어야 하고, 한 아내의 남편이어야 하며, 방탕하다거나 불순종한다는 비난을 받지 않는 믿는 자녀를 둔 사람이어야 합니다. 왜냐하면 감독은 하나님의 청지기로서 책망받을 것이 없어야 하고, 자기 고집대로 하지 않으며, 쉽게 화내지 않고, 술을 즐기지 않으며, 구타하지 않고, 더러운 이익을 탐내지 않으며, 오히려 나그네 대접하기를 즐겨하고, 선한 것을 좋아하며, 신중하고, 의로우며, 거룩하고, 자제하며,

벧전 1:21 여러분은 그리스도를 죽은 사람들 가운데서 살리시고 그리

스도께 영광을 주신 하나님을 그리스도를 통하여 믿고 있습니다. 그래서 여러분의 믿음과 소망이 하나님 안에 있도록 하셨습니다.

하나님은 많은 곳에서 권위를 세우셨다. 가정 안에는 남편과 부모와 주인이 있고, 우리 위에는 통치자들과 관리들이 있다. 교회 안에는 장로들과 일꾼들이 있다. 권위를 대표하는 각각의 사람들에게는 각각 권위가 되는 조건이 있다. 오늘 우리는 권위를 대표하는 각각의 사람들에게 필요한 조건이 무엇인지 살펴보기로 하자.

권위를 대표하는 각각의 사람들에게 필요한 조건

1. 남편들에 관하여

성경은 아내에게는 남편에게 복종하고 남편에게는 권위를 행사하라고 가르친다. 그러나 남편들이 권위를 대표하는 사람이 되는 데에는 조건이 있다. 에베소서 5장은 세 번이나 남편들에게 아내를 사랑하라고 말한다. 그는 아내를 자기 몸처럼 사랑해야 한다. 가정에서도 권위를 사용해야 하지만, 권위를 대표하는 사람은 반드시 하나님의 요구 조건을 먼저 이행해야 한다. 남편이 권위를 대표하는 사람이 되는 조건은 아내를 사랑하는 것이다. 남편이 아내를 사랑하는 데에는 본이 있는데, 그것은 그리스도께서 교회를 사랑하신 것이다. 그리스도께서 교회를 사랑하신 것처럼 남편도 그렇게 아내를 사랑해야 한다. 아내에 대한 남편의 사랑은 교회에 대한 그리스도의 사랑과 부합되어야 한다. 남편이 하나님을 대표하는 권위를 유지하고자 한다면, 그는 반드시 아내를 사랑해야 한다.

2. 부모들에 관하여

자녀들은 반드시 그들의 부모에게 순종해야 한다. 그러나 권위를 대표하는 부모들에게는 또한 그 권위에 따른 책임과 요구 조건이 있다. 성경은 부모들이 자녀를 화나게 하지 말아야 한다고 말한다. 비록 부모에게 권위가 있지만 하나님 앞에서 자신을 통제하는 법을 배워야 한다. 부모는 자기가 자녀들을 낳고 키웠다고 해서 함부로 그들을 대할 수 있다고 생각하지 말아야 한다. 하나님은 우리를 창조하신 분이시지만, 그분은 우리를 함부로 대하지 않으신다. 하나님은 모든 사람에게 자유 의지를 주셨다. 그러므로 부모는 자녀를 화나게 해서는 안 된다. 어떤 사람들은 친구나 학생이나 아랫사람이나 친척에게는 하지 못하는 일을 자기 자녀에게는 주저 없이 하는데, 이것은 잘못된 것이다. 부모에게 가장 필요한 것은 자기 자신을 통제하는 것이다. 부모는 반드시 성령으로 말미암아 자신을 다스려야 한다. 부모는 자기 자녀를 어느 정도까지만 다룰 수 있다. 자녀에 대해 부모가 가지고 있는 모든 권위는 오직 가르치기 위한 것이다. 부모는 주님의 훈계와 권고로 자녀를 양육해야 한다. 여기에는 지배나 처벌의 의미가 없다. 부모의 마음은 처벌이 아닌 교육에 있어야 한다.

3. 주인들에 관하여

노예들은 반드시 그들의 주인에게 순종해야 한다. 그러나 주인들에게도 요구 조건이 있는데, 그것은 노예들에게 위세를 부리거나 위협하거나 화를 내지 말아야 한다는 것이다. 하나님은 권위가 된 사람이 제멋대로 행하도록 내버려두지 않으신다. 그는 하나님을 경외하는 마음을 가져야 한다. 왜냐하면 주인에게든 노예에게든 다 동일한 한 분 주님께서 하늘들에 계시기 때문이다. 주인은 자기 자신도 권위 아래 있다는 것을 기억해야 한다. 비록 그가 자신의 권위 아래 있는 사람을 거느리고 있다 하더라도 그도 다른 사람의 권위 아래 있고 또한 하나님의 권위 아래 있다. 그러므로 결코 부주의하게 행하지 말아야 한다. 권위를 아는 사람일수록 위세를 부리거나 남을 위협하지 않는다. 우리는 온유하고 사랑이 있어야 하며 잘 가르치기를 배워야 한다. 이러한 것들이 권위가 된 사람이 가져야 할 태도이다. 권위를 대표하는 사람이 다른 사람을 위협하거나 판단하기만 한다면, 그는 조만간 하나님의 심판을 받게 될 것이다. 그러므로 주인은 반드시 하나님 앞에서 두려워하고 떨기를 배워야 한다.

4. 통치자들에 관하여

우리는 반드시 위에 있는 통치자들이나 관리들의 권위에 복종해야 한다. 우리는 신약성경에서 어떻게 통치자들이 되는지에 관한 가르침을 찾을 수 없다. 하나님은 세상 사람들을 그리스도인들이 다스리도록 맡기지 않으시고 믿지 않는 이들이 다스리도록 맡기셨다. 신약성경에서 하나님은 그리스도인들이 세상의 통치자들이 되어야 한다는 어떤 암시도 주지 않으셨다. 그러나 구약성경에는 통치자로 섬기는 사람들의 사례가 있었다(시 82편). 그러한 지위와 권위를 가진 이들에 대한 하나님의 기본적인 요구는 정의와 공정을 유지하는 것과 가난한 이들을 구제하는 것이다. 이 모든 것은 권위를 행사하는 통치자들이 반드시 지켜야 할 원칙들이다. 그들은 자신의 지위를 지키려고 하지 말고 오히려 정의를 지키기 위해 최선을 다해야 한다.

5. 장로들에 관하여

장로들은 각 지방에 있는 교회 안에서 권위를 대표하는 사람들이다. 모든 형제들은 장로들에게 복종해야 한다. 디도서 1장에서는 장로가 되는 기본적인 조건이 자제와 복종이라고 말한다. 불법적인 사람은 결코 법을 집행할 수 없고, 거역적인 사람은 결코 다른 사람들을 복종시킬 수 없다. 장로들은 반드시 엄격하게 자제를 훈련해야 한다. 제약을 받지 않는 것이 많은 사람에게서 나타나는 일반적인 현상이다. 그러므로 장로들을 세울 때 특별히 자제할 줄 아는 사람을 선택해야 한다. 하나님께서 교회를 다스리기 위해 세우신 장로들은 먼저 복종하고 자제할 줄 알며 모든 일에서 모든 사람의 본이 되려는 마음을 지닌 사람이어야 한다. 하나님은 요한삼서 9절의 디오드레베와 같이 으뜸이 되기를 좋아하는 사람을 결코 장로로 세우지 않으신다. 장로들은 각 지방에 있는 교회 안에서 권위를 대표하는 최고의 사람들이기 때문에 반드시 자제할 줄 아는 사람이어야 한다.

디모데전서 3장 4절과 5절은 장로들에 대한 또 다른 기본적인 조건에 대해 말한다. 그것은 자기 가정을 잘 다스리는 것이다. 여기서 가정을 잘 다스린다는 말은 부모나 아내를 다스리는 것을 의미하지 않고 주로 자녀들을 다스리는 것을 의미한다. 장로는 자녀들이 모든 일에 정중하고 복종하도록 가르쳐야 한다. 어떤 사람이 좋은 아버지가 될 수 있다면, 그는 장로가 될 수 있다. 어떤 사람이 가정에서 권위가 될 수 있다면, 그는 교회에서 장로가 될 수 있다.

장로는 또한 교만한 사람이어서는 안 된다. 만일 그가 권위가 있다고 해서 즉시 교만해진다면, 그는 장로가 될 자격이 없다. 한 지방에 있는 교회 안의 장로는 자기에게 권위가 전혀 없다는 느낌을 가져야 한다. 스스로 권위가 있다고 느끼는 사람은 장로가 될 자격이 없고, 교회의 사무를 처리할 자격이 없다. 어리석고 속이 좁은 사람만이 교만하다. 이런 사람은 하나님의 영광을 짊어지지 못하고, 그분의 위임을 감당하지 못하며, 그분의 쓰임을 받지 못한다. 이런 사람은 위임을 받자마자 올무에 빠지게 된다. 그러므로 믿은 지 얼마 안 된 사람(헬라어에서는 이런 사람을 수십 년 된 목수 밑에서 처음 망치질을 배우는 수습생에 비유했음)은 감독이 될 수 없는데, 그것은 그가 교만하여 마귀의 올무에 빠져 마귀가 받은 심판에 빠질지도 모르기 때문이다.

6. 주님의 일꾼들에 관하여

디도서 2장 15절은 주님의 일에 있어서 권위를 대표하는 사람에 대한 조건을 말한다. 디도는 교회의 장로가 아니라 사도로서 주님을 위해 일하는 일꾼이었다. 바울은 디도에게 "그대는 이것들을 말하고, 모든 권위로 권유하며 가책받게 하십시오. 아무도 그대를 업신여기지 못하게 하십시오."라고 명령했다. 다른 사람들에게 업신여김을 받지 않기 위해서는 자기 자신을 거룩하게 분별해야 한다. 만일 우리가 많은 일에서 다른 사람들과 같다면, 예를 들어 일상생활에서 느슨하고 함부로 행동하며 자제할 줄 모르는 사람이라면, 다른 사람들에게 업신여김을 받을 것이다. 자신을 풀어놓지 않는 사람만이 남에게 업신여김을 받지 않고 하나님을 대표하는 권위가 될 수 있다. 바울은 디모데에게도 비슷한 말을 했다(딤전 4:12). 일꾼들은 사람의 영광과 존경을 구하지 않아야 할 뿐 아니라 또한 사람에게 업신여김을 받아 거룩한 품위를 잃어서도 안 된다.

신약성경 전체에서 바울은 젊은 일꾼에게 쓴 이 두 서신서(디모데전서와 디도서)에서만 사람들에게 업신여김을 받지 말고 모든 일에 본이 되라고 말했다. 사람들에게 업신여김을 받을 일이라면, 그것이 어떤 일이든 해서는 안 되고 거절해야 한다. 권위가 되기 위해서는 대가가 요구된다. 그것은 바로 다른 사람들과 분별되고 외로움을 견디는 것이다. 본이 되는 사람은 다른 사람들과 달라야 하고 자신을 거룩히 분별해야 한다. 다른 사람들과 똑같다면 본이 아니다. 우리는 자신을 높이지 않아야 하지만 또한 다른 사람들에게 업신여김을 받지도 않아야 한다. 우리는 항상 자신을 거룩히 분별하여 함부로 농담을 하지 않도록 주님 안에서 분별되기를 배워야 한다. 그리고 자신을 높여서도 안 되고 다른 사람들에게 업신여김을 받아서도 안 된다. 일꾼이 너무 평범해지면 그는 일에서 자격이 없게 된다. 일꾼이 일단 평범해지면 그의 유용성과 권위는 사라진다. 일꾼은 자기 위치에 서 있어야 하고 하나님의 권위를 지켜야 한다. 권위는 평범하지 않음과 분별에서 나타난다. 권위를 대표하는 것은 하나님을 대표하는 데 중점이 있고, 권위가 되는 것은 본이 되는 데 중점이 있다. 이것은 매우 엄중한 일이다. 권위를 대표하는 사람은 말 그대로 권위를 '대표'하는 사람이지 권위를 '행사'하는 사람이 아니다.

하나님은 어떻게
권위를 대표하는 사람의 잘못을 처리하시는가

민수기 30장 13절은 하나님께서 그분이 세우신 대표 권위자를 어떻게 옹호하시는지를 보여 준다. 이 절에서 그분은 남편이 아내가 한 서원을 성립시킬 수도 있고 무효로 만들 수도 있다고 말씀하셨다. 하나님은 한편으로 아내에게 남편에게 복종하라고 하시고, 다른 한편으로는 남편의 권위를 옹호하신다. 남편이 아내의 서원과 맹세를 모두 무효화하더라도 아내는 복종해야 하며, 이 경우 아내에게는 죄가 없다. 남편이 아내의 서원을 무효화하면, 그는 아내의 죄를 감당해야 한다. 권위를 대표하는 사람들이 무언가를 제안했을 때, 그들 아래에 있는 사람들은 마땅히 권위에 복종해야 한다. 복종한 일로 그들이 틀렸을지라도 그것은 그들의 죄로 여겨지지 않는다. 그러나 그러한 것을 제안한 사람들은 그들의 죄를 감당해야 한다. 그러므로 우리는 결코 함부로 제안하거나 주장하지 말아야 한다. 가장 위험한 것은 교회의 상담자가 되어 무언가를 가볍게 제안하는 것이다. 사람이 권위를 대표하는 사람에게 복종해야 한다는 요구를 민수기 30장보다 더 분명하게 보여 주는 성경 말씀은 그 어디에도 없다. 거기서 우리는 하나님께서 사람들에게 권위를 대표하는 사람에게 무조건 복종하라고 요구하시는 것을 본다. 마찬가지로 권위를 대표하는 사람들이 하나님 앞에서 져야 할 책임이 얼마나 막중한지를 민수기 30장보다 더 분명하게 보여 주는 성경 말씀도 그 어디에도 없다. 그러므로 권위를 대표하는 사람들이 주장을 많이 내세울수록 죄를 더 많이 초래하게 되고 하나님의 심판을 더 많이 초래하게 될 것이다.

우리는 함부로 다른 사람의 생활을 통제하거나 우리 자신의 뜻으로 다른 사람을 억압하려고 해서는 안 된다. 우리에게 충분한 확신이 없다면 다른 사람의 짐을 짊어지지 말아야 한다. 오직 파쇄된 사람과 온유한 사람만이 하나님 앞에서 죄를 감당하지 않을 수 있다. 마음이 굳어진 사람과 주장이 많은 사람은 하나님 앞에서 죄를 많이 감당해야 한다. 몸의 생명이 바로 교회를 인도하는 근거이다. 우리는 몸의 생명 안에서 주님과 교통하고 형제자매들과 교통하기를 배워야 한다. 일을 결정할 때 결코 단독적이어서는 안 되고 스스로 옳다고 생각해서도 안 된다. 우리의 결정을 교회 안에, 그리고 지체들 안에 둘수록 더 큰 확신을 갖게 될 것이다. 그러므로 우리는 몸이라는 명칭만 사용하고 그 내용이 육체가 되어서는 결코 안 된다. 만일 그렇게 한다면 우리는 우리의 죄를 감당하는 것 외에 어떤 것도 기대해서는 안 된다. 우리는 주님 앞에서 기다리며 그분의 뜻을 분명히 알아야 하고, 그런 다음에 다른 사람에게 마음을 열어야 한다. 주님께 가르침을 받기 전에 말해서는 안 되고, 자신이 보지 않은 것을 다른 사람에게 말해서도 안 된다. 그러지 않으면 자신을 위해 죄를 쌓아 두게 된다. 권위를 대표하는 사람들은 온유하고 겸손해야 한다. 그래야 어려움에 빠지지 않게 된다. 권위를 대표하는 사람들에 대한 하나님의 말씀은 매우 엄중하다. 그것은 바로 그들이 다른 사람들의 죄를 감당해야 한다는 것이다. 이것은 매우 엄중한 일이다.

권위와 순복

초판 인쇄일/ 1997년 6월 15일
개정판 인쇄일/ 2025년 10월 23일
개정판 발행일/ 2025년 11월 20일
저자/ 워치만 니
역자/ 한국복음서원 편집부
발행인/ 이희득
발행처/ 한국복음서원
등록/ Ⓡ1978.3.6. 제16-12호

주소/ 경기도 성남시 중원구 사기막골로 124,
SKn테크노파크 비즈센터 B210호 (13207)
전화/ 1600-3191
팩스/ 031) 709-3389

ISBN/ 979-11-6857-308-6 03230

http://www.kgbr.co.kr
E-mail:kgbr@kgbr.co.kr

정가 15,500원